¿construir con-vivencias

en escuelas

para

transformar VIOLENCIAS?

Cristina Erausquin
compiladora

¿construir con-vivencias
en escuelas

para
transformar VIOLENCIAS?

caja de herramientas
de 15 investigadores
latinoamericanos

Argentina

Gustavo Corvera

Carolina Dome

Cristina Erausquin

Ailín Galiñanes Arias

Adamna Mazú

Hernán Scholten

Chile

Jonathan Israel Andrades–Moya

Ingrid Quintana Avello

Silvana S. Hernández–Ortiz

Gonzalo Salas

México

Julio Cesar Lira González

Juan Pablo Quiñones Peña

Juan Manuel Sánchez

Alejandro Villamar Bañuelos

Francisco Javier Villanueva Badillo

Serie púrpura
psico-socio-educadores en acción

2019

¿Construir con-vivencias en escuelas para transformar violencias?
caja de herramientas de 15 investigadores latinoamericanos
Cristina Erausquin ... [et al.] ;
compilado por Cristina Erausquin. - 1a ed .
Ciudad Autónoma de Buenos Aires: PsiDispa, 2019.
326 p. ; 23 x 15 cm.

ISBN 978-987-86-0399-5

1. Psicología de la educación. 2. Bullying. 3. Ambiente Escolar.
I. Erausquin, Cristina II. Erausquin, Cristina, comp.
CDD 370.15

Los autores y sus (capítulos)

Jonathan Israel Andrades–Moya (4)

Gustavo Corvera (8 y 9)

Carolina Dome (3, I y V)

Cristina Erausquin (1, 2, 3, 8, 9, I,III, IV y V)

Ailín Galiñanes Arias (8 y 9)

Silvana S. Hernández–Ortiz (4)

Julio Cesar Lira González (6 y II)

Adamna Mazú (8 y 9)

Ingrid Quintana Avello (5)

Juan Pablo Quiñones Peña (7)

Juan Manuel Sánchez (6 y II)

Gonzalo Salas (4)

Hernán Scholten (4)

Alejandro Villamar Bañuelos (6 y II)

Francisco Javier Villanueva Badillo (7)

Impreso a demanda por Amazon KDP, EEUU

Contenido

CAPÍTULO 1

Presentación del libro, sus capítulos y su historia

Otro libro sobre violencia escolar?

Cristina Erausquin (comp.)

Algunas reflexiones sobre los temas problemas encarados por este libro

¿Otro libro sobre violencias en escuelas?

¿Y qué hay de nuevo? ¿Qué se arregla al escribir sobre esto? ¿Un poco más de catarsis? ¿Explicaciones? ¿Intervenciones?

Hace poco, una colega mejicana (Ana Corina Férnandez Alatorre de la UPN), comentando un libro sobre estos temas, reflexionaba:

> *(...) casi se puede ceder a la tentación de pensar que, si la escuela es un lugar peligroso, muy peligroso, habría que cerrarla, pero, al recordar cómo es el afuera de la escuela y cómo ésta, pese a todo, aún representa para muchos un lugar de amparo, se pasa la tentación (...)*

Fernández Alatorre, 2017

Creemos que este libro ofrece algo similar a lo que sigue:

> *(...) se atreve a ir más allá del recuento de las formas, de las causas, las condiciones y las múltiples explicaciones sobre las violencias escolares y sus formas de atenderlas, abatirlas y prevenirlas. Va más allá porque nos permite asumirlas, desde su omnipresencia, para poder leerlas desde las más variadas intencionalidades de regularlas.*
>
> *Fernández Alatorre, 2017*

La gramática de la escuela ha cambiado de manera radical, sostiene la autora. La comunicación persona a persona ha sido reemplazada por un anonimato coexistente y en tensión. Podemos aspirar, no a erradicar las violencias, sino a crear otras respuestas frente al conflicto, es decir, a procesos de gestión de la diferencia, desde otro lado, en el caso por caso y de manera permanente y estratégica.

¿Hay que renunciar a la apuesta por soluciones definitivas, que tanto han imperado en los discursos pedagógicos y políticos y que, a fuerza de fracasos, terminan fortaleciendo la idea de que no hay nada que hacer, de que no tenemos remedio? Para trascender al vigilar y castigar de la modernidad ¿ hay que articular, en pleno mundo post–moderno, identidades capaces de construir un destino común, o volvernos tolerantes al sufrimiento del otro, de un modo deshumanizante?

La autora también señala —como lo hacen todos los autores de los capítulos de este libro—, que además de focalizar las transgresiones, las violencias en los jóvenes alumnos, emerge la necesidad de enfocar la gestión de la violencia desde lo institucional, el trabajar con los adultos, cuando parecen "en retirada". Compartimos con la autora su mirada al cierre de la nota citada:

La escuela, tal y como la conocimos, no existe más, se han roto las coordenadas y no terminan de nacer las nuevas. Hay que dar lugar a debates y a valientes revisiones conceptuales y metodológicas que nos permitan pensar en la clase de ser humano y de ciudadano que hoy se está constituyendo en el marco de la escuela como lugar de riesgo.

Fernández Alatorre, 2017

Los capítulos de este libro

En primer lugar, "Recordando a Silvia Bleichmar y su legado", un capítulo corto en homenaje a Silvia Bleichmar, psicoanalista de fuerte compromiso social en Argentina en la fundación del Observatorio sobre Violencias en Escuelas y su enfoque de la re–construcción de la ética del semejante, desde la violencia social encarnada en la violencia escolar.

Resaltó el papel de la educación en el camino por brindar genuina confianza en la legalidad a construir, capaz de trascender la fragmentación social, la desigualdad, la impunidad hipócrita, armando una malla de interacción vital significativa con el otro que torne al ser humano sensible a su sufrimiento, y lo potencie para evitárselo. Se trataba de armar puentes de sentido uniendo palabras y significados en momentos diferentes de la historia argentina, como Cromagon y Carmen de Patagones, y las dos dictaduras. En nuestros textos esas reflexiones interactúan con las reflexiones de Vygotsky en 1926 y con las de Spinoza, que distinguen la ética cuando hay libertad de la moral enseñada en la escuela como "el policía interno del alma".

El capítulo siguiente, "Aprendizaje profesional y revisión de las prácticas. Posicionamientos, giros y apropiaciones de sentido de docentes ante las violencias en la escuela secundaria", fue elaborado en base al trabajo de Carolina Dome, en su Tesis de Maestría en Psicología Educacional. Está enhebrado en una línea de investigación desde 2009, con sede en Facultad de Psicología UBA, sobre perspectivas y significados construídos sobre violencias en escuelas por diferentes actores sociales/agentes profesionales en escenarios educativos.

Se centra en un trabajo de Investigación–Acción Participativa de docentes de diferentes disciplinas en dos Escuelas Secundarias: de la Ciudad de Buenos Aires una, y otra del Conurbano Bonaerense Sur. El análisis sutil de la construcción de problemas e intervenciones, y del aprendizaje expansivo desarrollado a través de la experiencia del taller, son minuciosamente articulados. Presenta un marco teórico elaborado con base en pensadores contemporáneos inspirados en el pensamiento de Lev Vygotsky, en el denominado enfoque socio–histórico —Engeström, Sannino, Cole, Smolka— y en el enfoque socio–cultural —Rogoff, Wertsch—.

Se enfoca cómo hacer para convertir un contexto de trabajo en contexto de aprendizaje para los actores participantes, cuando dichos actores han sido formados como los que tienen el rol de enseñar, desligado de seguir aprendiendo de sus alumnos. Su objetivo es "contribuir a fortalecer relaciones colaborativas entre docentes, y entre docentes y otros actores educativos, en co–implicación y co–construcción de problemas complejos de la práctica".

El capítulo brinda la oportunidad de incluir en el Anexo dos Instrumentos de Recolección de Datos y sus transformaciones en los contextos de uso, y dos Instrumentos de Análisis Complejo de los Datos, las Matrices, que fueron co–construidas entre diferentes escenarios formativos y contextos de investigación participativa —Universidad de Buenos Aires y Universidad Nacional de la La Plata—. El uso de los mismos posibilitó analizar resultados de la Investigación–Acción Participativa desarrollada en el Taller de con tres Encuentros, en dos instituciones educativas.

El cuarto capítulo "El convivio y la poiesis en la escuela. Una perspectiva foucaltiana", elaborado por Gonzalo Salas, Jonathan Andrades Moya, Silvana Hernández Ortiz, de Universidad Católica del Maule, y Hernán Scholten, de Universidad de Buenos Aires, es un trabajo de elaboración teórica sobre la convivencia, su relación con la violencia, y su entrelazamiento con el clima escolar y la construcción de ciudadanía.

Entrecruza esas categorías, contextualizándolas en su intersección con el resultado de evaluaciones y estadísticas sobre la convivencia escolar, en Chile, en los últimos años, por parte de organismos gubernamentales nacionales e internacionales. Ubica el tema como objeto de análisis e intervención de la psicología educacional y de la pedagogía y analiza lo que considera resultados aplastantes o desalentadores de las acciones intentadas en los últimos años.

Trabaja con los conceptos de Foucault y Deleuze sobre sociedades de disciplinamiento y sociedades de control modernas y post–modernas, y el concepto de resistencia, o rebelión, y el modelo educativo que de ellas deriva. Los conceptos de convivio y poiesis parecen vincular las "técnicas de sí" con el trabajo sobre los efectos de dichos modelos. los autores apelan a disciplinas, como el teatro, en la construcción de la mutua afectación, en el pasaje del no ser al ser como invención.

El quinto capítulo, "El cierre de la Escuela Rural Multigrado versus el derecho a la educación. ¿Otra expresión de violencia en Chile?", de Ingrid Quintana Avello, Universidad de Bio–Bio, Chile, convoca a pensar en la educación como derecho humano y cómo el mismo parece vulnerado en el tema de la desaparición y pauperización de las escuelas rurales en Chile. Ello también parece estar ocurriendo en otros países latinoamericanos —como Argentina—. La autora destaca la importancia del padecimiento psicosocial que tendrá como efecto en las poblaciones rurales de la zona precordillerana del centro sur de Chile.

El trabajo fue desarrollado en la Tesis Doctoral en Educación de la autora, en la Universidad de Valencia, España, y es expandido en relación a ejes de conceptualización que la autora considera relevantes. En primer lugar presenta un análisis de los datos internacionales y nacionales sobre la escuela rural multigrado y su consideración y valoración por parte de la UNESCO, por fortalecer el aprendizaje cooperativo, una educación centrada en los/las estudiantes, prevenir y reducir violencias entre pares. Destaca el contraste con las políticas que afianzan modelos competitivos, estándares y ranking internacionales, quebrando la potencia y generando lo que denomina "violencia estructural", con segregación privatizadora.

Continúa aplicando conceptos y ejes de trabajo e indagación, formulados por Martín Baró y Freire, en el continente latinoamericano, en el marco de una pedagogía crítica que convoca a resistir y no reproducir un modelo social que privilegia la inequidad. Eso ocurre *en y entre* culturas que pierden la oportunidad de la hibridación, para conformar nuevas construcciones, y en cambio encuentran desarraigo, desintegración sociocultural y despoblación rural.

El sexto capítulo, "Violencia escolar en Educación Básica. Percepción docente sobre situaciones violentas en secundarias de la CDMX", de Juan Manuel Sánchez, Julio César Lira González, y Alejandro Villamar Bañuelos, indaga la percepción social de 1400 docentes de secundarias de las situaciones violentas en las escuelas.

Menciona el intercambio y posterior re–contextualización de herramientas para la recolección de datos producida con el equipo de investigación argentino. El Cuestionario creado por el equipo mejicano es incorporado al Anexo de Instrumentos de Recolección de datos.

Se agrupan y categorizan experiencias y percepciones docentes sobre manifestaciones de violencias *en* y *de* las escuelas. Se despliega la temática, analizando primero la violencia escolar en el siglo XXI; en segundo lugar, qué dicen los y las docentes sobre las violencias en las escuelas, en materia de percepciones y atribuciones de significados; y en tercer lugar, la recurrencia a lo que los autores denominan "la nostalgia por la disciplina".

El pensar nuestro siglo como ruptura de pactos sociales y deslegitimación, y la crisis de la post–modernidad conduciendo a la vigencia de micro–relatos, vuelve a resaltar lo situacional en su complejidad, sin caer en interpretaciones causalistas generalizantes. Con una mención al bullying como meta–relato condicionante de la conducta social, impuesto desde afuera, señalando la necesidad de construir desde las experiencias y su análisis teórico conceptual.

El séptimo capítulo es "Voces y miradas de estudiantes sobre las relaciones de violencia", de Francisco Javier Villanueva Badillo y Juan Pablo Quiñones Peña. Ambos son académicos de la Universidad Pedagógica Nacional, Unidad Sur de la Ciudad de México, y participan de los cuerpos académicos "Prácticas Institucionales y Constitución del Sujeto en Educación" y "Prácticas Educativas y Procesos Culturales en Educación".

Aquí se analizan las voces de las estudiantes cursantes del Diplomado "Formación de Estrategias para la Comprensión de las Situaciones de Violencia dentro de los Escenarios Escolares", impartido entre 2017 y 2018. Tiene tres apartados: el primero aporta la visión teórica que ayuda al entendimiento de las situaciones de violencia narradas y atravesadas por las estudiantes; el segundo aporta las indicaciones metodológicas desarrolladas para la reconstrucción de las autobiografías como propuesta de ubicación de relaciones de violencia; el tercero incorpora las voces de las participantes, así como una exégesis de los textos producidos. Nuevamente el entretejido de experiencias, narrativas, y la visión teórica de las realidades, conforman una pedagogía emergente. Conceptos de violencia cultural y violencia estructural se delimitan en ese marco, así como el papel de la legitimación y la interiorización.

En metodología recoge el modelo de sucesos vitales críticos, la relación entre el autor y el lector en la producción de autobiografía, el pensamiento de Bruner y Delory sobre la narrativa, la relación pasado–presente en la construcción histórica del Diplomado —como re–mediatización de memoria colectiva del sistema social–societal de actividad, en línea Engeström (1992)—.

Resulta significativo, con relación al empoderamiento de sujetos de indagación, las referencias bibliográficas sobre la autobiografía, seguida de las narrrativas de estudiantes identificadas por sus nombres de pila —en su mayoría mujeres—, alternando con autores reconocidos internacionalmente.

El octavo capítulo, "Convivencia, ética del semejante y legalidades", de Cristina Erausquin, Adamna Mazú, Gustavo Corvera y Ailín Galiñanes Arias, enfoca distintas dimensiones de las experiencias de estudiantes, graduados y tutores en un Proyecto de Extensión Universitaria, con base en la Facultad de Psicología de la Universidad Nacional de La Plata, año 2017: "Convivencia, lazo social y construcción de legalidades en escuelas secundarias de La Plata, Berisso y Ensenada", zonas de la Provincia de Buenos Aires, Argentina, cercanos a su ciudad capital, La Plata.

Se trabaja la categoría de "escuelas y poblaciones vulnerabilizadas", se detallan acciones que constituyeron el plan de trabajo anual de los extensionistas, y los significados construídos en las experiencias desarrolladas durante ese año. Categorías teóricas entretejiendo y entretejidas con realidades duras, de ambientes en los que "parece imposible aprender nada", y "destellos", fragmentos de construcciones en y con el colectivo docente, con el acompañamiento sistemático de los extensionistas a los docentes, a los grupos de alumnos, a los directivos y a los orientadores.

Los Instrumentos de Reflexión emergen para construir narrativas sobre problemas, intervenciones, herramientas, resultados, aprendizajes identificados, significatividad de las experiencias, cambios pensados o proyectados. Y se despliega un horizonte de miradas y perspectivas, en aprendizaje colaborativo, así como espacios para atravesar las violencias con propuestas para todos de pensarse en lo igual y lo diferente, lo plural, como sujetos de derechos, y avanzando muy lentamente en la co–responsabilidad por lo común. Del caos y el pasaje al acto hacia la lenta y fugaz, pero sólida, construcción de confianza instituyente.

El noveno capítulo, "Extensión crítica y dialógica en escenarios educativos. ¿Qué nos sucedió en las Jornadas de Extensión del Mercosur?"

de Cristina Erausquin, Adamna Mazú, Gustavo Corvera y Ailín Galiñanes Arias, complementa al anterior.

En esas Jornadas se conocen, reúnen, discuten y debaten Extensionistas argentinos asi como uruguayos, peruanos, chilenos, nicaragüenses y otros latinoamericanos. Durante varios días, en trabajos grupales de intercambio se generaron más y nuevos interrogantes. Se evidenció el compromiso generalizado con la Extensión Crítica, no difusionista ni transferencista, en la tradición de Fals Borda y Freire, y otros.

Parecen necesarios esos espacios para ser "extensionistas". En ellos se habla de lo que se construye con la comunidad en el territorio, para empoderarse más allá de la marginación y la pobreza, y construir co−responsabilidad e igualdad de derechos, en los hechos y no sólo en los discursos.

El capítulo cierra con conceptualizaciones sobre el papel de los "psicólogos en formación" en el proceso, por qué la extensión crítica tiene que ser también dialógica, el aprendizaje por expansión, y el trabajo en zonas de desarrollo con jóvenes y adolescentes construyendo significatividad en torno a las "pasiones alegres" de Baruj Spinoza.

Por último el libro comprende un espacio destinado a datos sobre las trayectorias de los autores y comentarios sobre cómo llegaron hasta aquí. Teniendo en cuenta que en algunos trabajos no solamente los docentes investigadores son protagonistas, sino que también lo son estudiantes y graduados, es relevante, además del recorrido académico previo y pertinente, su proyección, su interés, su experiencia y cómo ha resonado en la conformación de su proyecto personal.

Se incluyen como Anexos los tres Cuestionarios mencionados, algunos de ellos denominados por los propios actores−autores "Instrumentos de Reflexión", que se usaron en UNAM Méjico, en Universidad de Buenos Aires y en Universidad Nacional de La Plata, y las dos Matrices Análisis Complejo: la Matriz de Análisis Complejo de Intervención del Docente en Problemas Situados en Contexto Educativo, (Erausquin et al., 2008), y la Matriz de Análisis Complejo de Aprendizaje Expansivo de Agentes Educativos (Marder y Erausquin, 2016), utilizadas en el trabajo de Tesis de Carolina Dome, y parcialmente en el trabajo analizado en el Capítulo 3 con el Proyecto de Extensión en Convivencia en Escuelas Secundarias en La Plata.

✳ ## Haciendo historia ... ¿Cómo nació este libro?

Nació de un lazo, producto del azar, la intuición, el encuentro. En 2011, un Congreso sobre Violencias y Convivencias en Escuelas, en Ciudad de Buenos Aires, llevó al equipo de investigación que conformábamos con Carolina Dome y otros, a presentar un trabajo sobre "Heterogeneidad de perspectivas de agentes psico–socio–educativos trabajando con problemas e intervenciones en violencias en escuelas". Al terminar la presentación, un Profesor mejicano, Dr. Juan Manuel Sánchez, nos regala un libro. Era la primera vez que yo lo veía, y el libro se llamaba "Andamios curriculares". Y el colega no sólo era Psicólogo sino también del Área Educativa, catedrático de Universidad Nacional Autónoma de Méjico y de Universidad Pedagógica Nacional. El gesto fue el inicio de una movida, de algo que podía llegar a ser. Alumnos de la Facultad de Psicología de Universidad Nacional de La Plata conocieron ese libro, trabajaron la categoría de "co–docencia", y apareció algo más: el pasaje desde una educación pensada por los maestros para los estudiantes, hacia una educación pensada, co–construida, vivida al mismo tiempo y conjuntamente, por docentes y estudiantes, jóvenes y mayores, en una aventura común por descubrir hacia dónde parir una nueva forma de aprender a ser, a conocer, a hacer, en nuestras sociedades.

Parecía una oportunidad para descubrir que en este tema tan complejo y profundo de las violencias y la con–vivencia en las escuelas no podíamos estar solos. Era necesario, para abordar la complejidad en profundidad, estar en red, intercambiar experiencias, herramientas, categorías, deconstrucciones, problematizaciones, interpelaciones, para atravesar diferentes capas superpuestas de la realidad, con diferentes voces, posicionamientos, perspectivas. Y el continente latinoamericano, América Central y América del Sur, tenían que ser parte de esa construcción colectiva y plural, porque en estos paisajes la vida se abona con violencia y con víctimas, con desigualdades y diversidad, pero con ansia de libertad e igualdad, con polifonías de sonidos y paisajes, hibridaciones, con mucho potencial y alegría, y también con mucha pobreza y dolor.

De ahí nació la idea de aprovechar los Congresos Interamericanos de Psicología, auspiciados por la Sociedad Interamericana de Psicología (SIP). El recorrido fue ya más a conciencia, intencional. El primero de esos Congresos fue el *XXXIV Congreso Interamericano de Psicología* en Brasilia, en julio de 2013. Ahí escuchamos a Ian Parker y Erica Burman, compartimos mesas redondas con Wanda Rodríguez Arocho y el recientemente fallecido y muy querido colega cubano Fernando González Rey. Organizamos el *Simposio de Violencias y Convivencia en escuelas de Latinoamérica*, e invitamos a colegas mejicanos, coordinados por el Dr. Sanchez y a una colega chilena que habíamos conocido en un Congreso Regional, Ingrid Quintana Avello. Y con las colegas argentinas presentamos trabajos de investigación realizados desde la Facultad de Psicología de UBA, tanto de Formación de Psicólogos Educacionales, como de Formación de Profesores sustentados en la Teoría Histórico–Cultural de la Actividad de Yrjo Engeström.

Después le tocó el turno al *XXXV Congreso Interamericano de Psicología* en Lima, Perú, en 2015. Allí participó una colega, Dra. Claudia Márquez, de la Universidad de Colima, Méjico. También fue de la partida en el Simposio el Dr. Gonzalo Salas, que en ese momento era el Representante Nacional de Chile ante la SIP, con quien nos reunimos para pensar en la *letra escrita* como el instrumento para seguir co–elaborando estas temáticas, entre investigadores del continente. El colega co–autor, investigador en Universidad Católica del Maule, invitó a las colegas argentinas y a la colega mejicana, a escribir un capítulo por cada uno de nuestros países, en su libro. Así escribimos Carolina Dome y yo "Vivencias estudiantiles e intervenciones educativas en escuelas secundarias: posicionamientos docentes frente a la violencia en las aulas", Universidad de Buenos Aires, Argentina, en el libro de Gonzalo Salas et al. "Del Pathos al Ethos: líneas y perspectivas en convivencia escolar".

Finalmente, en el *XXXVI Congreso Interamericano de Psicología* en Mérida, México, 2017, volvimos a reunirnos Juan Manuel Sánchez, Claudia Márquez, y otros en el Simposio Internacional: *"Convivencias y violencias entre sujetos y escuelas: desafíos de inclusión y diversidad en tres países latinoamericanos"*, que coordiné. Allí desarrollamos la posibilidad de publicar un libro destinado al análisis de la temática, a partir de las Ponencias de ese último Congreso Interamericano. Una obra con potencia para enhebrar, armar y des–armar, como un rompecabezas, las tramas necesarias para construir con–vivencias, es decir interacciones vitales significativas de empoderamiento y enriquecimiento del conocimiento y la experiencia, en estudiantes, docentes, orientadores, directivos, de escuelas y universidades del continente. Y generar con las comunidades escolares y sociales aprendizajes que tengan sentido para ellas y valgan la pena, y también una ética que posibilite reflexión sobre sí mismos y los otros, así como la inclusión en ambientes con equidad y diversidad.

✳ ## Interrogantes y resonancias sobre qué es ser investigadores

Todos los autores somos investigadores en el área educativa. La mayoría, además, somos psicólogos. ¿Eso qué significación tendrá? Pienso, como afirma Villacañas de Castro, en un hermoso libro "Critical Pedagogy and Marx, Vygotsky and Freire: Phenomenal Forms and Educational Action Research", que (la traducción es mía):

(...) la Pedagogía Crítica como Investigación de Acción Educativa enfoca hoy una amplia franja de territorio que se extiende entre la terapia psicológica y la intervención política revolucionaria. Entre uno y otro borde, se encuentra la acción social que la investigación pretende sea transformadora. Pero no se trata de transformar la relación entre consciente e inconsciente del individuo, ni transformar la relación entre las diferentes clases sociales y su dominio o poder. Sí es, tal vez, transformar las "situaciones".

Villacañas de Castro, 2016

Las situaciones, como plantean Fals Borda, o Freire, entramadas en lo institucional o más allá de lo institucional, de acuerdo a ciertas lógicas y en relación a ciertas metas.

Y parece tratarse de una tarea necesariamente colectiva: ¿sociología reflexiva? ¿pedagogía terapéutica? No es solamente un proceso mental racional individual, ni sólo un vivenciar emocional. Ocurre que las personas que toman parte en una investigación, pueden emerger más conscientes de las injusticias a que unos son sometidos por otros permanentemente —desigualdades de raza, género, clase, lenguajes—, y del peso que tienen esas desigualdades en sus propias vidas. Y puede ser que puedan entonces negociar más eficazmente sus efectos en unos y otros y cómo son afectados unos por otros. Todo eso es posible, pero eso no quiere decir que puedan detenerlas ni erradicarlas, ni a las injusticias ni a las violencias.

También parece que el camino de la investigación atraviesa el de la intervención, no sólo sobre quienes integran el foco de la indagación, sino también sobre los/las que desarrollamos la indagación conjuntamente con los "investigados". Lo mismo ocurre con una pedagogía que tuvo como objeto indagar la lógica disciplinar de los contenidos curriculares, independientemente de los deseos, proyectos, sentidos que tienen para los alumnos, hoy, o que podrán tener mañana. Hoy la investigación en educación parece transitar el viaje hacia una co–construcción de las teorías con relación a esos sentidos y significados relevantes para los alumnos. Lo que requiere despegarse de la lógica disciplinar, "des–disciplinarse", "salir fuera de sí" para co–constituirse de nuevo conjuntamente con los deseos, proyectos, sentidos que armen y des–armen los alumnos con nosotros, en la tarea de re–contextualización y re–conceptualización permanente.

Una indagación de micro–contextos, colectiva, inter–subjetiva, entramada en la intervención, es convertida en aprendizajes hechos experiencias educativas. La investigación–acción participativa brinda a los sujetos participantes la oportunidad de reflexionar sobre sus propias vidas, roles, profesiones, trabajos, a la vez que reflexionan sobre ese pedazo del mundo en el que los mismos se configuran y pueden re–co–configurarse. La dimensión objetiva y subjetiva se entraman en el trabajo entre investigadores e investigados, desarrollando una dialéctica de concientización, siempre abierta a nuevas problematizaciones, deconstrucciones, polifonías, pluralidades.

Veamos si algunos destellos o fragmentos de esta concepción del trabajo de investigador se reflejan en los capítulos del libro, de todos estos autores, a través de la experiencia de su lectura, siempre distinta, siempre plural, aportando encuentro con la diferencia que nos enriquece, por parte de esos otros actores–autores, que son ustedes, los lectores.

———◦◦◦———

Referencias

Fernández Alatorre, Ana C. (2017). El estudio de la violencia escolar: breves reflexiones. Recuperado el 20 de febrero de 2019 de *Revista Universitaria*. México: Universidad Pedagógica Nacional. http://educa.upnvirtual.edu.mx/index.php/expediente/16-expediente/280-el-estudio-de-la-violencia-escolar-breves-reflexiones

Villacañas de Castro, Luis S. (2016). *Critical Pedagogy and Marx, Vygotsky and Freire. Phenomenal Forms and Educational Action Research.* Basingstoke & New York: Palgrave McMillan.

CAPÍTULO 2

Recordando a Silvia Bleichmar y su legado

La re-construcción de la ética del semejante y los sentidos de la legalidad en el país de Carmen de Patagones y Cromagnon[1]

Cristina Erausquin (Argentina)

¿Cuál es el sentido actual de recordar el legado de esta autora, psicoanalista argentina (1944–2007), exiliada del país por muchos años, post-estructuralista, profundamente comprometida con la realidad social y educativa en las décadas de 1990 y 2000?

En particular, los capítulos de *Violencia escolar–Violencia social. De la puesta de límites a la construcción de legalidades* (Bleichmar, 2008) abrieron un espacio de reflexiones colectivas en torno a la diferencia entre contener a través de los límites o construir legalidades. Sostuvo

---

[1]**N. del A.** Ver las notas final del texto para entender la mirada que se pretende lograr con esta referencia a dos lugares de Argentina.

Silvia Bleichmar que si bien pueden ser necesarios los límites para instituir la ley, ésa no es la Ley, sino, en definitiva, la puesta en control y gobernabilidad de lo disruptivo. Y es una puesta en control que no puede reemplazar el pensamiento sobre la necesidad de recuperar los significados y sentidos de la Ley, entendiendo por tal, una ley de todos y para todos.

Silvia Bleichmar nos convocó a ampliar horizontes y complejizar miradas, a no aislar a la escuela —ni a sus violencias— del contexto en que se insertan —al igual que lo ha hecho, entre nosotras, Carina Kaplan (2006)—. Y también a buscar las causas sociales profundas que nos atraviesan, que hacen que la violencia irrumpa, también en la escuela, de un modo particular. Lo que nos convoca a la reflexión personal y colectiva, y a la vez a transformar dichas realidades en nuevas capacidades y potencias, para construir futuro.

Autora de intervención en nuestro pensamiento, S. Bleichmar dialogó con una heterogeneidad de poblaciones y ambientes, para co–pensar con ellos, en primer lugar, qué ha pasado con nuestro sentido de futuro. Y lo hizo en el país de Carmen de Patagones, un hecho que simbolizó la irrupción de la aparición de una violencia sin precedentes en Argentina —que demuestra la indiferencia y el odio hacia el semejante, en la infancia y adolescencia—, como evidencia de lo no configurado ni instituido.

Su distinción entre *moral y ética*, tanto en la práctica como en la teoría, aproximan su legado al de Vygotsky, retomando a Spinoza, en la década del 20. También autores de textos que hoy se reeditan, traducen, discuten, al calor del interés colectivo por entender —entendernos— en nuestro vínculo con los entornos en los que convivimos, permanentemente atravesados —en el pasado y el presente— por la fragmentación y la injusticia, la inequidad y la desigualdad, especialmente opresivas con los más jóvenes, los que representan nuestro futuro.

Es la *construcción de legalidades*, y no la puesta de límites, —correlato, con relación a la infancia y la adolescencia, de la demanda por imponer más seguridad en la sociedad—, la que resulta cuestión central en relación a la vida de los más jóvenes y su con–vivencia, en la escuela, aunque no sólo en ella. Y es sólo *la derrota de la impunidad* —que existe, cuando la moral se instaura para que "los otros" se sometan a ella, no justamente quienes la invocan— la que brindará la oportunidad de un re–contrato intersubjetivo de esa construcción de legalidades en la sociedad actual (Bleichmar, 2008, p. 16)

La autora proclama el *imperativo categórico* de re–fundar *la ética del semejante* y el enorme desafío de hacerlo en una sociedad que, como en Cromagnon, demostró una tan invisibilizada hostilidad hacia las nuevas generaciones, tal abandono del cuidado por parte del Estado y de los sectores dominantes de la economía, la política, el mercado, de sus nuevas generaciones.

¿Qué es la ética del semejante y qué la diferencia de la moral?

La construcción de la noción del semejante puede resultar de las más precoces interacciones con el ambiente, en la relación dual, aun antes de que la terceridad se instaure —a juicio de esa autora—, a través del desarrollo temprano de modos de identificación con el Otro, al entrar en una relación transitiva de carácter positivo respecto al sufrimiento que las propias acciones puedan producirle, o la indiferencia a los sufrimientos que pueda padecer, aun sin intervención directa propia. La *ética del semejante* se configura así en un complejo juego de narcisismo y altruismo, permitiendo la identificación al otro la instauración de las bases de toda legislación futura como resguardo contra la destrucción mutua. Para ello, tiene que darse la condición de que la legalidad sea aquella que *sujeta* a la vez que *habilita* a todos por igual, y a la que se subordinan tanto el que ayuda a comprenderla e instaurarla, como el que la construye, aun en contra y más allá de su impulso inmediato.

El alegato de la autora es que no siempre las violencias que irrumpieron en la sociedad y en la escuela fueron iguales: las que señalan los lugares (acontecimientos) que se mencionan en el título —Carmen de Patagones y Cromagnon— dan cuenta de un proceso muy severo de *de–subjetivación* en el país, y de una *impunidad y un resentimiento* acumulados, que se expresan en la fragmentación social y en las consecuentes auto y hetero destrucción.

Esta problemática se inscribe educativamente en el adulto como ausencia de futuro, y en los chicos, como inmediatez (Bleichmar, 2008, Benasayag y Schmit, 2010).

La ética siempre está fundada en cómo asumo mis responsabilidades frente al sufrimiento del otro, es decir, el semejante, mientras que la moral es un conjunto de formas históricas de las que se van tomando los principios con los que se legisla. En nuestro país, durante años, se destruyó la confianza (Cornu, 1999), básica en quienes tienen la responsabilidad del cuidado y la educación de los más nuevos, ya que los descuidaron, los usaron y hasta los aniquilaron —es preciso recordar nuestro casi cuarto de siglo de dictaduras y los jóvenes "desaparecidos", sin huellas ni de su identidad—.

Lo moral se mantiene dentro de la ley de una sociedad —que, es justo decirlo, también fue violada impunemente—; pero la ética, aun más allá, reclama re–pensar la ley, para convalidar una Ley con justicia, igualdad, equidad en la sociedad.

La cuestión tampoco es pretender erradicar totalmente la violencia, sostiene S. Bleichmar. Hay una suerte de violencia imprescindible en la pautación e instalación de normas. La cuestión es si esa pautación es producto de la arbitrariedad —la impunidad— o bien "te obliga tanto a ti como a mí".

Y ése es el gran debate, en la sociedad, que también debe darse en la escuela. La escuela, sostenía la autora, puede ser un lugar de recomposición subjetiva, de los niños y las niñas, los adolescentes y los jóvenes, pero también tiene que incluir a los adultos. Lo primero a recomponer es un proyecto educativo, que no puede ser sino un proyecto de país, o en definitiva, un proyecto de futuro. Y a los adultos hay que convocarlos para construirlo, ayudarlos a salir de su pasividad o desconcierto. La escuela debe ser ni más ni menos que un semillero de sujetos sociales, actores y agentes del futuro.

> *Nuestra tarea no es ponerle un límite a la violencia, sino construir sujetos capaces de definir los límites de la propia violencia y articular su individualidad con el conjunto. Eso es prevención, en relación al "malestar sobrante".*
>
> *Yo lo he llamado "malestar sobrante", porque no es sólo el malestar con el que paga cualquier ser humano por estar en la cultura, sino un exceso de malestar producido por la permanente frustración en la cultura, que produce la desigualdad, la inequidad y la mentira.*
>
> *Y que no solamente se da en los excluidos, sino también en los incluidos. Sí, incluso en estos últimos, porque aunque tienen más, ese más no tiene valor simbólico, produce "deshidratación psíquica", no culpa, sino vacío de sentido.*
>
> *Bleichmar, 2008, p. 61–62*

Referencias

Benasayag, M. y Schmit, G. (2010). Cap. 1. "La crisis dentro de la crisis", Cap. 2. "Crisis de autoridad" y Cap. 6. "Ética y etiqueta". En *Las pasiones tristes. Sufrimiento psíquico y crisis social.* Buenos Aires: Siglo XXI.

Bleichmar, S. (2008). "Sobre la puesta de límites y la construcción de legalidades" (12–22), "La construcción de legalidades como principio educativo" (23–69), "La recuperación de la justicia como base del pacto intersubjetivo" (71-86). En *Violencia social–Violencia escolar. De la puesta de límites a la construcción de legalidades.* Buenos Aires: Noveduc.

Cornu, L. (1999) La confianza en las relaciones pedagógicas. En G. Frigerio; M. Poggi; D. Korinfeld (comps). *Construyendo un saber sobre el interior de la escuela* (pp. 19–26). Buenos Aires: CEM–Novedades Educativas.

Kaplan, C. (2006) *Violencias en plural. Sociología de las violencias en la escuela.* Buenos Aires: Miño y Dávila.

✳ Notas complementarias

✳ Carmen de Patagones

La masacre escolar de Carmen de Patagones fue un incidente ocurrido el 28 de septiembre de 2004 en el Instituto N° 202 "slas Malvinas" de Carmen de Patagones, al sudoeste de la Provincia de Buenos Aires, Argentina. Un alumno de 15 años, identificado como R.S., disparó con una pistola (perteneciente a su padre) contra sus compañeros de aula en la que compartían el primer año del ciclo Polimodal (educación secundaria).

La masacre comenzó a las 7:35, hora del comienzo de clases. R.S. ingresó al colegio al que concurrían 400 estudiantes aproximadamente, escondiendo una pistola Browning calibre 9 mm (perteneciente a su padre, suboficial de la Prefectura Naval Argentina), otros dos cargadores, y un cuchillo de caza escondidos en un camperón militar.

Ya en el aula 1° B, R.S. se colocó frente a la clase, tomó la pistola, la disparó y la descargó contra sus compañeros de aula sin mediar palabras. Después de vaciar el cargador salió al pasillo. Colocó un segundo cargador e hizo un nuevo disparo, esta vez hacia el kiosquero de la escuela, a quien no alcanzó a herir.

Siguió su camino por el pasillo principal de la escuela hasta que uno de sus compañeros de aula, y mejor amigo, se le abalanzó y logró quitarle el arma. Luego de enteradas las autoridades, no se resistió, fue arrestado y trasladado a la ciudad de Bahía Blanca.

La tragedia tuvo la triste distinción de ser la primera masacre escolar (realizada por un solo individuo con un arma de fuego) registrada en América Latina.

Como saldo del ataque fallecieron tres compañeros de aula, de entre 15 y 16 años, más otros cinco heridos. El presidente de la Nación calificó el episodio como "doloroso" y dispuso dos días de duelo nacional.

En todas las escuelas del país se realizó una jornada de reflexión en la que se leyó una carta enviada por el Ministerio de Educación a todos los establecimientos educativos del país.

Fuente:

https://es.wikipedia.org/wiki/Masacre_escolar_de_Carmen_de_Patagones

Cromagnon

La tragedia de Cromagnon fue provocada por un incendio producido la noche del 30 de diciembre de 2004 durante un recital de la popular banda de rock Callejeros, en República Cromagnon, establecimiento ubicado en el barrio de Once de la ciudad de Buenos Aires, que para esta instancia estaba atestado de espectadores, incluyendo algunos niños.

Este incendio provocó una de las mayores tragedias no naturales en Argentina. Dejó un saldo de 194 muertos y al menos 1432 heridos.

Esta tragedia causó, además, importantes cambios políticos y culturales. Los familiares de los jóvenes fallecidos y los sobrevivientes del incendio conformaron un gran colectivo de movilización pública y demanda de justicia, por las muertes y los daños sufridos.

En relación a lo político, la Legislatura de la Ciudad de Buenos Aires inició un juicio político para destituir al entonces Jefe de Gobierno Aníbal Ibarra por considerarlo responsable político de la tragedia. El enjuiciamiento terminó con su destitución, por ser considerado responsable político de la tragedia.

Se registraron irregularidades en las salidas de emergencia, uso de materiales inflamables, superación de la capacidad del local, su habilitación para funcionar, uso de pirotecnia, funcionamiento del servicio de emergencias y ambulancias, y en las certificaciones oficiales, todas ellas comprobadas en el proceso judicial.

Fuente: https://es.wikipedia.org/wiki/Tragedia_de_Cromañon

CAPÍTULO 3

Aprendizaje profesional y revisión de las prácticas

Posicionamientos, giros y apropiaciones de sentido de docentes ante las violencias en la escuela secundaria

Carolina Dome, Cristina Erausquin (Argentina)

Hace menos de dos décadas que apareció en Argentina el interés por los problemas de violencia en las escuelas, conformándose en una preocupación del cuerpo docente y del conjunto de la comunidad educativa. La instalación masiva de distintos hechos de violencia en los medios de comunicación generó nuevas demandas hacia las escuelas en materia de seguridad, convivencia y capacitación docente.

Fue durante este tiempo que comenzaron a aparecer estudios sistemáticos provenientes de instituciones académicas, centros gubernamentales y organismos internacionales. Los centros de investigación pusieron foco en las políticas públicas para un relevamiento del problema, analizaron la incidencia del fenómeno en el estudiantado, y en algunos casos, analizaron las prácticas docentes y vincularon el problema al dispositivo escolar, con metodologías variadas y distintos enfoques teóricos.

En 2005, el Ministerio de Educación de la Nación creó el Observatorio Nacional de Violencia en las Escuelas con el objetivo de monitorear, analizar y prevenir episodios de violencia, contando para ello con aportes de diversos investigadores. Entre sus trabajos se encuentran relevamientos estadísticos y análisis cualitativos sobre percepción del clima escolar, violencia y conflicto en escuelas primarias y secundarias, tanto públicas como privadas (Observatorio Argentino de Violencia en las Escuelas, 2015).

En Argentina se destacan los trabajos precursores de Kaplan y su equipo acerca de las violencias en plural, a partir del análisis de discursos y prácticas de los actores escolares (Kaplan, 2006), los de Duschatzky y Corea (2002) referidas a la escolaridad y a las problemáticas de los sectores marginados, y los análisis de Kantor sobre los consejos de convivencia (Kantor, 2000), entre otros.

En la Facultad de Psicología de Universidad de Buenos Aires, desde al año 2008, una línea de investigación enmarcada en Proyectos UBACyT dirigidos por la Mg. Cristina Erausquin, indagó Modelos Mentales de agentes psico–educativos sobre problemas de violencia e intervenciones, (Dome C., Confeggi X., López A., 2010), figuras de intervención profesional (Erausquin C., Basualdo M.E, Dome C., López A.; Confeggi X., Robles López, N., 2011), e historización y sentido estratégico de las prácticas de agentes psico–educativos sobre violencias en escuelas (Erausquin et. al., 2012).

Esta línea de trabajo continuó a través de del proyecto de investigación "Construcción del conocimiento profesional de psicólogos y profesores de Psicología en sistemas de actividad: desafíos y obstáculos para aprendizaje situado en comunidades de práctica" (2012–2015) y mas recientemente a través del proyecto "Apropiación participativa y construcción de sentidos en prácticas de intervención para la inclusión, la calidad y el lazo social: intercambio y desarrollo de herramientas, saberes y experiencias entre psicólogos y otros agentes" (2016–2019), dirigidos por C. Erausquin, y que dieron marco al trabajo de Tesis de la Mg. C. Dome, "Perspectivas de Agentes Educativos sobre Problemas de Violencia en Contextos de Práctica Profesional" (Dome, Erausquin, 2016, 2017). Algunos de sus principales hallazgos se expanden en este capítulo.

Aprendizaje y construcción de conocimiento profesional sobre violencia en escuelas

En líneas generales, la investigación educativa en Argentina es crítica del modo "espectacular" en que los medios de comunicación suelen presentar las noticias de "violencia escolar". Kaplan (2006) y sus trabajos descubren diversos problemas, muchos de persistencia tenue, cotidiana, de baja intensidad y alta frecuencia.

Ante las demandas del cuerpo docente de contar con herramientas de abordaje el Ministerio de Educación de la Nación elaboró la Guía Federal de Orientaciones para la intervención educativa en situaciones complejas de la vida escolar (2014). Delegaciones provinciales elaboraron guías similares.

Sin embargo, entre las acciones relevadas no son frecuentes las experiencias sistemáticas de capacitación o profesionalización docente sobre problemas de violencia. Pero, por otro lado, los y las agentes educativos (docentes, integrantes de Equipos de Orientación, directivos/as, preceptores/as y otro personal escolar) suelen vivenciar diversas escenas de violencia en sus contextos de práctica, y son convocados a intervenir en su resolución, y también son interpelados en relación a su responsabilidad social. Sobre ellos recaen conflictos vinculares, pedagógicos, disciplinarios y también problemas originados en el contexto extra–escolar.

Por eso, la línea de investigación antes mencionada asume la necesidad de explorar comprensivamente lo que los actores problematizan y lo que hacen con los medios y en las condiciones en que trabajan; para contribuir a expandir la mirada sobre los problemas que enfrentan y la reflexión sobre las prácticas que desarrollan. Sus perspectivas (puntos de vista), son consideradas instrumentos válidos para reconocer recursos disponibles en la cultura escolar (Rockwell, 2010) y en los sistemas de actividad (Engeström, 2001a) en los que participan.

La indagación sobre cómo los y las docentes enfocan, entienden, representan, actúan y/o intervienen ante los problemas de violencia en su contexto de práctica, se encuentra comparativamente menos desarrollada que la investigación sobre "violencia en la escuela".

No obstante, el relevamiento realizado permite identificar dos tendencias principales en las conclusiones de los distintos trabajos. Una identifica la reproducción de prácticas violentas por parte de los y las agentes educativos, y/o una inclinación a la derivación de problemas y falta de respuestas ante los mismos. La segunda visualiza positivamente los recursos presentes para intervenir ante las situaciones y problemas de violencia, aunque sin eludir señalamientos críticos sobre los mismos. En este segundo grupo, la cantidad de investigación es minoritaria.

Sobre esta base, interesó a las autoras propiciar y analizar procesos de aprendizaje y construcción de conocimiento profesional sobre violencia en escuelas de docentes y otros/as agentes que se desempeñan en instituciones escolares.

Para ello, se organizaron "Talleres de Reflexión sobre la Práctica" (Dome, 2015; Dome, Erausquin, 2016) en dos escuelas de nivel medio del área metropolitana de Buenos Aires, que permitieron caracterizar interacciones interpersonales, institucionales y comunitarias que conforman el contexto de práctica de los agentes e intercambios que tuvieron lugar a través de su participación en los talleres.

A su vez, mediante herramientas etnográficas, se analizaron apropiaciones de significados y sentidos emergentes, identificando giros, movimientos y cambios de perspectivas y posicionamientos entre el inicio y el cierre de las experiencias. Finalmente, se realizaron reflexiones y señalamientos críticos sobre áreas de invisibilidad y problemas aun no enfocados.

Enfoque socio-histórico sobre la construcción de conocimiento profesional

La escuela no es únicamente un escenario para la actividad de enseñanza–aprendizaje de niños y jóvenes, sino también un contexto de trabajo para aquellos que tienen la responsabilidad de la enseñanza y son aprendices de la práctica (Zucchermaglio, 2002).

Ello coloca a los docentes, directivos y otros agentes educativos como sujetos del aprendizaje. La escuela es contexto para la formación de conocimientos profesionales, en tanto ambiente psico–culturalmente significativo (Daniels, 2001).

Para la presente discusión, el enfoque de la Teoría de la Actividad (Engeström, 2001a y 2001b) resulta un marco adecuado para la descripción, comprensión y promoción de cambios en los contextos educativos, a la par que un modelo teórico explicativo a la vez que productivo del aprendizaje profesional. Dicha teoría propone una metodología para el estudio y expansión de los sistemas de actividad (Cole y Engeström, 2007) desde un ángulo de transformación colectiva. En ese marco adquiere relevancia la creación de espacios de reflexión sobre la práctica (Schön, 1998), en base a una metodología participativa sustentada en la indagación discursiva de la escuela como sistema.

Las escuelas, en tanto sistemas sociales de actividad (Engestrom, 2001a) atraviesan contradicciones y/o transformaciones, y también pro-

cesos de incertidumbre y dificultad, ante los modos cambiantes en los
que se propone realizar la práctica escolar y los cambios de las poblaciones que las habitan.

La crisis de la función escolar y las respuestas a los problemas de
violencia en contextos de declive de las instituciones, en tiempos de fragmentación social, expulsión y destitución de derechos (Duschatzky y
Corea, 2002), han puesto en tensión las relaciones entre reglas, división
del trabajo e instrumentos con que necesita gestionarse la práctica educativa. Acentúan la complejidad de los procedimientos educativos, cuya
aplicación e interpretación concreta en la vida cotidiana escolar demuestra un nivel de conflictividad a veces sobresaliente. En dichas situaciones
cobra relevancia el papel de la cognición en la práctica, el aprendizaje
vinculado al contexto, la articulación de saberes profesionales, y procesos
de cambios situados en el trabajo.

Un propósito relevante de esta investigación es producir conocimiento para contribuir a fortalecer las relaciones colaborativas entre docentes,
y de los docentes con otros agentes educativos, directivos y orientadores
escolares. Es decir, posibilitar la co–implicación ante problemas complejos de la práctica, lo que requiere un proceso de movilización progresivo
de negociación y apropiación participativa (Rogoff, 1997) de recursos y
saberes.

Parte de las tensiones del trabajo escolar, particularmente respecto al desarrollo de conocimientos personales/colectivos, se vincula con
las dificultades de interconexión entre sus dimensiones o subsistemas
(Zucchermaglio, 2002).

El subsistema–aula es a menudo considerado como responsabilidad
exclusiva de la acción individualizada del profesor, y a la vez, la perspectiva institucional de la escuela visualizada por directivos y a veces orientadores, puede no ser reconocida como punto clave para mejorar las
prácticas educativas al interior del aula. La interrelación entre sistemas
y subsistemas insta al aprendizaje colaborativo a través de la circulación

de conocimiento y de prácticas adscritas a cada subsistema que, aunque diferenciadas, conforman una unidad. Ello supone concebir al trabajo docente como una actividad colectiva, ya que la enseñanza constituye una función institucional, y sin embargo, muchas veces, la organización —individual— del trabajo docente tiende a obturar la posibilidad de desarrollar la actividad conjunta (Flavia Terigi, 2012:9).

Según las investigaciones marco, los y las agentes que trabajan en escuelas proporcionan constantemente una valoración —implícita o explícita— sobre las situaciones que emergen en sus contextos de práctica (Dome, 2015). A partir de su reconocimiento como agentes activos en los procesos educativos, en la experiencia destacada aquí se propuso explorar posicionamientos e intervenciones que cotidianamente enfrentan la conflictividad, la disruptividad y las violencias en los contextos educativos.

En las respuestas a la demanda del trabajo en contextos escolares, los y las agentes articulan propósitos, representaciones e intenciones en las relaciones que establecen con otros docentes, alumnos/as, directivos/as, madres, padres y tutores/as; construyendo significados y sentidos que se reconstruyen y negocian con otras agencias de la comunidad educativa. Utilizan y transforman artefactos culturales, herramientas y dispositivos del escenario sociocultural, a través de procesos de internalización y externalización que se despliegan en sistemas sociales de actividad, con tensiones y conflictos, que en ocasiones configuran oportunidad para el cambio, y en otras, para el enquistamiento reproductivo del sistema (Erausquin et al., 2012).

En ese sentido, el estudio de los Modelos Mentales (Rodrigo y Correa, 1999) sobre situaciones–problema de la práctica profesional en contextos educativos, ha contribuido a la comprensión de formas de razonamiento y praxis que diversos agentes educativos despliegan, así como también determinadas modalidades del funcionamiento institucional en las que dichos agentes desempeñan sus funciones (Larripa, Erausquin, 2008).

Si los componentes de dichos Modelos Mentales Situacionales (MMS) son recíprocamente constitutivos e inseparables de sus interacciones, las negociaciones de significados entre distintos agentes educativos pueden generar cambios en la construcción de los mismos. Porque los MMS son unidades dinámicas que reorganizan esquemas de conocimiento en función de sentidos y finalidades de los sujetos y demandas de la tarea y de la situación, en un escenario sociocultural (Rodrigo, 1997, Rodrigo et al., 1999). En ello reside la importancia de generar procesos reflexivos en escenarios profesionales, subrayada por distintos teóricos de diversas disciplinas (Schön, 1998).

La noción de Sistemas de Actividad (Engeström, 1987, 2001a) enriquece el análisis de los Modelos Mentales de Situación que los agentes construyen a través de su participación en contextos de práctica profesional.

Superando enfoques cognitivos clásicos, la construcción de Modelos Mentales Situacionales (Rodrigo et al., 1999) se comprende como un proceso flexible, sujeto a cambios generados por la participación y negociación de objetivos en las acciones colectivas. Son construcciones mediadas por artefactos y significaciones generadas en procesos de inserción y transformación de la participación del sujeto en comunidades de práctica, (Wenger, 2001) inseparables de un determinado contexto sociocultural de producción.

Desde una posición histórico–dialéctica de revisión problematizadora de las construcciones de la Psicología Cognitiva, Engeström (1987) sostiene que el interés en los Modelos Mentales se ha incrementado en las últimas décadas porque son constructos dinámicos y modificables, pueden generar descripciones de un sistema de actividad, su forma, propósito y funcionamiento, además de predicciones sobre los estados futuros. Aporta el autor una visión de los modelos, no tanto como entidades mentales sino como modos de acción, que encarnan propósitos, a la vez que modos de concretar dichos propósitos: concepción afín con la noción acerca de la idealidad y a la vez materialidad de los artefactos culturales de mediación semiótica de los sistemas sociales (Cole, 1999).

Sostiene Engeström (1987) que conceptos representacionales como los Modelos Mentales Situacionales (Rodrigo et al., 1999), tienen que tornarse conceptos instrumentales para la transformación de las configuraciones entre sujetos y contextos. Por eso, para el autor, el aprendizaje expansivo requiere que los objetos del pensamiento sean transformados en instrumentos productivos del mismo, y que ese proceso lo realicen sujetos enlazados en lo colectivo.

La expansión del aprendizaje se desarrolla a través de acciones epistémicas de confrontación y negociación colectiva (Cole y Engeström, 2007) capaces de producir giros conceptuales en la propia práctica. El ciclo de confrontación de contradicciones/tensiones, en concordancia con los principios del materialismo dialéctico, supone el uso de la reflexividad como herramienta:

> *Toda vida social es esencialmente práctica. Todos los misterios que inducen a la teoría, al misticismo, encuentran su solución racional en la práctica humana y en la comprensión de esta práctica.*
>
> Karl Marx, Tesis de Feuerbach, 1845

La reflexión sobre la práctica puede implicar entonces la ascensión de lo abstracto a lo concreto y el pensamiento no lineal, expandido u horizontal (Engeström, 2001a y 2001b), favorecer la configuración e implementación de nuevas tareas. Al hacerlo, se redefine el objeto de la actividad ya que la dinámica del ciclo de aprendizaje expansivo no supone acciones aisladas, sino progresivas, intencionadas, socializadas y producidas con la contribución de los participantes.

Una transformación expansiva significa un proceso de cambio organizativo construido "desde abajo" y desde un enfoque grupal inclusivo. Al re–orientarse la relación con el objeto y motivo de la actividad, se cimienta un salto cualitativo. Esto incluye ponderar posibilidades y alternativas de acción, discutidas y elaboradas desde dispositivos específicos. Los esfuerzos de reflexión conjunta inmersos en la co–construcción de soluciones y circulación de recursos conllevan la interconexión entre agentes y el desarrollo de competencias en, desde y para un contexto laboral en vías de re–significación.

Con estos supuestos, el aprendizaje es, antes que un resultado, un proceso mediado por la participación progresiva, un intercambio de información y discusión en torno al propio repertorio de prácticas. El ciclo expansivo opera el desarrollo de una visión renovada y compartida del quehacer profesional.

En ese marco, los principios del aprendizaje expansivo estructuran una metodología de investigación–intervención apropiada para organizar experiencias de cambio y formación profesional. Tal metodología permite observar un aprendizaje en, desde y para las propias prácticas, que, definidas cultural, social e históricamente, son susceptibles de ser modificadas. Una experiencia de aprendizaje por expansión (o ciclo expansivo), favorece la re–orquestación de las voces de los actores que conforman el ambiente laboral (Cole y Engeström, 2007).

Cada ciclo se relaciona con la historia de sus participantes, de la actividad y del sistema en sí mismo. Las historias presentes en el sistema se entrelazan en un marco de diálogo, negociación y co–configuración entre diversos niveles de experiencias y visiones (lo cual connota al sistema de actividad en términos de su naturaleza conflictiva). Lejos de una representación lineal, una zona de potencial desarrollo subraya, en términos dialógicos, los reajustes del sistema de actividad, comprendiendo desde una dimensión socio–histórica la re–organización y desplazamiento de los conocimientos profesionales.

Una metodología inscripta en la Teoría de la Actividad

A través de exploraciones etnográficas que incluyeron cuestionarios, entrevistas en profundidad y talleres, el trabajo realizado en las dos escuelas del área metropolitana de Buenos Aires buscó identificar perspectivas y posicionamientos de agentes educativos en relación a la violencia en las escuelas y cambios o giros en las mismas.

En este capítulo se mostrarán los principales resultados sobre el aprendizaje *que los y las agentes afirman haber desarrollado* a partir de su experiencia en los Talleres de Reflexión sobre la Práctica[1], para vincularlos con interrogantes sobre el aprendizaje expansivo.

La secuencia de las actividades desarrolladas en el trabajo de campo se muestra en la figura 3.1.

En cada una de las dos escuelas, cuyos perfiles se presentan más adelante, se realizó un taller compuesto por tres sesiones, de unas dos a tres horas de duración cada una.

Para el diseño de los talleres se adoptaron los principios y herramientas metodológicas propuestas por investigadores de la Tercera Generación de la Teoría de la Actividad, en particular el *Laboratorio de Cambio* (Engeström, 2010), que fue pensado como instrumento metodológico para favorecer las interacciones entre los y las participantes, apuntando a producir micro ciclos de innovación de la actividad y expansión del aprendizaje (Engeström y Sannino, 2010). Las sesiones incluyen ejercicios de discusión y confrontación basados en situaciones significativas de la actividad escolar escogidas por los propios agentes, con el propósito de fortalecer el sentido de comunidad de práctica (Wenger, 2001).

Los talleres se articularon en torno a los siguientes tres lineamientos generales:

---

[1] Actividad coordinada y realizada por la Mg. C. Dome (Dome, 2016).

Taller de Reflexión sobre la Práctica   **Herramientas**

Encuentro 1

Presentación. Debate abierto.

Cuestionario de Situación–Problema de Violencias en Escuelas, en contextos de Intervención de un Agente Educativo

Matriz de Análisis Complejo
Intervención del docente en problemas situados en contexto educativo
(Dim. I , II, III y IV)

Encuentro 2

Laboratorio de Cambio: espejo, interrogación y confrontación.

Encuentro 3

Experiencias con herramientas lúdicas y pedagógicas. Debate sobre las ideas y conceptos examinados.

Cuestionario de Reflexión sobre la Práctica desarrollada en el taller

Matriz de Análisis Complejo
Aprendizaje Expansivo de Agentes Educativos
(Dim. V y Dim. VI)

Análisis y hallazgos

Informe final

Hallazgos en la "Reflexión sobre la Práctica desarrollada en el taller"

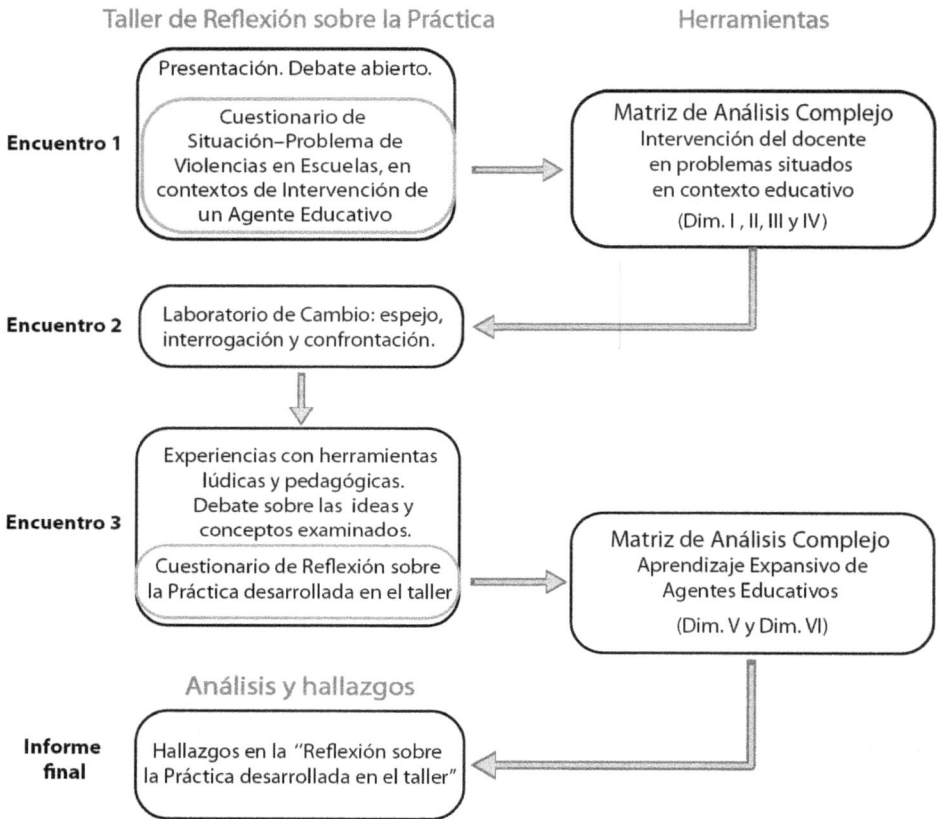

FIGURA 3.1 *Secuencia del trabajo de campo.*

- Reflexión crítica de las prácticas cotidianas en relación a las situaciones de violencia en el sistema escolar.

- Construcción de una instancia de producción de conocimientos, que posibilite procesos de apropiación de saberes relacionados a la vida escolar.

- Construcción de una instancia de aprendizaje cooperativo y de participación democrática, que aumente la posibilidad de una construcción conjunta de problemas e intervenciones.

En el primer encuentro, luego de la presentación de los objetivos del taller, se realizó un debate grupal con preguntas abiertas sobre motivaciones, expectativas y conocimientos previos sobre la temática de la violencia en escuelas. A su finalización los docentes completaron el "Cuestionario de Situaciones Problema de Violencias en Escuelas en contextos de intervención de un Agente Educativo"[2] (Erausquin, 2009, en Erausquin et al., 2011), lo que permitió relevar los relatos de los agentes educativos, para después describir y analizar los modelos mentales situacionales construidos sobre problemas y situaciones de violencia en las escuelas, en contextos de práctica docente.

Para el análisis se utilizó la "Matriz de Análisis Complejo de la intervención del docente en problemas situados en contexto educativo"[3] (Erausquin et al., 2008, Erausquin y Zabaleta, 2014).

Se indagaron las cuatro Dimensiones que ofrece la Matriz:

Dimensión I: Situación–problema de violencia en la que haya intervenido el agente.

Dimensión II: Intervención realizada.

Dimensión III: Herramientas utilizadas.

Dimensión IV: Resultados atribuidos.

Esta herramienta posibilita identificar qué tipos de problemas se nombran como "violencia", dónde están localizados o situados, cómo son construidos, cuáles perspectivas participan en esa construcción, y qué apropiación desarrollan de las mismas y de las demandas de otros agentes en torno a los problemas. También el modo de implicarse en los problemas, cómo y con quiénes los agentes decidieron y actuaron en la intervención cuando enfrentaron problemas de violencia en la escuela, y sobre qué–quién–quiénes actuaron a la hora de construir una

---

[2]El Cuestionario utilizado se reproduce en el Anexo I, pag. 271.
[3]La Matriz se incluye completa en el Anexo IV, pag. 281.

intervención. Por último, permite analizar la naturaleza de las herramientas utilizadas, su emergencia y los sentidos otorgados, si pueden fundamentar teóricamente su uso y si analizan diferentes condiciones de producción de los resultados obtenidos.

A partir de este análisis se recortaron los temas comunes en las experiencias, intervenciones y reflexiones de los y las agentes participantes. Los temas fueron seleccionados en función de las insistencias y recurrencias temáticas, a la vez que otros elementos significativos, como las divergencias, nuevos puntos de vista y contradicciones.

En el segundo encuentro las situaciones, intervenciones, herramientas y resultados relatados en las respuestas a los "Cuestionarios de Situaciones Problema de Violencias en Escuelas en contextos de intervención de un Agente Educativo", fueron puestos en discusión, interrogación y confrontación, a través de la metodología del espejo (Engestrom y Sannino, 2010), un principio proveniente del Laboratorio de Cambio.

De acuerdo con Engeström, el "espejo" es una superficie expositiva, utilizada para representar y examinar experiencias de la práctica laboral, particularmente situaciones problemáticas y tensiones, pero también iniciativas de solución.

Para ello, durante el encuentro se trabajó sobre contenido de diapositivas, elaboradas previamente a partir del recorte y selección mencionado antes.

Para el debate se elaboraron preguntas y contraposiciones construidas a partir de orientaciones elaboradas en documentos y resoluciones del Ministerio de Educación de la Nación y de la Ciudad y de la Provincia de Buenos Aires[4] junto a desarrollos teóricos y académicos sobre violencias en escuelas. Seguidamente se formularon preguntas dirigidas al grupo–taller para suscitar su participación y verbalización de reflexiones, aportes, dudas y puntos de vista.

---

[4]Los documentos seleccionados fueron: "Guía de Orientaciones Federales para la Intervención Educativa en Situaciones Complejas relacionadas con la Vida Escolar"

En el tercer encuentro se pusieron en juego herramientas lúdicas y pedagógicas, como una experiencia a realizar en el taller, para que a su vez puedan ser recreadas y transferidas a la práctica docente en la escuela. Se finalizó el taller con un plenario de cierre en donde se incluyó el debate de ideas y conceptos compartidos hasta el momento.

Al final de este último encuentro se administró el "Cuestionario de Reflexión sobre la Práctica desarrollada en el Taller" (Erausquin, Dome, 2015). El mismo incluyó dos preguntas estructurantes:

1. ¿Qué aprendiste a partir de tu participación en el taller?

2. ¿Qué cambiarías de la intervención relatada en el Cuestionario respondido al principio del taller?

para explorar los procesos de aprendizaje, la identificación de los sujetos, y la existencia de giros y cambios de posicionamiento y perspectiva.

El análisis de las respuestas al cuestionario se realizó mediante la "Matriz de Análisis Complejo de Aprendizaje Expansivo de Agentes Educativos"[5] (Marder y Erausquin, 2015, en Erausquin, 2017) en sus Dimensiones V y VI:

Dimensión V: Aprendizaje de la experiencia

Dimensión VI: Cambios en la intervención.

Las dimensiones estudiadas poseen varios Ejes de análisis, cada uno de ellos con Indicadores vinculados a la Teoría del Aprendizaje Expansivo (Engeström, 2001b, Erausquin, Zabaleta, 2014), y están relacionados

---

(Ministerio de Educación de la Nación y Secretaría General el Consejo Federal de Educación, 2014); "Guía de Orientación para la intervención en situaciones conflictivas y de vulneración de derechos en el escenario escolar", (UNICEF y Ministerio de Educación de Prov. Bs As, 2014); "Resolución 655 del Consejo de Derechos de Niñas, Niños y Adolescentes del Gobierno de la Ciudad Autónoma de Buenos Aires" (Protocolo de Intervención) (2007); "Guía de Orientación Educativa: bullying y acoso entre pares", y "Guía de Orientación Educativa: maltrato y abuso infanto–juvenil" (Ministerio de Educación del Gobierno de la Ciudad Autónoma de Buenos Aires, 2014).

[5]La Matriz se incluye completa (Dimensiones V a X) en el Anexo V, pag. 301.

con el aprendizaje que los agentes manifiestan haber desarrollado a través de la experiencia realizada.

Para cada Eje de análisis las respuestas se clasifican en alguno de los Indicadores (nominados 1 a 5), de acuerdo a la identificación más cercana que tiene la respuesta con la definición del Indicador. Estos Indicadores tienen una progresión que señala diferencias cualitativas de los "modelos mentales situacionales", ordenada en dirección a un enriquecimiento y mejora del aprendizaje expansivo en la profesionalización de los agentes educativos.

El número total de respuestas recogido por cada Indicador, a partir de cada uno de los relatos, posibilitó identificar las características compartidas del aprendizaje por el conjunto de los y las participantes de los talleres, así como los cambios explicitados —por esos mismos agentes— acerca de su percepción de los problemas e intervenciones ante las violencias en escuelas.

Las escuelas y los agentes educativos participantes

En este trabajo, la Escuela A es la institución educativa donde se desarrolló el primer taller, con un grupo de once docentes de distintas materias del turno vespertino, la vicedirectora de dicho turno y una de las supervisoras escolares. Es una escuela secundaria de gestión estatal con modalidad Comercial, ubicada en barrio céntrico de Ciudad de Buenos Aires, Capital Federal, cuyo turno vespertino ofrece secundario común y secundario para jóvenes y adultos. Contempla planes de estudio de 4 y 5 años y otorga título de Perito Mercantil con especializaciones.

Existe desde 1924 y se lo menciona como colegio histórico. Su matrícula es de 800 estudiantes.

La Escuela B es la institución educativa en donde se desarrolló el segundo taller, con dieciocho docentes de distintas materias. Participaron además en todos los encuentros dos miembros del equipo de orientación, la directora y el vicerrector. Es una escuela de educación secundaria de gestión estatal, ubicada en Isla Maciel, Partido de Avellaneda, Provincia de Buenos Aires.

Su modalidad es Bachillerato con Orientación Artística, con nivel secundario de 5 años y otorga título de Bachiller en Artes Visuales (AR-VIS). La escuela fue fundada en 2005. Hoy cuenta con 300 estudiantes. Tanto las entrevistas a directivos como orientadores y los talleres se desarrollaron en el año 2015.

En ambos casos los equipos directivos habían manifestado destacado interés en la realización de la experiencia.

Fue interesante para este trabajo la participación de ambas escuelas, por sus diferencias evidentes: su historia —una mucho más antigua y otra mucho más nueva—, su orientación educativa —Comercial o Bachillerato Artístico—, su ubicación en dos áreas diferentes de la región metropolitana —un barrio de la ciudad capital de Argentina por un lado, y un barrio en la provincia de Buenos Aires, limítrofe a la ciudad capital, por el otro—.

Hallazgos en la "Reflexión sobre la Práctica desarrollada en el Taller"

A continuación se mostrarán los resultados que fueron obtenidos en las dos escuelas (antes identificadas como escuela A y escuela B) en las dos Dimensiones exploradas (V y VI, con tres y seis Ejes respectivamente) a partir del "Cuestionario de Reflexión sobre la Práctica desarrollada en el Taller".

Para la Dimensión V se totalizaron los resultados de 13 agentes de la escuela A y 18 agentes de la escuela B. Para la Dimensión VI estos fueron 12 y 17 respectivamente.

A continuación se comentarán los hallazgos más significativos, a la par que se darán ejemplos de las respuestas mediante citas textuales.

✳

Análisis de la Dimensión V:
Aprendizaje de la experiencia

Es en la Dimensión V donde se evidencian los cambios más significativos[6] de perspectivas entre el inicio y el cierre de la experiencia del taller.

★ **Eje 1: Tipo de aprendizaje. ¿En qué aspecto/s —emocional, relacional y/o cognitivo— se focaliza la experiencia de aprender?**

> *Advierto más ideas (...) cosas que no había pensado o que tenía en mente pero no sabía cómo formularlas.*
>
> *Esc. A, Dim. V, E1, Ind3*

> *Me sirvió mucho para repensar el maltrato verbal y las bromas insultantes.*
>
> *Esc. A, Dim. V, E1, Ind4*

> *A reflexionar sobre la escuela, qué aportamos al barrio y como sostener el rol docente (...) porque hay que instaurar el respeto (...)*
>
> *Esc. B, Dim. V, E1, Ind4*

---

[6]Se consideran significativos los cambios en los aprendizajes experimentados que, según los relatos, acumulan dos o más respuestas.

> *Incorporé nuevas variables, pensando en lo preventivo, en la idea de ayudar a una convivencia más democrática (...) también rescato cómo hacer equipos mejores, porque somos un ejemplo para los chicos.*

> *Esc. B, Dim. V, E1, Ind5*

Todos los agentes reconocieron haber aprendido de la experiencia. La mayoría enfocó su aprendizaje en planos de mayor complejidad que lo exclusivamente emocional o vincular o cognitivo y sólo una minoría articula lo relacional, lo emocional y lo cognitivo significativamente. El dato es de interés, porque si bien durante los talleres se trabajó en torno a esos tres planos, la respuesta sobre su aprendizaje de la experiencia mantuvo la escisión entre lo cognitivo y lo afectivo.

Tabla 3.1 *Dim V Eje 1: escuela A y escuela B (13 y 18 agentes)*

	Eje 1: Tipo de Aprendizaje	Esc. A	Esc. B
1.	No responde.	(0)	(1)
2.	Dice no haber aprendido.	(3)	(4)
3.	Con foco en uno de los tres aspectos —emocional, relacional o cognitivo—, pero sin alusión explícita a ninguno de los otros dos.	(4)	(3)
4.	Con foco en dos de los tres aspectos —emocional y/o relacional y/o cognitivo—, sin alusión explícita al tercero.	(4)	(5)
5.	Con foco en los tres aspectos, articulándolos significativamente.	(2)	(5)

Se advierte la apertura a giros conceptuales (Rodrigo et al., 1999) en una parte importante de las respuestas. En trabajos previos, se señaló la dificultad de enfocar los problemas de violencia en aspectos que transcienden los conflictos vinculares e interpersonales. En esta oportunidad, una mayoría señala la articulación entre aspectos relacionales y emocionales en el aprendizaje, y otros incluyeron además aspectos cognitivos, articulados significativamente.

Las respuestas desarrollaron relaciones que, a partir de su trabajo, los y las agentes establecen entre el contexto áulico y el contexto extra–escolar, (articulaciones indispensables para abordar las violencias en la escuela) a la par que mencionaron, en algunos casos, conceptos de carácter teórico, que ampliaron la profundidad de la problematización.

★ **Eje 2: Contenidos de los aprendizajes. ¿Qué es lo que aprende?**

> *Aprendí que la violencia se reproduce en las cosas que no se combaten, que hay que generar un clima para que todos los días todos puedan expresarse (...)*
>
> *Esc. A, Dim. V, E2, Ind3*

> *Trabajar las propuestas de inclusión, porque previenen la violencia.*
>
> *Esc. A, Dim. V, E2, Ind3*

> *Por eso me interesó pensar los roles, los distintos pasos que se pueden hacer, no dejar todo como estaba; pensar lo social, lo educativo, lo psicológico, ver lo que aporta cada uno de nosotros.*
>
> *Esc. B, Dim. V, E2, Ind3*

Tabla 3.2 *Dim V Eje 2: escuela A y escuela B (13 y 18 agentes)*

Eje 2: Contenidos del aprendizaje	Esc. A	Esc. B
1. Menciona contenidos relativos al contexto en donde se interviene, sin vinculación a contenidos conceptuales y/o académicos.	(4)	(4)
2. Menciona contenidos académicos y/o conceptuales, sin vinculación al contexto en donde se interviene.	(1)	(5)
3. Menciona contenidos académicos y/o conceptuales, articulados a la experiencia en el contexto en el que trabaja.	(7)	(9)
4. Menciona contenidos académicos y/o conceptuales, contenidos vinculados a la experiencia en el contexto en el que se interviene, y contenidos relativos a organizaciones sociales o comunitarias extra–escolares relevantes.	(1)	(0)
5. Menciona contenidos académicos y/o conceptuales, contenidos vinculados a la experiencia en el contexto en el que se interviene, y contenidos relativos a organizaciones comunitarias extra–escolares, articulándolos significativamente.	(0)	(0)

La mayoría señaló contenidos académicos y conceptuales, apropiados en el taller, con algún nivel de articulación con la experiencia en el contexto de trabajo, avanzando en la construcción de entramados (Cazden, 2010) entre lo cotidiano y lo científico. De la lectura del conjunto de las respuestas, se encuentra que lo que se consideró aprendido es el tipo de información valorada como novedosa.

★ Eje 3: Sujetos/agentes del aprendizaje. ¿Quiénes aprenden? ¿Con quiénes?

> *A pensar en la escuela, en lo que hacemos todos los días (...)*
>
> *Hacemos muchas cosas bien, tenemos muchas iniciativas (...) pero hay que mejorar las palabras que usamos, cómo nos comunicamos, qué decimos.*
>
> *Esc. B, Dim. V, E3, Ind3*

Un conjunto hizo referencia un sujeto individual y también identificó sujetos colectivos del aprendizaje de su entorno inmediato, lo que dificulta suponer la producción de giros (Rodrigo et. al 1999) en el descentramiento de la primera persona del singular al plural, y aun menos entre diferentes sistemas de actividad, como área salud, desarrollo social, justicia, o incluso los Equipos de Orientación Escolar.

La agrupación de la mayoría de las respuestas enunció un sujeto grupal–colectivo en la experiencia de aprender, referenciado principalmente en el equipo de trabajo inmediato (los participantes del taller), aunque otras respuestas incluyeron también referencias a otros sectores de la institución, con figuras como "acuerdos institucionales" o "convivencia escolar".

Tabla 3.3 *Dim V Eje 3: escuela A y escuela B (13 y 18 agentes)*

Eje 3: Sujetos/agentes del aprendizaje		Esc. A	Esc. B
1.a	a) No responde, o b) El agente responde que no aprendió nada.	(0)	(0)
1.b	Referencia a la propia persona del psicólogo o hace referencia a la propia persona como profesional en formación.	(0)	(0)
2.	Referencia al propio equipo de trabajo.	(7)	(6)
3.	Referencia a actores individuales o sectoriales de la institución con la que se trabajó.	(6)	(8)
4.	Referencia a equipo/s de la institución con la que se trabajó.	(0)	(2)
5.	Referencia a la propia persona, al equipo de trabajo y a los equipos de la institución con la que se trabajó, articulándolos significativamente.	(0)	(2)

Ello resulta significativo, por su contraste con lo relevado en el análisis de las situaciones–problema de violencia relatadas en respuesta al "Cuestionario de Situaciones Problema", en el cual la mayoría había retratado situaciones que no incluían perspectivas diferentes a la propia. Posiblemente el desarrollo de la actividad haya movilizado recursos presentes, que no se pusieron en juego en los relatos iniciales, producidos en soledad.

Es concebible también, que luego del taller, los y las agentes hayan asumido en forma diferente la responsabilidad en la tarea de escribir, incrementando la explicitación de aspectos, que durante el transcurso del taller, se fueron delimitando como importantes.

Análisis de la Dimensión VI:
Cambios en la Intervención

★ **Eje 1: Propuesta de cambio. ¿Cuánto cambio? ¿Cuál es el alcance del cambio propuesto?**

Creo que en parte estuvo bien, porque además se trabajó en equipo con la preceptora y la directora; aunque se pudo haber negociado mejor lo que se resolvía con el alumno, responsabilizándolo positivamente. Apelé al buen vínculo que tenía con él.

Esc. B, Dim. VI, E1, Ind3

Hubiera sido positivo buscar una estrategia de trabajo en clase.

Esc. A, Dim. VI, E1, Ind3

Seguramente trataría de replantear y poder de–construir las etiquetas que se fueron poniendo a los otros y que ponemos a los otros (...)

Plantearía más encuentros para descascarar y que salgan situaciones esmaltadas o escondidas (...)

Consensuaría opiniones con otros (...) Cuatro, seis, ocho, diez ojos ven más que dos.

Esc. A, Dim. VI, E1, Ind4

Tabla 3.4   *Dim VI Eje 1: escuela A y escuela B (12 y 17 agentes)*

Eje 1: Propuesta de cambio	Esc. A	Esc. B
1. No es necesario cambiar nada.	(2)	(1)
2. No da cuenta de cambios porque no los imagina, no se le ocurren, o razones similares.	(2)	(5)
3. Es necesario cambiar algún aspecto.	(4)	(6)
4. Es necesario cambiar varios aspectos.	(4)	(5)
5. Es necesario cambiar diferentes aspectos articulándolos significativamente.	(0)	(0)

En la mayoría de las respuestas, los relatos señalan que sí realizarían cambios en las intervenciones desplegadas en los relatos iniciales, aunque los alcances de dicho cambio fueron disímiles. Los aspectos mayormente señalados incluyeron el tratamiento del problema en el aula, realizar mayor seguimiento, consultar y/o pedir ayuda a otros agentes, y sólo en algunos casos, acciones institucionales, tales como realizar encuentros, jornadas institucionales.

El análisis recoge respuestas en las que los agentes oscilaron entre lo "positivo y lo negativo" de su intervención, junto a otras que se inclinaron hacia uno de esos dos polos.

★ **Eje 2: Cambio o no en los destinatarios. ¿A quiénes dirigirse como destinatario o con quiénes trabajar?**

Tabla 3.5 *Dim VI Eje 2: escuela A y escuela B (12 y 17 agentes)*

Eje 2: Cambio o no en destinatarios	Esc. A	Esc. B
1. a) Repetir los mismos destinatarios y/o b) trabajar con ellos las intervenciones.	(7)	(8)
2. a) Repensar los destinatarios y/o b) repensar el trabajo con ellos de las intervenciones.	(2)	(4)
3. a) Sustituir los destinatarios por otros y/o b) trabajar con ellos las intervenciones.	(2)	(3)
4. a) Llegar a los destinatarios trabajando con mediadores indirectos y/o b) llegar a los destinatarios en forma directa y a través de mediadores indirectos.	(1)	(2)
5. Repensar y/o agregar destinatarios, trabajar articuladamente con mediadores indirectos y llegar a los destinatarios de manera directa e indirecta, articuladamente.	(0)	(0)

❝ *(...) no cambiaría lo que se hizo bien, porque pudimos llegar a un acuerdo con los chicos.* ❞

Esc. A, Dim. VI, E2, Ind 1

Al señalar cambios referidos a los destinatarios, la mayoría coincidió en trabajar o seguir trabajando sobre los sujetos–alumnos/as —los mismos que los agentes visualizaron en los Cuestionarios respondidos al inicio del taller—. Ello indica que, más allá de los cambios producidos, los y las estudiantes siguen siendo, en las narrativas, la principal fuente de interés/preocupación en relación a las intervenciones que deben realizarse ante las violencias en sus contextos de trabajo.

Que los estudiantes sean únicos destinatarios, deja a otros actores fuera de la posibilidad de ser co–constructores de intervenciones, sin aparecer intervenciones indirectas, en las que se actúe sobre violencias con–y–a–través de otros agentes educativos —directivos, orientadores escolares, preceptores, o familiares—, o con–y–a–través de miembros de organizaciones comunitarias, de desarrollo social, salud o justicia (Erausquin, 2017).

En cuanto a los destinatarios de sus intervenciones, casi la mitad de los agentes coincidió en trabajar sobre los mismos destinatarios, los sujetos–alumnos/as.

Lo que demuestra que los estudiantes siguen siendo, antes y después del taller, los que revisten la mayor preocupación ante los problemas de violencia en la escuela. Pero significativamente hubo una cantidad de relatos que coincidieron en que habría que realizar algunos cambios, tales como repensar o sustituir los destinatarios por otros (por ejemplo, los padres o los propios docentes). A su vez, en otros relatos se incluyó la posibilidad de llegar a los destinatarios a través de mediadores indirectos, es decir, a través de acciones con otras agencias del contexto extraescolar.

★ Eje 3: Cambio en los objetivos. ¿Cuáles? ¿Para qué?

Tabla 3.6 *Dim VI Eje 3: escuela A y escuela B (12 y 17 agentes)*

Eje 3: Cambio en los objetivos	Esc. A	Esc. B
1. Insistir sin cambios en objetivos.	(2)	(1)
2. Repensar algún objetivo que se menciona en función de análisis de resultados y procesos.	(4)	(7)
3. Cambiar priorizando algún objetivo más que otro en función de análisis de resultados y procesos.	(6)	(7)
4. Cambiar diferentes objetivos en función de análisis de resultados y procesos.	(0)	(2)
5. Repensar, priorizar, sustituir y/o cambiar articuladamente objetivos, en base al análisis de procesos y resultados realizado con los actores, destinatarios y otros.	(0)	(0)

Se observan movimientos significativos en la mayoría de las respuestas, pero que no reflejan giros compartidos. Se indicaron acciones dirigidas a generar algún impacto no producido en su momento, como "hubiera alentado a que no dejen la clase", o bien acciones agregadas a las realizadas, que implican algunos cambios en la direccionalidad de las mismas.

En la identificación de cambios planteados como necesarios en los objetivos de la intervención, se manifiestan movimientos significativos.

Se infiere que dichos cambios se vinculan a lo señalado en la dimensión V: al explicitar una mayor cantidad de aspectos conceptuales, y/o relacionales y emocionales en los relatos, los y las agentes advierten finalidades más amplias en las direcciones asumidas en las intervenciones relatadas. Así, los objetivos ya no sólo incluyeron cuestiones tales como "reparar" los vínculos luego de una situación violenta, sino también aprender de la experiencia o revisar normativas, entre otras cosas.

★ **Eje 4: Cambio en el diseño e instrumentos. ¿Qué cambiar? ¿Cómo implementar la intervención?**

Tabla 3.7 *Dim VI Eje 4: escuela A y escuela B (12 y 17 agentes)*

Eje 4: Cambio en el diseño e instrumentos	Esc. A	Esc. B
1. Repetir el diseño metodológico tal como está.	(2)	(3)
2. Repensar los modelos e instrumentos.	(4)	(7)
3. Repensar los plazos y el desarrollo temporal de actividades estratégicamente.	6)	(6)
4. Repensar la metodología articulando significativamente sus componentes.	(0)	(1)
5. Repensar el diseño, los instrumentos, la temporalidad, lo estratégico y toda la metodología, articulando significativamente sus componentes.	(0)	(0)

> *Trabajar el antes, el durante y el después.*
> *Siempre pasa que trabajamos el durante ...*
> *Hay que hacer más seguimiento de los*
> *problemas, ver también la evolución en la clase.*
>
> *Esc. A, Dim. VI, E4, Ind3*

Los y las agentes visualizaron la necesidad de mayor seguimiento, o de trabajar a largo plazo; lo que contribuye al desarrollo de actividades con *sentido estratégico* (Erausquin et. al, 2011), ya que superan la inmediatez y urgencia en la acción.

Los movimientos son significativos. Los y las agentes que coincidieron en repensar modelos e instrumentos, incluyeron el uso de normativas sobre la convivencia escolar o la realización de acciones puntuales no previstas anteriormente. Por ejemplo, "realizar una actividad en la calle", o "pensar juegos y cosas que sirvan".

Otros agregaron la necesidad de repensar el desarrollo temporal de actividades estratégicamente o coincidieron en realizar un mayor seguimiento de los problemas, a la par que actividades pedagógicas pertinentes con fines más amplios, no únicamente ocasionales.

★ **Eje 5: Cambio en las condiciones para la implementación. ¿Qué se necesita para implementar el cambio en la intervención?**

Tabla 3.8 *Dim VI Eje 5: escuela A y escuela B (12 y 17 agentes)*

Eje 5: Cambio en las condiciones	Esc. A	Esc. B
1. No es necesario modificar las condiciones.	(2)	(3)
2. Es necesaria mayor capacitación propia y/o del equipo del que se forma parte y/o de los agentes educativos.	(2)	(1)
3. Es necesario mayor compromiso del propio equipo o de los agentes educativos de la institución co–gestora.	(4)	(11)
4. Es necesario gestionar condiciones más justas y enriquecidas por parte de las políticas públicas.	(4)	(2)
5. Mayor capacitación y mayor compromiso por parte del equipo de extensión, la coordinación entre ambos, y los agentes educativos de la institución co-gestora y mayor participación de ambas en la gestión de mejores condiciones por parte de políticas públicas.	(0)	(0)

> *El problema es que hay que seguir más los*
> *temas, no perderlos de vista (...) a mí nadie me*
> *informó nada.*
> *Hubiera alentado a que (la alumnas) no dejen*
> *las clases.*
>
> Esc. A, Dim. VI, E5, Ind3

> *Hubiera dicho más lo que pensaba, porque me*
> *quedé muy angustiada. Necesité apoyo y algo*
> *salió mal, no fue mala voluntad, pero debí*
> *haber ido más allá, hablar el tema con la*
> *directora y lograr acuerdos de cómo hacer en*
> *cada tipo de situaciones.*
>
> Esc. B, Dim. VI, E5, Ind3

> *Considero que en las escuelas es necesario hacer*
> *más capacitación o reuniones donde hablemos de*
> *la práctica y de los problemas que nos pasaron*
> *en concreto y trabajar en grupo.*
>
> Esc. A, Dim. VI, E5, Ind4

Se encuentran cambios significativos en las condiciones para la implementación de las intervenciones. Los y las agentes realizaron afirmaciones sobre la necesidad de participación y seguimiento por parte de ellos mismos y de sus colegas en las intervenciones desplegadas, a la par que algunos agentes agregan, además, la necesidad de realizar capacitaciones, reuniones y jornadas en la escuela.

La mayoría de los relatos los agentes hicieron hincapié en el compromiso propio o del equipo de trabajo, y no tanto en la necesidad de capacitación.

★ Eje 6: Cambio en las Funciones. ¿Es necesario cambiar la división del trabajo?

Tabla 3.9   *Dim VI Eje 6: escuela A y escuela B (12 y 17 agentes)*

Eje 6: Cambio en las Funciones	Esc. A	Esc. B
1. No propone cambios.	(3)	(5)
2. Rever algunas funciones.	(2)	(1)
3. Rever los niveles de participación requeridos y ofrecidos.	(7)	(10)
4. Revisar la distribución de las funciones de los equipos.	(0)	(1)
5. Revisar la participación de los agentes, sus acciones y decisiones y la distribución de las funciones: a) desde la coordinación, b) desde la coordinación y con los agentes, c) desde la coordinación, los agentes y los destinatarios.	(0)	(0)

> *Se debió gestionar ayuda psicológica para la damnificada; creo que eso se debía buscar afuera porque el Equipo de Orientación Escolar a lo sumo puede venir pocas veces.*
>
> *O en todo caso que ellos deriven (...)*
>
> *Esc. A, Dim. VI, E6, Ind3*

La mayoría de los agentes señaló que es necesario cambiar aspectos de la división del trabajo, señalando la necesidad de consulta, ayuda, acompañamiento e intercambio entre agentes, a la par que refirieron la necesidad de "trabajar en equipo".

Podemos decir que de los **movimientos y cambios identificados en la Dimensión VI**, se infiere que los y las agentes destacan, principalmente, la necesidad de inclusión y participación con otros colegas en las intervenciones desarrolladas ante los problemas de violencia en la escuela.

Dicho cambio no sólo importa en sí mismo, sino también en relación a los *nudos críticos* —concepto desarrollado por Erausquin et al. (2010)— identificados en el análisis de los Modelos Mentales Situacionales a partir de los relatos producidos en respuesta a los "Cuestionarios de Situaciones Problema" previos a la experiencia del taller (Rodrigo, 1994). En las respuestas a la Dimensión II: Intervención realizada, se habían manifestado dificultades en la construcción de actividades inter–agenciales (Engeström, 1987, 2001a), de carácter compartido y colaborativo, entre los agentes educativos y profesionales involucrados en contextos de práctica.

La posibilidad de incluir los puntos de vista de sus pares y *trabajar en los nudos,* podrá resultar facilitada si los agentes destacan la necesidad de colaboración y trabajo en equipo, según el concepto de "knotworking" (Engeström, 2001b).

La división de trabajo existente entre diferentes roles (docentes, directivos, Equipo de Orientación, etc.), no fue sometida a revisión. En cambio, fue señalada la necesidad de mayor involucramiento entre colegas y se mencionó en diversas ocasiones el "trabajo en equipo", aunque sin realizar críticas al modo vigente de distribución del trabajo, que en función de la información obtenida, se asemeja más bien a un "trabajo en cadena" (de derivación de problema a otros agentes) que a un modelo de construcción conjunta de problemas e intervenciones (Erausquin, 2012).

✸ Reflexiones de cierre y nuevas aperturas

La actividad regulada colectivamente (Leontiev, 1984), en el marco de los Talleres de Reflexión sobre la Práctica, permitió la emergencia de algunas re–significaciones de problemas e intervenciones en violencias en escuelas. Se relevaron los aprendizajes que los agentes dicen haber desarrollado y las apropiaciones de sentidos de los agentes, no exentos ambos de una nueva productividad de interrogantes y tensiones.

Los procesos y cambios analizados en ambas escuelas, más que atribuirse al formato específico del taller realizado, se consideran mediados por las características de los sistemas de actividad en los que se desarrollaron, que parcialmente pudieron re–pensarse en el marco del taller. El contexto es integrante de la interacción y no mero escenario, siendo producido por los agentes y a la vez constituyente de las prácticas que ellos desarrollan en su entramado de actividad (Cazden, 2010). Por eso, es fundamental la lectura sostenida, desde diversos ángulos y perspectivas, de dinámicas que interrelacionan los condicionamientos objetivos y los sentidos construidos por los actores, atendiendo a la especificidad propia de cada configuración escolar y a las restricciones y posibilidades, materiales y simbólicas puestas en juego.

Se señala que en la escuela A el taller se desarrolló únicamente con los docentes del turno vespertino, y sus directivos señalaron sentirse frente a una institución ajena, separada. En cambio, en la escuela B, el taller involucró a los dos turnos de la escuela, y hubo un rol habilitante de la palabra de todos por parte de la directora y el vicedirector. No es lo mismo si los y las agentes se conocen previamente y están habituados a las prácticas de debate, como en escuela B, o si ello ocurre casi por primera vez, como sucedió en escuela A.

La práctica desarrollada en los talleres se inscribió en el marco de dinámicas institucionales específicas, que se implicaron en los modos de participar (Rogoff, 1997), lo que a su vez imprimió determinadas marcas en las interacciones producidas. No obstante las diferencias, como muestran los hallazgos expuestos, la construcción de un tiempo y un espacio destinado a la reflexión sobre la práctica (Schön, 1998) y al encuentro entre las mentes (Bruner, 1997, en Cazden, 2010:63), generó impactos en los conocimientos construidos por los y las agentes de ambas escuelas. Los docentes lograron, en diverso grado, identificar, apropiarse y re–apropiarse de herramientas disponibles (normativas y pedagógicas) y rever algunos lineamientos de su práctica, lo que enriqueció su comprensión y análisis de los problemas de violencia que emergen en sus contextos de trabajo.

Se concluye que en esta experiencia en las escuelas, la reflexión sobre la práctica ayudó a la co–construcción de medios e instrumentos para la expansión del aprendizaje, al des–encapsular el saber de su supuesta pertenencia exclusiva al territorio de mentes individuales y situarlo en la experiencia compartida (Engeström, 2001a). No fue una reflexión solipsista, sino ubicada en un marco institucional de colaboración (Terigi, 2012), aunque en algunos casos el aprendizaje reconocido como tal es referido en primera persona del singular. Las y los agentes enunciaron articulaciones entre conceptos y experiencias, y propusieron cambios puntuales o sistemáticos de sus intervenciones, relatadas al iniciar el taller, desarrollando situaciones, acciones y resultados con diversos niveles de apropiación. Plasmaron sus perspectivas y las compararon; ensayaron, ampliaron y corrigieron versiones, al compartir, diferenciar y re–pensar lo vivido; expandieron horizontes de creatividad y crítica, multi–vocalidad, historicidad y creación de alternativas (Engeström, 2001). La ampliación de los límites temporales, de los objetivos y de la trama de actores de la intervención relatada al inicio, da cuenta de ese proceso.

El desarrollo de una metodología participativa se reveló, así, como herramienta útil para actuar en agencias colectivas escolares, desarrollar

proyectos con la participación de agentes con distintos roles y ense-
ñantes de diferentes disciplinas, al interior de las escuelas, e incluso, su
potencial combinación con otras agencias del contexto extra–escolar.
Ello posibilitaría, como ocurrió incipientemente en esta experiencia, que
se asuman los agentes profesionales —docentes, directivos, orientadores,
supervisores— como sujetos activos ante los problemas de violencia, y
como potenciales mediadores en la construcción de dispositivos escolares
de carácter estratégico (Erausquin et al., 2011), a la vez que productores
del saber pedagógico (Terigi, 2012).

El método de investigación–intervención del laboratorio de cambio propicia que los y las agentes educativos dispongan de condiciones para re–crear sentidos de sus prácticas, analizando sus modelos
de actividad en redes sociales de aprendizaje o zonas de construcción social de significados. Propicia la creación de dispositivos y herramientas de re–conceptualización y andamiaje recíproco de experiencia.
Se instituye la pertinencia y necesidad de desplegar una metodología
psico–socio–cultural que analice el significado de prácticas cotidianas
que, en tanto acciones co–implicadas, pueden ser revisadas entre todos los docentes que participan en la con–formación de trayectorias
escolares y vitales de adolescentes al comienzo del nivel secundario de
educación.

Un trabajo sistemático y encadenado estratégicamente, no sólo en el
tiempo, sino también entre agencias educativas, de salud, de desarrollo
social, de trabajo y de justicia y derechos humanos, podría contribuir al
desarrollo de procesos de externalización e internalización (Engeström,
1987), potenciados en espiral dialéctica con giros y movimientos en y
entre sistemas de actividad, no exentos de tensiones ni conflictos, pero
entendiéndolos progresivamente como productores de novedad, cambio,
alternativa. Desarrollando así apropiación recíproca entre agentes profesionales y actores sociales, para la expansión y creación de artefactos
mediadores de una actividad potencialmente transformadora.

Referencias

Cazden, C. (2010). Las aulas como espacios híbridos para el encuentro de las mentes. En N. Elichiry (comp.) *Aprendizaje y contexto: contribuciones para un debate*. Bs As.: Manantial.

Cole, M., y Engeström, Y. (2007). Enfoque histórico–cultural de la cognición distribuida. En G. Salomon. (Ed.). *Cogniciones distribuidas. Consideraciones psicológicas y educativas*. (pp. 23–74). Buenos Aires: Amorrortu.

Cole, M. (1996/1999). *Cultural psychology: A once and future discipline*. Harvard University Press. Trad. Esp. Psicología Cultural. Madrid: Morata, pp. 335, 1999.

Daniels, H. (2001). *Vygotsky and pedagogy*, London: Routledge. Trad. Esp. *Vygotsky y la pedagogía*. Barcelona: Paidós, pp. 272, 2003.

Dome, C., Erausquin, C. (2017). Los Invisibles de la Actividad Escolar: Violencia Simbólica y Mediaciones Institucionales. *Anuario de Investigaciones de la Facultad de Psicología*. Universidad de Buenos Aires, Facultad de Psicología. 2017 vol.24 n°1. issn 0329 5885. eissn 1851–1686.

Dome, C, Erausquin, C. (2016). La investigación–acción como estrategia para revisitar experiencias, posicionamientos y prácticas ante las violencias en la escuela. *Anuario de Investigaciones de la Facultad de Psicología*. Buenos Aires: Universidad de Buenos Aires, Facultad de Psicología. 2016 vol.23 n°1. issn 0329 5885. eissn 1851– 1686.

Dome, C. (2016). "Perspectivas de agentes educativos ante situaciones y problemas de violencia en contextos de práctica profesional", Tesis de Maestría, Facultad de Psicología. UBA.

Dome, C. (2015). En búsqueda de categorías para investigar el conocimiento profesional ante situaciones de violencia en escuelas. *Memorias del VII Congreso Internacional de Investigación y Práctica Profesional en Psicología XXII Jornadas de Investigación Décimo Encuentro de Investigadores en Psicología del MERCOSUR.* Buenos Aires: Facultad de Psicología. UBA.

Dome, C; Confeggi, X; López, A (2010). Análisis de narrativas de agentes psicoeducativos: Dispositivos y modalidades de abordaje de las violencias en contextos escolares. *II Congreso Internacional de Investigación y Práctica Profesional en Psicología XVII Jornadas de Investigación Sexto Encuentro de Investigadores en Psicología del MERCOSUR.* Buenos Aires: Facultad de Psicología. UBA.

Duschatzky, S. y Corea, C. (2002). *Chicos en banda, los caminos de la subjetividad en el declive de las instituciones.* Buenos Aires: Paidós.

Engeström, Y., & Sannino, A. (2010). Studies of expansive learning: Foundations, findings and future challenges. En *Educational Research Review,* No. 5, pp. 1–24.

Engeström, Y. (2001a). Los estudios evolutivos del trabajo como punto de referencia de la teoría de la actividad: el caso de la práctica médica de la asistencia básica. En S. Chaiklin y E. Lave *Estudiar las prácticas. Perspectivas sobre actividad y contexto.* Buenos Aires: Amorrortu Ediciones.

Engeström, Y. (2001b). Expansive learning at work: toward an activity theoretical reconceptualization. En *Journal of Education and Work,* 14 (1), 133–156.

Engeström, Y. (1987). *Learning by expanding: an activity–theoretical approach to developmental research.* Helsinki: Orienta–Konsultit.

Erausquin, C. (2017). Aprendizaje expansivo y construcción de sentidos entre aprendizajes y escuelas. *6° Congreso Internacional de Investigación de la Facultad de Psicología UNLP*. Noviembre 2017.

Erausquin, C. y Zabaleta, V. (2014). Articulación entre investigación y extensión universitarias: aprendizajes en la diversidad y cruce de fronteras. *Revista EXT*. ISSN 2050– 7272. Universidad Nacional de Córdoba. 1–36.

Erausquin, C; Basualdo, M.E; Dome, C; López, A; Confeggi, X; Robles López, N (2012). Figuras de agentes psicoeducativos abordando problemas de violencias en escuelas: inter–agencias, implicación, historia e intervención estratégica. *Anuario de Investigaciones de la Facultad de Psicología*.: Universidad de Buenos Aires Facultad de Psicología. 2012 vol.19 n°1. issn 0329 5885. eissn 1851–1686.

Erausquin, C; Basualdo, M.E; Dome, C; López, A; Confeggi, X; Robles López, N. (2011). Violencias en escuelas desde la perspectiva de los actores: Un desafío para la Psicología Educacional. *Anuario de Investigaciones de la Facultad de Psicología*. Universidad de Buenos Aires Facultad de Psicología. 2011 vol.18 n°. issn 0329–5885. eissn 1851–1686. eissn 1851–1686.

Erausquin C., Basualdo M. E., García Labandal L., González D., Ortega G. y Meschman C. (2008). Revisitando la Pedagogía con la perspectiva sociocultural: artefactos para la práctica reflexiva en el oficio de enseñar Psicología. *Anuario de Investigaciones de la Facultad de Psicología*. Universidad de Buenos Aires Facultad de Psicología. 2008 vol.15 n°. issn 0329–5885, pp. 89-107.

Kantor, D. (2000). *Experiencias institucionales sobre convivencia y disciplina en escuelas de nivel medio. Informe final*. Dirección General de Planeamiento. Secretaría de Educación. GCBA. Buenos Aires.

Kaplan, C. V. (2006). *Violencias en plural. Sociología de las violencias en la escuela*. Buenos Aires: Miño y Dávila.

Larripa; M. Erausquin, C. (2008): Teoría de la Actividad y Modelos Mentales. Instrumentos para la reflexión sobre la práctica profesional: "Aprendizaje expansivo", intercambio cognitivo y transformación de intervenciones de psicólogos y otros agentes en escenarios educativos. *Anuario de Investigaciones de la Facultad de Psicología*. Universidad de Buenos Aires Facultad de Psicología. 2008 vol.15 n°1. issn 0329 5885, eissn 1851 1686.

Leontiev, A. N. (1984). *Actividad, conciencia y personalidad*. México: Cartago.

Observatorio Argentino de Violencia en Escuelas (2015). *Relevamiento estadístico sobre clima escolar, violencia y conflicto en escuelas secundarias según la perspectiva de los alumnos*. Ministerio de Educación, Argentina. http://portal.educacion.gov.ar/files/2015/09/Informe.2014.pdf. Recuperado: 22/12/2015.

Rockwell, E. (2010). Tres planos para el estudio de las culturas escolares. En: N. Elichiry (coord) *Aprendizaje y contexto: contribuciones para un debate* (pp. 25–40). Buenos Aires: Manantial.

Rodrigo, M. J. y Correa, N. (1999). Teorías implícitas, modelos mentales y cambio educativo. En J.I. Pozo y C. Monereo (Coord). *El aprendizaje estratégico*. Madrid: Santillana–Aula XXI.

Rodrigo, M. J. (1997). *La construcción del conocimiento escolar*. Buenos Aires: Paidós.

Rogoff, B. (1997). *Los tres planos de la actividad sociocultural: apropiación participativa, participación guiada y aprendizaje*. En J. Wertsch y otros (Ed.). *La mente sociocultural. Aproximaciones teóricas y aplicadas*. Madrid: Fundación Infancia y Aprendizaje.

Schön, D. (1998). *El profesional reflexivo. Cómo piensan los profesionales cuando actúan* Buenos Aires: Paidós.

Terigi, F. (2012). Los saberes docentes. Formación, elaboración en la experiencia e investigación. En *Documento básico* (pp. 7–44). Buenos Aires: Santillana.

Wenger, E. (2001). *Comunidades de práctica: aprendizaje, significado e identidad.* Barcelona: Paidós.

Zucchermaglio, C. (2002). *Psicologia culturale dei gruppi.* Roma: Carocci. p. 148.

CAPÍTULO 4

El convivio y la poiesis en la escuela

Una perspectiva foucaltiana

Gonzalo Salas, Jonathan Andrades-Moya,
Silvana S. Hernández-Ortiz (Chile);
Hernán Scholten (Argentina)

Como lo anuncia su título, este capítulo se propone abordar, desde una perspectiva que encuentra su inspiración en algunos aportes de Michel Foucault (1926–1984), el problema del *convivio* en la escuela. Más precisamente, se intenta una reflexión sobre esta temática a partir del diagnóstico, las intervenciones y los resultados obtenidos en Chile respecto de la convivencia escolar desde comienzos del siglo XXI, aunque es importante dar a conocer que las reflexiones trascienden al caso particular de ese país.

En base a algunos datos y el panorama que ofrecen, se dará cuenta de algunas referencias a la escuela en la producción foucaultiana, para finalmente introducir las nociones de *convivio* y de *poiesis*[1], como herramientas tanto para su análisis, como para la elaboración de estrategias

---

[1] En su libro "El Banquete", Platón define el término *poiesis* como: "la causa que convierte cualquier cosa que consideremos de no–ser a ser." Se entiende por *poiesis* todo proceso creativo. En El Banquete, Diotima describe la lucha por la inmortalidad en relación con la *poiesis*. Es importante, en ese sentido, el cultivo de la virtud y el conocimiento. (http://dictionaryworldliterature.org/index.php/Poiesis)

encaminadas a forjar idearios que permitan intervenir en esta compleja problemática. No obstante, antes de abordar la problemática de la convivencia escolar a partir del caso chileno, resulta preciso ofrecer aquí algunas reflexiones generales, sin ánimos de exhaustividad, respecto del concepto de *convivencia escolar* (en adelante CE).

La convivencia y el clima escolar

Entre las diversas variantes históricas del término, se adoptan aquí como punto de partida algunas conceptualizaciones recientes en relación con los parámetros de este escrito. En este sentido, es posible observar que se puede caracterizar a la CE como una construcción colectiva y dinámica, fruto de las interrelaciones de todos los miembros de la comunidad escolar (Maldonado, 2004). Además, se la comprende como un medio para lograr buenos aprendizajes ya que, al generarse un ambiente afectivo y emocional idóneo en las escuelas, se promueve una condición fundamental para que los alumnos aprendan y participen plenamente en la clase (Blanco, 2005).

Posteriormente se ha planteado que la CE se enfoca en la forma en que los individuos interactúan entre sí (Ortega, 2007), por lo que puede ser concebida como un marco en el que se establecen relaciones interpersonales y grupales satisfactorias en el ámbito escolar. Cuatro años más tarde, se consideró a la CE como un concepto complejo, en el que intervienen e interactúan una serie de factores de diversos caracteres, tales como los sociales, psicológicos y educativos (Pedrero, 2011).

También cabe señalar a la CE como una forma de prevención de violencia, generación de climas escolares constructivos e instancias de desarrollar la formación ciudadana (López, 2014), por lo que se ha ido constituyendo como un eje cada vez más central de las políticas educativas. De hecho, el Ministerio de Educación de Chile (Mineduc) ha propuesto una serie de políticas enfocadas en la CE, siendo la primera versión promulgada en el año 2002 (reeditada el 2003). Esta ha sido revisada hasta la actual *Política Nacional de Convivencia Escolar* (Mineduc, 2015)[2], (las que serán retomadas más adelante) en la cual se entiende a la CE como:

> *(...) un fenómeno social cotidiano, dinámico y complejo, que se expresa y construye en y desde la interacción que se vive entre distintos actores de la comunidad educativa, que comparten un espacio social que va creando y recreando la cultura escolar propia de ese establecimiento.*
>
> *Mineduc, 2015, p. 25*

Al analizar estas diversas definiciones, se encuentran algunas coincidencias, por ejemplo su referencia común a cuestiones como la interacción entre los sujetos, la armonización y la contribución hacia el aprendizaje. Estos tres puntos son muy importantes, ya que, no solamente apuntan a que los y las estudiantes aprendan a "respetar" o "aceptar" al otro, alcanzando los ideales de la inclusión, sino que también podría influir positivamente en los resultados de aprendizaje al mejorar el clima escolar (Trucco e Inostroza, 2017), tópico que se detallará más adelante.

Sin embargo, en la lógica básica de todas estas descripciones solamente se habla de la interacción, de construcciones particulares que se conjugan con el fin de que cada persona respete la postura de la otra. Quizá sea éste el problema, tal vez no se tenga que entender a la CE solo como una construcción de interrelaciones o como un "fenómeno"

---

[2]La *Política Nacional de Convivencia Escolar* (2015) nace como una actualización de la anterior *Política de Convivencia Escolar*, promulgada en el año 2002, y como respuesta al cambio de paradigma educativo que se está planteando en Chile respecto a la educación como un derecho social que garantice la inclusión, la participación, la formación ciudadana, la autorreflexión y el aprendizaje de convivir desde una mirada formativa. Es necesario resaltar, que esta política rige para el período 2015–2018.

que se produce entre personas. ¿Por qué debe ser una construcción o un fenómeno? ¿No sería mejor considerarlo como parte de la esencia humana?

Las perspectivas mecanicistas que han afectado tan duramente el proceso humanizador, también pueden estar influyendo en nuestra cosmovisión de CE. Es importante recordar que, como lo han mostrado diversos estudios, la violencia escolar no nace en los colegios sino que prácticamente son reproducciones que realizan los y las niñas a partir de su contexto social–económico–cultural (Bohórquez Correa, Chaux Real & Vaca Vaca, 2017; Chávez Gonzáles, 2017; Pacheco–Salazar, 2018; Retuert & Castro, 2017; Salas, 2015), lo que apunta a decir que en las escuelas se replica lo que la sociedad produce.

Por otra parte, este constructo va unido al de *clima escolar*[3], y es importante detenerse en su definición y precisar su relación con la CE. El clima escolar se puede entender como el ambiente o contexto donde los agentes educativos construyen este proceso de enseñanza–aprendizaje (Mineduc, 2015). En este sentido, no es lo mismo hablar de CE y clima escolar, en tanto este último es considerado "un indicador del aprendizaje de la convivencia y es una condición para la apropiación de los conocimientos, habilidades y actitudes, establecidos en el currículum nacional" (Sandoval Manríquez, 2014, p. 175). Por este motivo existe una gran relación entre ellos ya que, si se logra fomentar una óptima convivencia escolar, entonces el clima escolar también será positivo y se podrá cumplir esa noble promesa de un aprendizaje de calidad (Casassus, Cusato, Froemel y Palfox, 2001; Cornejo y Redondo, 2001; Mena, Milicic, Romagnoli y Valdés, 2006; Milicic y Arón, 2000; Unesco, 2008).

Luego de esta presentación general de conceptos y definiciones, el paso siguiente es considerar el panorama que presenta Chile en la actua-

---

[3]*Clima escolar* se refiere sin ninguna abreviación, dada su similitud con las iniciales del constructo *convivencia escolar*, por lo que cada vez que se mencione, será escrito el concepto en su totalidad para así evitar confusiones al lector.

lidad, a partir de ciertas investigaciones e intervenciones en el ámbito de la educación pública.

✸ Violencia y convivencia escolar en Chile

En el año 2002, el Mineduc elaboró e implementó un conjunto de medidas que permiten apreciar los aires de preocupación que corrían respecto de los agentes participantes en las instituciones de educación pública. Como ya se mencionó, la propuesta fue la *Política Nacional de Convivencia Escolar: hacia una educación de calidad para todos* (Mineduc, 2002), la cual nació a partir de los resultados, reflexiones y conclusiones propuestos en *La educación esconde un tesoro* (Delors, 1996), informe de la UNESCO que presentó copiosa información y permitía no solamente soñar con una educación ideal, sino pensar que era posible concretarla.

En este sentido, serán los "cuatro pilares de la educación" (aprender a conocer, aprender a hacer, aprender a vivir juntos, aprender a ser) los que mayor espacio ocuparon en las reflexiones destinadas a lograr este ansiado objetivo. En el caso Chile, fue la cuestión del "aprender a vivir juntos" la que generó el impulso para la implementación de medidas que incluyen y superan la redacción del documento de 2002, mencionado anteriormente, en tanto que autorizó la realización de encuestas y/o estudios sobre la calidad de las relaciones entre los agentes de la educación (estudiantes, profesores, familias, directivos, asistentes, etc.) y qué las afecta (ya sea negativa o ya sea positivamente).

En 2011, quizás por coincidencia o deliberadamente, tanto la United Nations International Children's Emergency Fund (UNICEF) como el Mineduc emprendieron sendas investigaciones sobre la CE. La primera estuvo enfocada en prejuicios y discriminación (Unicef, 2011), mientras que la segunda se enfocó en la agresión y el acoso escolar (Mineduc, 2011a). Una de las conclusiones detalladas en la investigación realizada por la UNICEF indica que los estudiantes (de sector municipal) menores de 14 años son aquellos que manifiestan mayores niveles de prejuicios y discriminación.

Por otra parte, los resultados descritos en Chile hacían referencia a que 1 de cada 10 estudiantes afirma haber sido víctima de bullying (Mineduc, 2011a). Dejando de lado el prejuicio sobre lo que los niños entienden por bullying, este resultado es absolutamente preocupante, no tan sólo por el hecho de que el clima escolar esté en crisis, sino porque 8 o 9 años después de la implementación de la primera política de CE, no se logró obtener resultados positivos, y mucho menos aproximarse a la armonía escolar. Es posible que, al ver el porcentaje de la cifra (1 de cada 10), se crea que no hay motivo de alarma, no obstante, si se hace el siguiente ejercicio, en un colegio con una matrícula total de 400 alumnos, han sido o son víctima de bullying 40 de sus estudiantes. En términos porcentuales, al menos el 10% de los niños de nuestro país han vivenciado experiencias desagradables y empobrecedoras en una de sus etapas vitales más importantes.

En septiembre de ese mismo año, el Mineduc promulga una nueva ley que busca erradicar la violencia escolar y privilegiar un óptimo clima y CE, conceptos cuya diferencia y complementariedad fue mencionada en la sección anterior de este capítulo. La referencia hace alusión a la ley N° 20.536 sobre Violencia Escolar (Mineduc, 2011b), cuyo fin era promover la buena convivencia, evitar las agresiones, los hostigamientos y la violencia física y/o psicológica. No es propósito de este trabajo proponer un análisis detallado de esta ley, cuestión extensa y compleja, sino detenernos en un punto específico. En efecto, la Ley N° 20.536 estipula que todos los establecimientos que cuenten con alguna subvención estatal deben contar con un *encargado de convivencia escolar*, que deberá implementar un plan de gestión que privilegie y promueva un sano convivir.

Sostener que la ley coloca fin a los maltratos y violencias de cualquier tipo suena utópico, y lo es en verdad ya que, en 2014, la UNICEF publica una nueva investigación titulada *Hidden in plain sight: A statistical analysis of violence against children* [*Escondido a plena vista: un análisis estadístico de la violencia contra los niños*] (Unicef, 2014) que si bien no estaba enfocada sólo en Chile sino en todos los países miembros, presenta resultados sobre el contexto local. Éstos indican que el nivel de violencia de niños y niñas entre 13 y 15 años es de 30% en promedio (siendo 40% en caso de niños y 20% en caso de niñas, aproximadamente). Estas cifras dan a conocer que la crisis que se presentó en los estudios del 2011 pareciera no haber disminuido, al mismo tiempo que vuelve a poner en cuestión la eficacia tanto de la *Política Nacional de Convivencia Escolar* (Mineduc, 2002) como de la Ley N° 20.536 (Mineduc, 2011b).

Frente a los resultados de este estudio, la respuesta del gobierno chileno fue la promulgación de una nueva *Política Nacional de Convivencia Escolar* (Mineduc, 2015). Aquí puede apreciarse la implementación de nuevas herramientas como el uso de sanciones con carácter formativo, la obligatoriedad para las instituciones educativas subvencionadas por el Estado de contar con un reglamento interno escolar, la graduación de las faltas, entre otros aspectos, aunque principalmente el foco es centrar el abordaje de la convivencia desde el modelo de derechos humanos.

En el año 2016, se realizó un nuevo estudio con la intención de conocer la percepción que tienen las personas de entre 15 y 29 años acerca del bullying en establecimientos educacionales. Los datos de este sondeo fueron dados a conocer recientemente por el Instituto Nacional de la Juventud (Injuv) y por una cuestión de espacio, se mencionarán aquí solamente dos de sus resultados.

Por una parte, el sondeo permite apreciar que el 84% de las y los jóvenes entrevistados declara haber visto o escuchado situaciones de *bullying* en sus respectivos lugares de estudio; y por otra parte, se indica que el 58% declara haber visto o escuchado burlas o descalificaciones (Injuv, 2017). Quizás se pueda decir que las "muestras" no eran de las mismas edades y que no se puede realizar una relación entre estos estudios. No obstante, sería ingenuo pensar esto: es mejor afrontar la realidad y reconocer que es preciso cambiar la estrategia. No es momento de seguir promulgando más leyes o políticas sobre lo mismo y que nos baste con agregar más apartados, sanciones o introducir términos nuevos para decir lo mismo que antes, entre otras cosas.

Se vuelve preciso, entonces, ampliar el foco y revisar el funcionamiento de la maquinaria escolar para recuperar sus densas, y a veces olvidadas, conexiones con otros ámbitos sociales. De eso, se busca reflexionar en el siguiente apartado.

Desde el modelo carcelario a la ilusión de democracia

Las múltiples similitudes entre la escuela y la cárcel no fueron indiferentes para Michel Foucault. Como lo muestra Gilles Deleuze (1999), en sus trabajos publicados hacia mediados de la década de 1970, se ocupó de describir la emergencia en las sociedades occidentales de los grandes espacios de encierro, tanto en sus cursos: "La sociedad punitiva" y "El poder psiquiátrico", como en su libro *Vigilar y castigar. Nacimiento de la prisión*, una de sus obras más relevantes, propone la existencia de mecanismos de control que son funcionales de aquella mano invisible que gobierna, la que es caracterizada por Foucault como *poder disciplinario* (Foucault, 1975, 2003, 2013).

Aunque Foucault no dedicó ningún texto específicamente al dispositivo escolar, lo abordó ampliamente en varios de sus escritos más celebrados. En efecto, desde su perspectiva, la escuela cumple un papel esencial en el ámbito de las sociedades disciplinarias, función que desborda la instrucción o la transmisión de conocimientos, y apunta a la producción de cuerpos dóciles a partir de una meticulosa organización del espacio y de la temporalidad (Foucault, 1975).

Es entonces a través de la disciplina escolar que se ejerce una vigilancia constante de los estudiantes, la que lejos de revestir un carácter esencialmente negativo, se propone como un sistema que busca maximizar la producción, al igual que en las fábricas, y al mismo tiempo garantizar la sujeción del estudiante a las normas para un óptimo aprendizaje.

Todo ello, al interior de la estructura de un marco regulador, que no está animado por un sistema jurídico que reprime y castiga al cuerpo sino que responde esencialmente a normas que apuntan a moldear el "alma" de los individuos. Más precisamente, la disciplina genera una sutil intervención sobre los cuerpos, volviéndolos más dóciles, más obedientes, más útiles, a través de un registro y manipulación calculada de sus elementos (Foucault, 1975).

A través de los exámenes periódicos, de las anotaciones positivas o negativas en los boletines de calificación, de cuadros de honor escolar, de premios al mejor compañero, al mejor alumno, etc., se dispone de un modo de control y sometimiento que es amigable, rutinario y naturalizado para cumplir con lo solicitado al sujeto escolar por parte la escuela: modular su conducta y cumplir con las normas establecidas.

Se trata de lo que Foucault también denominó *microfísica del poder* (Foucault, 1975, 2003), donde la conducta del escolar es medida en función de cada detalle observable, acorde a las pautas previas de control esperables y que por tanto orientan su comportamiento. Este encausamiento, señala Foucault, no necesariamente es ejercido bajo la coerción o mediante abusos realizados por miembros de un determinado grupo, sino que puede ser representado a través de acciones normalizadas en la vida cotidiana (van Dijk, 2016), y entenderse entonces como un ejercicio del poder, naturalizado a través de la escuela, su disciplina, sus normas y sus moldeamientos.

La disciplina escolar, *necesaria* para una coexistencia armónica y saludable entre todos sus componentes, encierra acciones sutiles y claves en el ejercicio del poder y control. Foucault se refiere a los *emplazamientos funcionales*, que define como: (La traducción es nuestra)

> *(...) lugares determinados que se disponen para responder no sólo a la necesidad de vigilar, de romper las comunicaciones peligrosas, sino también de crear un espacio útil.*
>
> *Foucault, 1975, p. 145*

En la escuela existen la inspectoría o la sala de detención. Incluso el mobiliario escolar puede estar dispuesto para evitar la proximidad de los cuerpos y optimizar el control[4].

Junto con ello desarrolla el concepto de *rango* (Foucault, 1975), que es conceptualizado como el lugar que se ocupa al interior de una categoría o clasificación. En efecto, junto a la "localización elemental" que asigna un lugar específico y particular a cada individuo, la disciplina establece también el orden de su distribución y circulación en el espacio escolar: hileras de alumnos en clase, en los pasillos y los estudios; alineamiento de los grupos de edad unos a continuación de los otros; sucesión de las materias enseñadas según un orden de dificultad creciente, entre otras.

Con la inspiración puesta en Foucault, es posible mencionar que "la disciplina es la tecnología que genera individuos, haciendo de ellos su objeto e instrumento de ejercicio de poder" (Santiago, 2017, p. 319). Por tanto, el proceso de disciplinarización escolar requiere y hace uso de

---

[4]Sería relativamente sencillo señalar las similitudes entre la propuesta de Foucault, sustentada principalmente en el modelo de las escuelas francesas del siglo XVIII y XIX, y los programas existentes respecto a la regulación conductual de los estudiantes, los protocolos de Convivencia Escolar (Mineduc, 2015). Éstos proponen regular, modular, restringir y controlar la conducta de los estudiantes en los diferentes contextos en los que se desenvuelven, con el objetivo de mejorar las relaciones interpersonales, de optimizar la convivencia al interior de la escuela, complementando de este modo el reglamento interno que posee cada establecimiento.

"normas de convivencia", las cuales suponen cierta distribución del tiempo u horarios escolares y espacio del aula, etc., que permiten vislumbrar una organización impuesta a los alumnos desde el primer inicio de su etapa escolar (Salas, Scholten y Norambuena, 2016). Adicionalmente, esta organización es centrípeta, dado que concentra y encierra, ya que no es un dejar hacer o dejar pasar, sino al revés, un "hacer hacer" con arreglo a las normas sociales (Stornicki, 2017).

Finalmente, al igual que todos los sistemas disciplinarios que aborda Foucault (la cárcel, el cuartel, la fábrica), la escuela genera sus propios *residuos*. Se trata de aquellos elementos que no se ajustan a las normas y el orden que se busca imponer, ya sea bajo la forma del *niño díscolo*, cuya conducta altera la armonía imperante en el espacio aúlico, o bajo la forma de aquel que no cumple las metas estipuladas de la instrucción y perturba el ritmo del proceso educativo considerado normal. Durante mucho tiempo, el destino de estos residuos era su directa e inmediata exclusión y, en el mejor de los casos, su inserción en nuevos sistemas disciplinarios adecuados a su particular condición.

Los análisis de Foucault respecto de los mecanismos de poder propios de las sociedades occidentales modernas no se agotan en la cuestión de la disciplina. Poco después de la publicación de *Vigilar y castigar* en 1975, tuvo lugar una reelaboración conceptual que dará lugar a sus producciones sobre la *biopolítica* y la cuestión del *gobierno* (Scholten, 2013). Si antes la disciplina apuntaba a la cuestión de los individuos y a las técnicas implementadas para su vigilancia y optimización, ahora se trata de indagar el modo en que el poder se ejerce a nivel de masas o colectivos humanos. Más precisamente, el modo en el que, en el interior de las sociedades contemporáneas, se gestiona la vida de las poblaciones humanas, y el papel que en ese sentido le corresponde al Estado.

Esta etapa de la obra de Foucault, entre 1976 y 1979, encuentra su límite en la indagación de las condiciones de emergencia del liberalismo alemán y norteamericano hacia comienzos del siglo XX (Foucault,

2004). Desde esta nueva perspectiva foucaultiana, el poder se ejerce sobre la vida (biopolítica) y se busca indagar sus regularidades, expandir sus límites, optimizarla. Su objetivo es "hacer vivir", aún cuando para ello deba "dejar morir" o incluso "hacer morir", segregar, excluir. Toda una serie nueva de conocimientos proveía las bases de su funcionamiento y eficacia. Entre otras, la estadística y la demografía se sumarán así a la veloz expansión de la "función psi" (Foucault, 2003).

El concepto de poder tiene su contraparte con el concepto de seguridad, lo que Foucault llama "técnica política". A diferencia de la disciplina y vigilancia que supone el poder, la seguridad busca integrar nuevos elementos como la psicología comportamental orientada, como es el caso de la CE. Esta seguridad como biopoder, busca organizar la conducta y producir cosas que sean deseables. No prohíbe, sino que limita en relación a la materialidad o su naturaleza. Se dispone de una seguridad que trabaja sobre la realidad de los elementos, para así buscar el orden a través de una economía y política concebida como algo físico. El objeto de la seguridad ya no es el estudiante en sí mismo como ser individual, sino el grupo curso completo, el colegio en pos de una buena convivencia, orientado a la eficacia productiva, atingentes a la exigencia del mercado económico y político moderno. Es por ello que requiere de la libertad para sostenerse en la normativa de la eficacia (Sauquillo, 2017).

Como se mencionó previamente, estos análisis foucaultianos de la década de 1970 no avanzan más allá de los avatares de las sociedades occidentales a comienzos del siglo XX y se enfocan principalmente en Francia, para así incorporar circunstancialmente algunas referencias a otros países europeos o EE. UU. Esto señala ciertas limitaciones para una aplicación directa de los abordajes foucaultianos tanto al mundo actual como a contextos por fuera de Europa, algo que no siempre es debidamente advertido. En este sentido, es preciso considerar los avatares del proceso histórico que atravesó Occidente a lo largo del siglo XX (dos guerras mundiales, la división del mundo en dos bloques antagónicos y la caída del Muro de Berlín, entre otros) que han introducido cambios significativos tanto en el mapa político como en el ámbito social, cultural y académico.

Muchos autores han constatado esta circunstancia e intentado prolongar los estudios de Foucault para analizar escenarios contemporáneos: es el caso, entre otros, de Gilles Deleuze (1999), que ha planteado una crisis generalizada de estos sistemas de encierro propios de las sociedades disciplinarias y la llegada de un nuevo modelo de organización de poder, un "nuevo régimen de dominación": las sociedades de control.

En el caso de la escuela, además de imponerse un nuevo modelo, que Deleuze identifica con la empresa, con el modelo del mercado propio del neoliberalismo, se revela una nueva forma de dominación y mantenimiento del orden social (Salas et al., 2016). En el mismo, además de las normativas internas impuestas por los establecimientos, se promueve un sistema de competencia, donde el foco es el rendimiento académico, el resultado cuantitativo del desempeño, la comparación constante con el otro, y no la cooperación real en el aprendizaje. Junto con ello se promueve la modulación conductual, la cual debe responder a los programas de convivencia establecidos por el gobierno e implementados en cada centro educativo, buscando una suerte de ajuste al mercado y no la real integración social entre pares, la cual si bien es necesaria, genera un sistema artificial y utópico de relaciones interpersonales. Se trata entonces de una forma más elevada de control y ejercicio del poder.

Surge el cuestionamiento respecto de que los padres acepten y permitan que sus hijos sean disciplinados para sobrevivir en el modelo neoliberal (Salas et al., 2016), normados y corregidos por esta institución que los moldea y prepara para el futuro, al interior de una vida inmersa en una megaestructura social.

Entonces, el estudiante no sólo debe obedecer a las demandas del mercado, sino que a su vez, debe colaborar en esta regulación hacia sus pares, para lograr la convivencia o *convivio escolar*[5], siempre sujeto a las normativas, restricciones e incluso mediciones respectivas; dejando sometida su propia voluntad y pensamiento a la ilusión de discernimiento democrático, en pos del cumplimiento de estas normativas impuestas y gestionadas en el quehacer pedagógico.

Carente de voluntad real, se observan cambios nulos al momento de hablar sobre incidencias en la tasa de *bullying* o acoso escolar actual, indicadores que se mantienen en alza al intentar promover una convivencia escolar a través del modelo de mercado neoliberal, en vez de generar una relación nutrida desde la voluntad y pensamiento propio.

A modo de reflexión, se parafrasea a Foucault cuando se menciona que el hombre que se rebela es inexplicable (Feinmann, 2008). En este sentido, el hombre se encuentra condicionado por todas las variables socioculturales, sociodemográficas, económicas, políticas, etc., por lo que una rebelión hacia ese poder dominador es inexplicable. No obstante, al volvernos seres "explicables", nos volvemos una cosa, un objeto de estudio, pasiva, medible, cuantificable. Pero en el ser humano siempre existe la posibilidad de la rebelión, aunque sea inexplicable.

Dentro de este mismo contexto se encuentran los textos escolares que deben ser aprendidos por los educandos, orientados por esos agentes de poder que son los maestros, ejerciendo su control a través de dialéctica de la pedagogía y los procesos de enseñanza que se plantean como una cadena infinita de un sistema educativo que no termina nunca (Deleuze, 1999), perpetuándose nuevamente el poder y control entre un dominante y un dominado[6]; modulados siempre por el mercado actual.

¿Cómo analizar el *convivio* en la escuela de hoy?

---

[5]Es en este texto que, por primera vez, se hace alusión al término *convivio escolar*, por lo cual adquiere aquí un significado similar a convivencia escolar. En próximas publicaciones, se espera desarrollar un abordaje que permita apreciar más claramente sus diferencias. Ya en el apartado siguiente se genera uno de los primeros acercamientos a la trama conceptual que se espera desarrollar.

[6]Es importante destacar que también existen cosmovisiones contrarias a las foucaltianas (Bottiroli, 2007; Recalcati, 2016) que sostienen que la escuela se ha convertido

¿Qué elementos están a la base del control, el poder, la disciplina o la indisciplina?

¿Qué procesos históricos discontinuos estamos queriendo forzar a la linealidad?

¿Debemos entonces, abrazar la actual sociedad de mercado, entregando nuestra voluntad al modelo empresario neoliberal?

¿Qué aporta la poeisis en la escuela?

✳ El convivio escolar y la poiesis

Quizá pueda comenzar a responderse estas preguntas y a pensar estas cuestiones a partir de algunos abordajes que Foucault realiza en la última etapa de su producción, a comienzos de la década de 1980, en cursos como *Subjetividad y verdad* o *La hermenéutica del sujeto* y en sus volúmenes dedicados a *Historia de la sexualidad II y III* (Foucault, 1984a, 1984b, 2001, 2014).

En esa ocasión los análisis están situados principalmente en la Antigüedad, para dar cuenta de las "técnicas de sí", en tanto conjunto de prácticas diversas que generan sus efectos sobre los propios sujetos (ética) y en su relación con los otros (política). Según Foucault, estas prácticas adoptaron entre los griegos "la forma de un precepto: *epiméleia heautoú* [ocuparse, cuidar de sí mismo]", que "fue uno de los grandes principios de las ciudades, uno de las grandes reglas de conducta de la vida social y personal, uno de los fundamentos del arte de vivir." (Foucault, 1994, p. 785. La traducción es nuestra).

_____

en un lugar de pérdida, evaporación o disipación, sin la mirada panóptica del vigilante que identifica y/o reprime, sino que sus jerarcas están cada vez más extraviados y los profesores se ven desacreditados, mediocrizados o incluso humillados, con lo cual se diagrama una escuela que habría caído en un totalitarismo blando que no lograría disciplinar, sino todo lo contrario, generar cada vez más indisciplina. En este sentido, se cambiaría la posición y los roles, aunque se mantendrían las posiciones del dominante y lo dominado, y por consiguiente el panóptico alternaría constantemente su lugar.

Fue en ese contexto que surgió la tradición literaria de los *symposion*, término traducido como *convivium* en latín y *banquete (convivio)* en la traducción al español moderno, aunque este término no resulta del todo adecuado para dar cuenta de sus características. En efecto, como es concebido en los clásicos de Platón, Jenofonte y Plutarco no se trataba simplemente de una comida a la que concurren muchas personas para celebrar algún acontecimiento, (como lo define la RAE), sino de una reunión que revestían cierto carácter ritual y en los cuales la música, la poesía y las narraciones literarias de diferentes índoles eran un marco para el diálogo e intercambio entre los participantes.

En este sentido, la noción de convivio, que el célebre Dante Alighieri utilizó, en el siglo XIV, para una de sus obras, va más allá de esa simple interacción entre sujetos: es un "acto de vida en común", es más bien la conexión que se produce entre las diversas personas en la que van influyendo muchos aspectos contextuales y biográficos al mismo tiempo.

Jorge Dubatti, crítico e historiador del teatro argentino, en el marco de sus reflexiones sobre el conflicto entre convivio y tecnovivio (Dubatti, 2015), aporta varios elementos adicionales para desarrollar al convivio como un concepto: expresa que el convivio es una "manifestación ancestral de la cultura viviente" (Dubatti, 2015, p. 45), por lo tanto no se le puede entender como algo artificial, desarraigado o descontextualizado, sino que debe ser visto como algo intrínseco de la humanidad, algo que se dio desde que los primeros humanos se encontraron y se juntaron para entablar una conexión.

A modo de ejemplo, se refiere a la mítica historia de Adán y Eva que cuando se encontraron, comenzaron a entrelazarse, se conectaron, tuvieron que vivir en conjunto y, por lo tanto, si algo afectaba a uno de ellos también le afectaría al otro. Se asiste aquí a un evento que no es del orden una simple interacción, sino más bien un complejo bosquejo sobre el proceso humanizador. Esto quiere decir que la humanidad no se forma por una voluntad caprichosa sino también existen motivos para pensar que hay diversas pluralidades que van *in crescendo*. No se es uno porque *se viva solo*, se es uno cuando muchos conforman un estamento, y es por eso que, hoy en día, se habla de la sociedad, un singular compuesto por una pluralidad. Eso es convivir.

No obstante, la propuesta de Dubatti no finaliza aquí: si bien en sus análisis se refieren al convivio en el teatro, también muestra su semejanza con otras instancias.

> *El teatro se parece a los asados, a las fiestas de casamiento, a los partidos de fútbol vividos en la cancha junto a la hinchada, los técnicos y los jugadores, al encuentro físico de los amantes, es decir, a todas aquellas acciones y acontecimientos que no se pueden realizar sin reunión territorial de cuerpo presente.*
>
> Dubatti, 2015, p. 46

Se trata de una interesante forma de concebir el teatro, que no lo limita a un espacio donde los espectadores se ubican en sillas o butacas y los actores y/o actrices en un escenario, ambos indolentes de lo que le afecte al otro. Añade además otro aporte valioso al mencionar *las reuniones territoriales de cuerpo presente*, es decir, el estar en presencia presente. Estoy aquí junto a ti y lo que este contexto influya en mí, también influye en ti: ¡cuántas semejanzas entre este cuadro que se nos presenta aquí y la educación!

Dubatti indica también que "el teatro es espacio y tiempo compartidos en una misma zona de afectación" (Dubatti, 2015, p. 46) y por eso es tan importante mantener el convivio teatral, el momento en que actores, actrices, público, técnicos y otros agentes involucrados se reúnen en una encrucijada espacio–temporal, en la que no se puede capturar o cristalizar el momento para ser repetido una y otra vez. Por eso es tan importante el convivio, porque no se trata de replicar las cosas, se trata de compartir un punto espacio–temporal y conectarlo con el o los otros, no de sustraer las esencias para impregnarlas en una hoja esperando que todos los demás repitan ese proceso para obtener el mismo resultado.

El último punto a tratar acerca del convivio desarrollado por Dubatti, es el que se refiere al convivio como una aproximación al "espesor ontológico al que asisten lo real, la realidad (...) se trata de volver a ver entes poéticos, volver a recordar la existencia/presencia de lo real en los cuerpos vivientes, volver al vínculo anterior al lenguaje" (Dubatti, 2015, p. 47).

Si se retoman algunas cuestiones planteadas al comienzo de este capítulo, es posible plantear que la CE debería entonces apuntar no tan solo a la generación de un ambiente escolar propicio para el aprendizaje sino que, siguiendo el modelo del convivio, debería tener como fin último que las nuevas generaciones aprendan a coexistir para que su estadía en los centros educativos sea provechosa en su afán de formación personal y que, al finalizar esta etapa, sean jóvenes, adultos y/o ancianos, que sepan convivir con quien esté en su misma escala contexto–temporal.

Entonces la CE ya no se verá como una mera interacción, sino como un proceso que, si se vincula o integra al espacio escolar, permitirá el reencuentro con nuestras raíces ancestrales, esa que permite formar un ambiente de mutua consideración y valoración, la cual privilegiará el alcanzar un convivio apto para el desarrollo y/o formación de la persona.

Llegados a este punto retomamos la cuestión de la *poiesis,* que es —de acuerdo a la clásica concepción propuesta por Platón—, *todo lo que es causa de que algo, sea lo que sea, pase del no ser al ser.* Se trata de un acto creativo, de la invención, de la producción de algo nuevo más que una mera repetición o réplica de lo ya existente. En este sentido, se diferencia claramente de la acepción moderna de la técnica, como mera aplicación de una receta o fórmula que permitiría conseguir resultados idénticos o al menos similares en todos los casos.

El *convivio*, como espacio común a sus participantes, puede ser concebido como ámbito que promueve la poiesis y el *convivio escolar* deviene entonces un espacio y también una temporalidad poietica, en tanto ámbito de producción creativa en común, como un intercambio guiado, como modelo que no se restringe al marco de la institución escolar. Un ámbito donde las diferencias, lejos de engendrar oposición y violencia, sean rescatadas, sean incluso valoradas y celebradas como condición de posibilidad de lo nuevo, lo diverso, lo múltiple.

Quizás un modelo aproximado, inexacto, y precisamente por eso muy útil, sea el de una orquesta. Aquí cada participante aporta desde su propio dominio, desde su diferencia, desde la multiplicidad sonora de cada instrumento, a una producción común que, si bien está fijada en una partitura (que quizás fue escrita muy lejos y hace siglos), está sujeta a una interpretación más o menos amplia, a una *apropiación* que la renueva, la reactualiza e impide la mera repetición.

La *poiesis* permite en este sentido, rescatar la virtud y evitar pensar en el sujeto escolar de forma estigmatizante, ya que la estructura de la escuela y sus artefactos, han negado el convivio natural y han propuesto el castigo como ruptura resquebrajando el *ethos*. La convivencia surge como respuesta ante el mismo fracaso escolar estructural, que no es fracaso del estudiante, sino de un convivio que se ha extraviado entre las tareas, el adoctrinamiento y las lógicas de poder, de ahí que la *poiesis* viene desde el acto creativo a fomentar la esencia del cuidado desde el gozo.

Las reflexiones aquí propuestas, necesariamente fragmentarias e incompletas, son una invitación, una propuesta que no se limita a cuestiones del ámbito escolar y a proponer técnicas nuevas que resuelvan sus atolladeros. Lejos de ello, el problema de la convivencia en la escuela es más bien una unidad de análisis que actúa como disparador de una reflexión y una intervención que precisa expandirse, como lo ejemplifican los análisis de Dubatti respecto del teatro, a una multiplicidad de espacios que como ciudadanos y ciudadanas habitamos cotidianamente. En este sentido, más que pensar en intervenciones *en* la escuela, modalidad propia de las políticas de convivencia tradicionales, es preciso proponer, reformulando algunos conceptos foucaultianos, en tácticas que actúen *desde* la escuela y la conciban como *ámbito táctico* en el marco de una estrategia que lo engloba y supera, que desborda la "microfísica del poder".

✳

Referencias

Blanco, R. (2005). Los docentes y el desarrollo de escuelas inclusivas. *Revista Preal, 1*, 174–177.

Bohórquez Correa, R. I., Chaux Real, N., y Vaca Vaca, M. P. (2017). El conflicto en la convivencia escolar: creencias y prácticas de estudiantes, padres de familia y docentes de una institución educativa distrital. *Actualidades Pedagógicas, 70*, 29—49. Doi: 10.19052/ap. 4087.

Bottiroli, G. (2007). Non sorvegliati e impuniti. En: M. Recalcati (Ed.). *Forme contemporanee del totalitarismo* (pp. 108–140). Turín: Bollati Boringheri.

Casassus, J. C., Cusato, S., Froemel, J. E., y Palafox, J. C. (2001). Primer estudio internacional comparativo sobre lenguaje, matemática y factores asociados, para alumnos del tercer y cuarto grado de la educación básica. Santiago: Unesco.

Cornejo, R., y Redondo, J. M. (2001). El clima escolar percibido por los alumnos de enseñanza media. Una investigación en algunos liceos de la Región Metropolitana. *Última Década, 15*, 11–52.

Chávez González, M. L. (2017). La violencia escolar desde la perspectiva infantil en el altiplano mexicano. *Revista Mexicana de Investigación Educativa, 22*(74), 813–835.

Deleuze, G. (1999). *Conversaciones*. Valencia: Pre–textos.

Delors, J. (1996). *"Los cuatro pilares de la educación" en La educación encierra un tesoro. Informe a la UNESCO de la Comisión internacional sobre la educación para el siglo XXI*. Madrid: Santillana/UNESCO.

Dubatti, J. (2015). Convivio y tecnovivio: el teatro entre infancia y babelismo. *Revista Colombiana de las Artes Escénicas, 9*, 44–54.

Feinmann, J. (2008). Un esfuerzo para borrar al sujeto de la historia. Extraído el mayo 09, 2018, de Revista Ñ, El Clarín. Sitio web: http://edant.evistaenie.clarin.com/notas/2008/12/06/_-01816654.htm

Foucault, M. (1975). *Surveiller et Punir. Naissance de la prison.* París: Gallimard.

Foucault, M. (1984a). *Histoire de la sexualité II. L'usage des plaisirs.* París: Gallimard.

Foucault, M. (1984b). *Histoire de la sexualité III. Le souci de soi.* París: Gallimard.

Foucault, M. (1994). Les techniques de soi. En *Dits et écrits III* (pp. 783–813). París: Gallimard.

Foucault, M. (2001). *L'Herméneutique du sujet. Cours au Collège de France (1981–1982).* París: EHESS, Gallimard, Seuil.

Foucault, M. (2003). *Le pouvoir psychiatrique. Cours au Collège de France (1973–1974).* París: EHESS, Gallimard, Seuil.

Foucault, M. (2004). *Naissance de la biopolitique. Cours au Collège de France (1978–1979).* París: EHESS, Gallimard, Seuil.

Foucault, M. (2013). *La société punitive. Cours au Collège de France (1972–1973).* París: EHESS, Gallimard, Seuil.

Foucault, M. (2014). *Subjectivité et vérité. Cours au Collège de France (1980–1981).* París: EHESS, Gallimard, Seuil.

Injuv. (2017). *Sondeo N° 5: Bullying en Establecimientos Educacionales.* Santiago: Injuv.

López, V. (2014). *Convivencia Escolar. Apuntes Educación y Desarrollo Post–2015*, N° 4. Santiago: UNESCO.

Maldonado, H. (2004). *Convivencia escolar: ensayos y experiencias.* Buenos Aires: Lugar.

Mena, I., Milicic, N., Romagnoli, C., y Valdés, A. (2006). *Potenciación de la política pública de convivencia social escolar en Camino al Bicentenario. Doce Propuestas para Chile.* Santiago: Ediciones Universidad Católica de Chile.

Milicic, N., y Arón, A. M. (2000). Climas sociales tóxicos y climas sociales nutritivos para el desarrollo personal en el contexto escolar. *Psykhe, 9*(2), 117–123.

Mineduc. (2002). *Política Nacional de Convivencia Escolar: Hacia una educación de calidad para todos.* Santiago: Punto Impreso.

Mineduc. (2011a). *Encuesta nacional: prevención, agresión y acoso escolar.* Santiago: Mineduc.

Mineduc. (2011b). Ley 20.536 Sobre Violencia Escolar en Base de Datos Diario Oficial. Recuperado de: http://www.leychile.cl/Navegar?idNorma=1030087

Mineduc. (2015). *Política Nacional de Convivencia Escolar.* Santiago: Mineduc.

Ortega, R. (2007). *La convivencia. Un regalo de la cultura a la escuela. Revista Idea–La Mancha, 4,* 50–54.

Pacheco–Salazar, B. (2018). Violencia escolar: la perspectiva de estudiantes y docentes. *Revista Electrónica de Investigación Educativa, 20*(1), 112–121.

Pedrero, E. (2011). *La situación de la convivencia escolar en España: análisis del estudio estatal sobre convivencia escolar en la Educación Secundaria Obligatoria.* En J. J. Leiva y R. Borrero (Eds.), *Interculturalidad y Escuela* (pp. 13–39). Barcelona: Octaedro.

Recalcati, M. (2016). *La hora de clase. Por una erótica de la enseñanza.* Barcelona: Anagrama.

Retuert, G., y Castro, P. J. (2017). Teorías subjetivas de profesores acerca de su rol en la construcción de la convivencia escolar. *Polis, Revista Latinoamericana, 16*(46), 321–345.

Salas, G. (2015). El síndrome de la necedad escolar y su contexto. En: L.E. Obanda. (Ed). *Rostros del malestar. Crispación, dolor y abandono.* (pp. 89–96). Sinaloa: México.

Salas, G., Scholten, H., y Norambuena, Y. (2016). Más allá de la disciplina: convivencia, educación y profesionales "psi". En G. Salas, et. al. *Del Pathos al Ethos: Líneas y perspectivas en convivencia escolar.* (pp. 13–26). Talca: Universidad Católica del Maule.

Sandoval Manríquez, M. (2014). Convivencia y clima escolar: claves de la gestión del conocimiento. *Última Década, 41,* 153–178.

Santiago, A. (2017). La sociedad de control: una mirada a la educación del siglo XXI desde Foucault. *Revista de Filosofía, 73,* 317–336.

Sauquillo, J. (2017). *Michel Foucault: poder, saber y subjetivación.* Madrid: Alianza Editorial.

Scholten, H. (2013). Disciplina, biopolítica, gobierno. En *Cuadernos de Pensamiento Biopolítico Latinoamericano, 1,* 97–103.

Stornicki, A. (2017). *La gran sed de estado. Michel Foucault y las ciencias sociales.* Madrid: Dado Ediciones.

Trucco, D. e Inostroza, P. (2017). *Las violencias en el espacio escolar.* Santiago: Naciones Unidas.

Unesco. (2008). *Los aprendizajes de los estudiantes de América Latina y el Caribe. Resumen Ejecutivo del Primer Reporte de Resultados del Segundo Estudio Regional Comparativo y Explicativo.* Santiago: Salesianos Impresiones.

Unicef. (2011). *La Voz de los Niños, Niñas y Adolescentes y Discriminación*. Santiago: UNICEF.

Unicef. (2014). Hidden in Plain Sight: A Statistical Analysis of Violence Against Children. New York: UNICEF.

Van Dijk, T. (2016). Análisis Crítico del Discurso. *Revista Austral de Ciencias Sociales, 30*, 203–222.

CAPÍTULO 5

El cierre de la Escuela Rural Multigrado versus el derecho a la educación

¿Otra expresión de violencia en Chile?

Ingrid Quintana Avello (Chile)

Si bien la educación como derecho humano ha sido un principio reconocido ampliamente por esferas políticas, académicas y no académicas, su cumplimiento sigue pendiente en Chile así como en otros países de América Latina.

Tal como ha reconocido la Organización de las Naciones Unidas para la Educación, la Ciencia y la Cultura, UNESCO (2019), serían millones las personas privadas de este derecho humano fundamental, ya sea por limitaciones en cobertura y acceso, o porque la educación impartida en contextos de pobreza no cumpliría en muchos casos con las convenciones suscritas que establecen como obligación garantizar dignidad, justicia, calidad y amplios principios de equidad en el servicio educativo impartido. Si bien existen convenciones o acuerdos destinados a ser instrumentos garantes de este derecho, pareciera haber una deuda aún mayor con el mundo educativo rural y más específicamente con el *rural multigrado,* con sus maestros en materia de perfeccionamiento, asignación presupuestaria y con las comunidades usuarias del servicio educativo.

Durante la elaboración de la Tesis de Doctorado en Educación titulada "Convivencia en la Escuela Rural Multigrado, significando experiencias desde el Espacio Lugar", emergió con notoria visibilidad el padecimiento psicosocial de una comunidad escolar de la zona precordillerana del centro–sur de Chile, derivado de la notificación del cierre de la que consideran es "su escuela", aquella que es considerada motor de desarrollo de la cultura de la convivencia del lugar, posicionándola como una escuela patrimonial en riesgo de extinción (Quintana, 2018).[1]

Ese caso, abordado desde la esfera cualitativa y desde una perspectiva etnográfica, permitió acceder a hallazgos emergentes que desde el lugar dieron luz al fenómeno del cierre de escuelas. Un fenómeno que no sería excepcional. Por el contrario, la literatura especializada evidencia que es un fenómeno que va en alza (Núñez, Solís y Soto, 2014) y que se expresa con mayor notoriedad en escuelas rurales de dependencia municipal, lo que invita a poner en tensión el pregonado derecho a la educación.[2]

Mas que presentar aquí los resultados de la tesis desarrollada, el presente capítulo invita a la reflexión en la temática convocante, tomando sí, algunos elementos reconocidos durante la experiencia antes descrita.

---

[1] El texto de este capítulo está en parte basado en la Tesis Doctoral *"Convivencia en la Escuela Rural Multigrado, significando experiencias desde el Espacio Lugar"* elaborada por la autora y presentada recientemente en la Universidad de Alcalá, España. El trabajo que fue dirigido por el Dr. Juan Carlos Torrego Seijo. La autora agradece a la Universidad del Bío–Bío la beca de estudios otorgada.

[2] **N. del E.** Una situación similar se está desarrollando en Argentina. Solo en la Provincia de Buenos Aires se anunció, al inicio de 2018, el cierre de 39 escuelas rurales y 8 isleñas, invocando argumentos economistas: " (...) su alto costo para tan baja matrícula."

El recorrido propuesto, inicia entonces con información que permite graficar parte del problema observado, incluyendo algunos datos internacionales y nacionales sobre la escuela rural multigrado y el fenómeno del cierre en Chile, para luego, presentar un breve acercamiento teórico–conceptual referido a la educación y las violencias.

Finalmente se discute si el cierre de la escuela rural multigrado representa otra expresión más de las violencias silenciosas que afectan a diversas comunidades escolares rurales.

Trayectorias de la Escuela Rural Multigrado y el problema del cierre en Chile

> *En la actualidad, el treinta por ciento de las aulas del mundo son del tipo multigrado, sin embargo, según el estudio publicado por el Instituto Internacional de Planeamiento de la Educación de la UNESCO, Multigrade Schools: Improving Access in Rural África, las autoridades gubernamentales suelen ignorar estas escuelas en tanto que, pese a su creciente número y los resultados obtenidos, rara vez forman parte de las estadísticas e iniciativas de investigación.*
>
> *Educación Hoy, UNESCO, 2004, p. 7*

Se ha documentado que la modalidad multigrado fue una de las principales formas de enseñar y de aprender durante gran parte de los dos siglos precedentes. Diversos autores (Pratt, 1986; Miller, 1990; Little, 2001, Quílez, 2012) han señalado que en Canadá, Inglaterra, Estados Unidos, Australia, Finlandia, Suecia, Francia y Portugal, entre otros, se registran antecedentes de un importante número de escuelas multigrado que habrían reconocido en esta modalidad de enseñanza una posibilidad de educación centrada en las y los estudiantes y en el fortalecimiento de aprendizajes cooperativos basados en la riqueza de grupos heterogéneos. Si bien en la actualidad el modelo educativo predominante es la educación grado a grado, las aulas multigrado seguirían siendo obligatorias en algunas zonas de Canadá, Estados Unidos y Australia, constituyéndose como micro espacios que parecen reconocer en este enfoque, un modelo de enseñanza necesario de preservar, basado en lo que se podría interpretar como una filosofía de la cooperación.

A pesar de los hallazgos obtenidos en países desarrollados, que sostuvieron con vehemencia que las aulas multigrado bien llevadas pueden obtener resultados similares a los de escuelas tradicionales (Miller, 1990, 1999), también habría evidencia de otros escenarios educativos rurales multigrado no tan alentadores, problema que ya había sido expuesto por la UNESCO en el año 2004, como lo evidencia la cita del inicio.

En Latinoamérica, es posible reconocer que la educación multigrado ha estado bastante extendida. A diferencia de lo ocurrido en países con mayor desarrollo, no habría sido el reconocimiento al valor del grupo heterogéneo y cooperativo lo que sustentó su existencia, sino más bien la necesidad de los administradores de cumplir con la obligatoriedad de ofrecer educación a hijos e hijas de campesinos de zonas geográficamente complejas, pero a bajos costos, es decir ofreciendo educación multigrado como una estrategia barata en inversión y manutención.

Tal es el caso de Bolivia, Perú, Ecuador, México, Brasil, o Chile, países en los que la escasa asignación de recursos económicos no habría permitido ofrecer en muchas comunidades rurales educación grado a grado, o un adecuado perfeccionamiento docente (Miller, 1990, 1999). Ello impresiona como un problema de múltiples dimensiones que nutre, al menos en Chile, la ya reconocida segregación en educación, como también la inequidad evidente derivada de la curiosa distribución territorial de estas escuelas, como de sus habituales precarias características.

En el caso de Perú, las escuelas rurales tienen gran presencia a lo largo y a lo ancho de su territorio, representando el 73% del total de centros educativos de ese país, ya sea como escuelas *uni–docentes,* es decir, escuelas en las que un profesor atiende en una misma sala entre cuatro y seis grados de educación primaria, o como escuelas poli–docentes, donde un total de hasta cinco profesores se encargan de atender grupos de dos o más grados a la vez (Ames, 2004).

En México, también se consideran escuelas multigrado a los centros en los cuales un docente atiende en una misma aula a estudiantes que cursan habitualmente de primero hasta sexto de primaria, a través de materiales y recursos didácticos diseñados para tal efecto (Silva, 2012). Según datos aportados por Weiss (2000), en este país, cerca del 40% de las escuelas serían multigrado, cifra que incluye a las escuelas unitarias, en las cuales se destaca la precariedad económica como un problema.

En Argentina, en tanto y según cifras del Ministerio de Educación, Ciencia y Tecnología (2007), habría aproximadamente 12.000 escuelas primarias rurales multigrado y no multigrado, cifra que representaría al 50% de los centros escolares de primaria del país. Así, el 30% de sus escuelas rurales sería de tipo uni–docente mientras que el 15% sería bi–docente. Se advierte además que, en Argentina, la denominación usual es de *educación plurigrado* mientras que, como ya se ha visto, en países como Chile, Perú y México comparten la denominación de *educación multigrado.*

Independientemente de las diferentes denominaciones recibidas por la variedad de agrupamientos escolares, en Argentina, al igual que en otros países de Latinoamérica, estas escuelas comparten como denominador común condiciones de trabajo que implican el ejercicio de la docencia en un mismo espacio y tiempo, con estudiantes heterogéneos, ya sea por estar matriculados en diferentes niveles de escolaridad o por presentar diferencias significativas a nivel etario, conductual y/o socioemocional, no abundando la asignación de recursos.

En el caso de Chile, así como en el resto de Latinoamérica, la educación rural cumple un rol fundamental para las comunidades, especialmente en zonas al margen de los trazados geográficos, ya sea desde el norte desértico, zonas insulares, hasta el extremo sur de su territorio.

De acuerdo a información obtenida de la Agencia de Calidad de la Educación (2017), las escuelas rurales del país representan el 30% del total nacional, de ellas el 51,8% corresponde a escuelas multigrado. Sin embargo, algunos investigadores (Núñez, Solís, Soto, Cubillos y Solorza, 2013, p. 50), han confirmado que el número de escuelas rurales en Chile disminuyó de manera significativa, de modo que entre los años 2001 y 2009 habrían dejado de funcionar un total de 477 centros educativos rurales, cierres que para el año 2012 habrían ascendido a 819 escuelas cerradas (Núñez et al., 2014, p. 616).

La expresión local de este problema quizás pueda ejemplificarse en parte, comentando un caso específico. Se trata de una comuna de la Provincia de Diguillín, perteneciente a la Región de Ñuble en Chile, lugar en que la geografía precordillerana dificulta los accesos, por lo que las escuelas rurales multigrado parecen hasta ahora ser la única alternativa educacional en estos territorios. Sin embargo, esta comuna de no más de 12.000 habitantes (se omite intencionadamente el nombre por el compromiso de confidencialidad), en pocos años registra nueve escuelas cerradas, todas ellas de tipo rural multigrado, no habiendo registros de consultas o procesos participativos previos en las decisiones de cierre implementadas por los administradores (Quintana, 2018).

En síntesis, el cierre de escuelas representa no sólo un problema social sino también un problema de alcance investigativo, dada la ausencia parcial de conocimiento en la temática. Este aspecto que invita a una mayor reflexión y análisis en torno al fenómeno de las violencias en educación y/o a los padecimientos psicosociales e imposición indirecta de desplazamiento territorial de las comunidades usuarias de estas escuelas, que están desapareciendo.

✳ Acercamientos teórico-conceptuales

✳ Sobre la escuela y el derecho a la educación

De acuerdo a lo planteado por Geertz (1991), la escuela puede ser entendida como un lugar de interacciones en la cual los integrantes de la comunidad construyen significados y dinámicas relacionales que les son propias. Estas dinámicas relacionales y actuaciones serían fundamentales debido a que, según señala, cada persona se construye y reconstruye en la interacción con otros, favoreciendo que cada sujeto comprenda a los otros, comprenda su lugar y a sí mismo. De este modo, las experiencias que el contexto educativo propicie, especialmente aquellas comprendidas como significativas, serán incorporadas por cada persona, teniendo también efectos en el grupo de pertenencia, en la cohesión social y en su convivencia.

Torrego (2008) sostiene que las dinámicas relacionales que se gestan en el sistema educativo son fiel reflejo, e incluso producto, de la sociedad en la que está inserto. De acuerdo a lo que expone, correspondería al sistema educativo prevenir y reducir la violencia en todas sus formas de expresión, tarea aparentemente más difícil de detectar y/o de cumplir en la escuela rural multigrado, para la cual las prioridades de la educación han cambiado. Es evidente que las instituciones educativas se encuentran hoy en un momento de enormes dificultades, ya sea a consecuencia de las demandas jerárquicas por mayor rendimiento, como por los difíciles procesos de transformación internos que cada centro enfrenta para cumplir con los múltiples mandatos.

Entre otros, la irrupción de estándares y ranking nacionales e internacionales han llevado a un modelo competitivo e incluso segregador

(Redondo, 2015). Así es como, de manera casi imperceptible, las dinámicas de trabajo a nivel de escuela se han alejado de lo que aparece consagrado en la historia de la educación y sus fines más nobles destinados a lo esencialmente importante; la humanización. Una tradición que hasta hace pocos años fue el norte de la educación multigrado, para hoy verse tensionada por las expectativas ministeriales como por las de las comunidades de su entorno.

De las tantas aproximaciones conceptuales disponibles sobre la noción de escuela rural multigrado, la aportada por Romero, Gallardo, González, Salazar y Zamora (2010) parece simple y de fácil comprensión. Estos autores presentan a la escuela multigrado como aquella en la cual "el maestro atiende de manera simultánea a varios grados, situación que dificulta los procesos de enseñanza así como la organización y la planificación de su trabajo en el aula" (p. 3). Esta aproximación, que supera la descripción para atreverse a reconocer parte de sus complejidades, se complementa con los aportes de Ames (2004), quien ha planteado la necesidad de reconocer que la escuela multigrado tiene su propia especificidad pedagógica.

Estos aspectos no son triviales, por el contrario permiten entender los desafíos que estas escuelas enfrentan, los esfuerzos y el alcance comunitario de esta modalidad de enseñanza —históricamente comprometida con los aprendizajes y con la emancipación de las comunidades rurales campesinas—. Tal es así que algunos autores (Bustos, 2013) proponen hablar más bien de escuelas que ejercen una didáctica multigrado, poniendo en valor no sólo la condición de agrupamiento de estas escuelas, sino además las estrategias requeridas para el adecuado uso del tiempo y del espacio, y las particulares metodologías implicadas en el trabajo con grupos cronológicamente heterogéneos. Son metodologías que al menos en el discurso, parecen inspiradas en la tradición Constructivista y en el Movimiento de Renovación Pedagógica.

En síntesis, si bien la Escuela Rural Multigrado enfrenta desafíos y complejidades, también se destaca su potencialidad didáctica, la que en palabras de Bustos (2013):

> (...) suele traspasar las paredes del aula para convertirse en referencia de una enseñanza en consonancia con el medio.
>
> *Bustos, 2013, p. 33*

Ejemplo de ello son las iniciativas impulsadas en Latinoamérica en los años noventa, luego de las investigaciones que lograron visibilizar los problemas que enfrentaba la educación en contexto rural. Iniciativas importantes como la Nueva Escuela Unitaria en Guatemala; el Programa MECE Rural de Chile o el Programa Post Primaria Rural en Colombia, representan experiencias exitosas, que tuvieron como denominador común una mayor asignación de recursos, así como cierta autonomía de las escuelas, perfeccionamiento docente y una gestión escolar participativa de enfoque comunitario en sintonía con los intereses y la cultura de las comunidades.

Estos notorios esfuerzos políticos y de los maestros y maestras por ofrecer una educación pertinente y contextualizada, han llevado a la escuela multigrado de Latinoamérica a ser considerada una fuente potencial de progreso, capaz de dinamizar el desarrollo sustentable, la convivencia y la cohesión social (Miller, 1999; Ames, 2004; Bustos, 2013), Sin embargo poco queda hoy de estas iniciativas, si se considera la evidente precariedad de la escuela rural multigrado actual, lo que lleva a recordar que existen algunos acuerdos o convenciones que inspiran y sustentan la posibilidad de resistir e incluso rechazar la idea de no proveer educación de calidad en contextos apartados.

Salvaguardar la educación como un derecho humano fundamental necesario para el desarrollo de los pueblos ha sido un compromiso de los Estados evidenciado en la conocida Convención sobre los Derechos de Niños y Niñas. Asimismo, otros instrumentos, como la Convención Americana sobre Derechos Humanos (1969) también contribuyen a este fin. Ese documento establece que "todo niño tiene derecho a las medidas de protección que su condición de menor requieren por parte de su familia, de la sociedad y del Estado"(p. 9).

Por su parte, la Carta Democrática Interamericana (2001), hace referencia explícita al compromiso por la lucha contra la pobreza, "especialmente a la eliminación de la pobreza crítica para la promoción y consolidación de la democracia, como para la defensa de derechos, constituyéndose en una responsabilidad común y compartida de los Estados" (p. 3). La misma fuente establece en su artículo 16 lo siguiente:

> *La educación es clave para fortalecer las instituciones democráticas, promover el desarrollo del potencial humano y el alivio de la pobreza y fomentar un mayor entendimiento entre los pueblos. Para lograr estas metas, es esencial que una educación de calidad esté al alcance de todos, incluyendo a las niñas y las mujeres, los habitantes de las zonas rurales y las personas que pertenecen a las minorías.*
>
> *Carta Democrática Interamericana, 2001*

Sobre la base de lo anterior, es necesario recordar que el fenómeno de cierre de escuelas rurales en Chile, se ha desarrollado bajo el argumento de la baja matrícula, baja natalidad o aludiendo a problemas de rentabilidad que dificultan e incluso impiden su funcionamiento (Núñez et al., 2013). En consecuencia, cabe preguntarse: ¿cerrar una escuela necesaria para la comunidad, sin mediar procesos participativos en tales decisiones, o imponer traslados de escuela y con ello desarraigos territoriales, no contraviene tales convenciones? ¿Tales decisiones representan una acción violenta?

Educación, segregación y violencias en lo rural

Mucho se ha discutido sobre el poder de los sistemas educativos en tanto instituciones hegemónicas con capacidad para reproducir y/o mantener el orden establecido (Bourdieu y Passeron, 1996). Es una línea argumental que ha llevado a muchos sectores a entender que la institución escolar ha sido mandatada para definir el conocimiento legítimo que se ha de enseñar y de aprender, imponiendo al estudiantado estándares mínimos obligatorios, tarea que parece apoyada incluso por organismos internacionales conocidos, que cada cierto tiempo reportan datos mundiales de educación comparada, evidenciando año a año las brechas en los resultados. En consecuencia, habría un desafío permanente por la mejora educativa y que supone, de acuerdo a lo ya descrito, esfuerzos amplios y multidimensionales, tales como una gestión democrática, participativa e informada, libre de violencias y en sintonía con su entorno geográfico, cultural y económico.

Sin embargo, el que Chile esté cerrando escuelas públicas, mientras aumentan exponencialmente las instituciones escolares a cargo de privados, lo ha llevado a ser considerado como uno de los países con mayor privatización escolar. A ello se agrega la ya reconocida segregación identificada en el país, la que para Redondo (2015) se ubica en el plano de las desigualdades que el mismo sistema educativo origina y reproduce, "desplazando a las minorías hacia los márgenes del sistema social" (p. 221).

Esto es interesante que el concepto segregación, si bien en la actualidad está siendo aplicado al contexto educativo, surge originariamente de estudios centrados en la segregación residencial, con autores como Park. Ese autor se refirió a este fenómeno como la relación entre la distancia física y social de ciertos grupos o al grado de concentración de éstos, mirada que efectivamente parece del todo aplicable a la escuela, permitiendo entender las lógicas mercantiles de la distribución territorial de los centros educativos público–privados (Park, 1999).

De cualquier manera, estas definiciones permiten reconocer a la escuela rural multigrado como una institución que atraviesa por una situación desmejorada, en condición de segregación y en consecuencia expuesta a las violencias.

Todo parece indicar entonces que las violencias y los conflictos se han vuelto persistentes en los distintos contextos educativos, cuyas implicancias serían las que han despertado un amplio interés investigativo, expresado en múltiples publicaciones orientadas a su estudio y a su comprensión. Es difícil demostrar que tal despliegue haya logrado de manera sistemática profundizar en las violencias que acontecen en contextos escolares rurales desfavorecidos y en su mejora. Como plantean Arístegui et al. (2005), aunque la sociedad haya mejorado notablemente sus tecnologías o su conectividad, estaría paradójicamente experimentando un significativo "deterioro en términos de la asociatividad de sus actores y con ello un resquebrajamiento del sentido comunitario" (p. 137). Tanto así que al intentar comprender qué se entiende por lo rural, se descubre que en Latinoamérica las definiciones de rural serían diferentes entre distintos países y que:

> (...) en la mayoría de los casos, rural corresponde a una categoría residual, definida por defecto, lo que no es urbano, sin aludir a características propias.
>
> Faiguenbaum, 2011, p. 67

Por su parte, el Ministerio de Educación, en la Ley N° 20.247 (2008), referida a Establecimientos Educacionales, señala lo siguiente:

> Establecimiento rural es aquel que se encuentre ubicado a más de cinco kilómetros del límite urbano más cercano, salvo que existan accidentes topográficos importantes u

> *otras circunstancias permanentes, derivadas del ejercicio*
> *de derechos de terceros que impidan el paso y obliguen a*
> *un rodeo superior a esta distancia, o que esté ubicado en*
> *zonas de características geográficas especiales. Ambas*
> *situaciones serán certificadas fundadamente por el*
> *Secretario Regional Ministerial de Educación, dando*
> *origen al pago de la subvención de ruralidad. No*
> *obstante, el Subsecretario de Educación podrá objetar y*
> *corregir dichas determinaciones.*

La forma en que los Estados definen lo rural parece desconocer no sólo sus múltiples dimensiones sino también, una serie de aspectos que para las personas hoy son relevantes, como por ejemplo "las funciones que cumplen las zonas rurales en lo económico, ecológico, social/institucional y cultural/espiritual, hacia adentro y hacia fuera; así como a los atributos que tiene lo rural; paisaje, diversidad territorial, modo de vida" (Rodríguez, 2011, p. 39).

Lo expuesto evidencia una subestimación no sólo práctica sino también conceptual de lo rural, de modo que, desde estas lógicas, una escuela rural sería simplemente una escuela que no es urbana, que está fuera de la ciudad y emplazada en una zona de baja densidad poblacional. Siendo ésa una categoría o atribución que se asigna dependiendo de las cifras con las que cada ciudad o país cuenta a la hora de tomar muchas de sus decisiones políticas y económicas, impactando en lo público y en la escuela, todas distinciones que invitan a re–mirar si las escuelas multigrado ofrecen educación rural o educación en contexto rural.

En este contexto, los planteamientos teóricos de Martín–Baró (1995) parecen suficientes para comprender que la precariedad de las escuelas rurales. La aludida segregación, la desatención a sectores vulnerables o los cierres de escuelas municipales, pueden ser comprendidos como violencia estructural. Y ello desde el momento en que, según plantea el autor, tal violencia es identificable cuando alguna estructura social aplica una fuerza para hacer que las personas actúen en contra de su propia decisión, evidenciándose con notoriedad a los grupos sociales dominados u oprimidos que, según propone, son quienes merecen toda prioridad para su emancipación.

Estos planteamientos concuerdan con los aportes de Foley y Valenzuela (2012), derivados de la teoría crítica, y que se refieren a la manera en que la sociedad e instituciones reproducen modelos codificados y limitantes que afectan a cualquier categoría de otredad. Por ejemplo, cuando se hace evidente la intolerancia, la desatención o la escasa inversión educativa en "los otros", "los del campo", "los del multigrado", "los pobres" "los que no aprenden". Se ha documentado además que los intereses por la reproducción del modelo neoliberal han involucrado a la escuela en la emergencia y reproducción de grupos oprimidos, reconociéndose al menos en Chile y en gran parte de Latinoamérica, una oferta de educación de distinta calidad para las distintas clases sociales (Redondo, 2015), quedando las escuelas rurales y más aún las multigrado, en un espacio de mayor desventaja.

Frente a estas realidades, habría en la pedagogía crítica una alternativa para el compromiso político con la educación enfocada a sus fines históricos consagrados. Esta corriente asume la escuela como un espacio con posibilidades para resistir y revertir el marco que la presiona a reproducir el modelo social que fabrica inequidades, invitando a los maestros a asumir un rol transformador y emancipador. Una práctica pedagógica genuina "requiere un compromiso con la transformación social, en solidaridad con los grupos marginados, lo que implica una opción preferencial por los pobres y por la eliminación de las condiciones que promueven el sufrimiento humano" (McLaren; 2003, p. 188).

> *La pedagogía crítica (...), no constituye un conjunto homogéneo de ideas. Sería más preciso decir que los teóricos críticos están unidos por sus objetivos: dar el poder a los sin poder y transformar las desigualdades y*

las injusticias sociales existentes (...) construir espacios de libertad en nuestras salas de clases e invitar a los estudiantes a ser agentes de transformación y de esperanza.

McLaren, 2003, p. 184–185

La pedagogía crítica está bien representada en Latinoamérica por Paulo Freire, quien dio central importancia a la necesidad de generar, desde la educación, procesos de concientización para las personas marginadas u oprimidas con miras a la transformación. Perfeccionó la alfabetización desde una metodología activa y dinámica, eje central de su propuesta de liberación, promoviendo en los estudiantes el acceder a la conciencia crítica como valor esencial para la humanización. Su propuesta dio gran importancia a la educación dialéctica por sobre la curricular, en clara oposición a la educación tradicional, a la que denominó como educación bancaria, destinada sólo a los privilegiados, proponiendo las escuelas populares que lo hicieron ampliamente conocido en su lucha por una educación pública, popular y democrática para las mayorías (Freire, 2005). Este enfoque se presenta entonces como un referente posible, que bien puede representar una vía para la mejora de la escuela multigrado y el desarrollo de la sociedad rural, una en la que sus habitantes puedan entenderse como sujetos de derecho y adquirir herramientas necesarias para mejorar su calidad de vida.

Tomar posición es importante frente al ya iniciado cierre de escuelas anunciado por Núñez (2013) y el consecuente desplazamiento territorial que estas decisiones implican y que generan inevitablemente cambios en los entornos físicos y económicos de las personas, modificándose con ello, la significación sobre el espacio–lugar y por ende, sobre las vivencias, la convivencia, la cohesión social, la identidad de lugar e incluso de la cultura (Berroeta, Ramoneda, Rodríguez, Di Masso y Vidal, 2015, p. 52).

El recorrido hasta aquí realizado revela a la escuela y a la educación como un espacio evidentemente instrumentalizado. Sin embargo las pocas aproximaciones conceptuales presentadas también evidencian un amplio espectro de posibilidades para defender la educación rural y mejorarla. Si bien hay quienes sostienen que lo que configura un acto de violencia desde la perspectiva de los actores, es la experiencia significada como violencia o victimización y no necesariamente el hecho o conducta en sí; la escuela tiene de igual forma la responsabilidad de prevenir y atender a toda manifestación de violencia, sea ésta estructural o simbólica, física o cualquier otra que se detecte en el escenario educativo.

Normalizar el ejercicio arbitrario de la autoridad o de personas en posiciones más ventajosas, sólo podrá acrecentar padecimientos, resistencias y/o nuevas violencias.

Finalmente, se desprende de lo descrito que poner en valor la escuela rural, sus trayectorias, intereses, prácticas y simbolizaciones construidas, es poner en valor la cultura escolar, ésa que hoy aparece tensionada tanto por la "cultura legítima" reproducida por el sistema educativo, como por la "cultura local" del entorno rural, patrimonio que también ha de preservarse en armonía con los saberes más cosmopolitas.

Algunas reflexiones

De acuerdo a lo expuesto en páginas precedentes e intentando integrar las experiencias y casos observados de manera directa en algunas escuelas rurales de la Región de Ñuble, en Chile, es posible asumir que si la violencia estructural se reconoce o se expresa en la segregación, marginación y exclusión, ésta (la violencia estructural), ha llegado a instalarse en la escuela multigrado, generando malestar psicosocial de dimensiones tan amplias como invisibles. Consecuentemente, la urbanización de la educación impartida en contextos rurales, la precariedad y las señales de lenta agonía de las escuelas multigrado, dejan en evidencia la necesidad de mayor reflexión e investigación en contextos educativos rurales.

En la actualidad, el capital cultural algo híbrido de estas escuelas cobra singular relevancia como fuente de investigación, desde el momento en que, en estos escenarios, se entrelazan las hegemonías culturales y las aspiraciones locales además de su propio *habitus*. Como se ha podido constatar, la escuela tiene poder y en este sentido es posible asumir como premisa que toda acción emprendida por la escuela tendrá efectos que deben ser previstos, resultando urgente promover desde ella el bienestar subjetivo de su comunidad escolar y nunca forzar la toma de decisiones, menos aún cuando los cambios intencionados no estén acompañados de políticas participativas o de los arreglos necesarios para evitar nuevos riesgos psicosociales.

Si agudizamos sólo un poco la mirada, al recorrer directamente los territorios rurales, no es difícil encontrar infraestructuras que alguna vez fueron escuelas y que hoy están abandonadas o sin uso. A la vez también es posible encontrar, en medio del paisaje rural, uno que otro niño o niña ejerciendo labores domésticas e incluso trabajos menores de tipo agrícola en horarios que antes eran de escuela, cuando supuestamente ya no existen problemas de cobertura y acceso a la educación.

En Chile el número de escuelas rurales, y especialmente las de tipo multigrado, irían a la baja, aunque aparentemente de manera normalizada. Es razonable interpretar que en tales decisiones las comunidades escolares rurales afectadas pasan a ser protagonistas de decisiones que les afectan, pero que no conocen oportunamente y que no lideran. Ello representa una expresión más de las violencias que circulan en las comunidades escolares.

De acuerdo a lo expuesto, la solución actual en muchos casos no ha sido precisamente invertir en la escuela multigrado, sino más bien eliminarla, decretando su cierre, y con ello incentivando, quizás sin querer, el desarraigo no deseado y la progresiva desintegración sociocultural de comunidades escolares rurales diversas (Núñez et al., 2013).

Tras el cierre de escuelas, el mensaje que se trasmite desde las autoridades responsables permite interpretar que se está promoviendo institucionalmente que la escuela urbana es mejor que la escuela rural o que el desarraigo y la migración campo–ciudad son necesarios para cumplir con el mandato de 12 años de escolaridad obligatoria. Que por habitar y trabajar en zonas rurales, deben aceptar el desarraigo territorial y comunitario, o en el mejor de los casos, tolerar las caminatas de madrugada de niños y niñas por campos y quebradas, como única vía que haría posible a los estudiantes de seis años y más, llegar al punto de encuentro desde donde el Departamento de Educación Municipal (DAEM) dispone de transportes para el traslado a escuelas urbanas. El que las familias deban tolerar diariamente estar distanciados de sus hijos e hijas, aceptando riesgos e incertidumbres asociadas a las distancias, no parece justo.

Si bien quedar sin escolarización no es opción desde un punto de vista legal, el cierre de escuelas parece estar empujando indirectamente a la despoblación rural, a la invisibilización de la cultura campesina local y en casos extremos, a la desescolarización, por lo que las decisiones de cierre no debieran ser la primera opción sino la última.

En consecuencia, para garantizar el derecho a la educación no bastaría quizás con la simple reposición del servicio educativo en un nuevo lugar urbano, ofreciendo transportes escolares que implican grandes distancias. Parece justo y necesario considerar las consecuencias psicosociales vinculadas a la necesidad y voluntad de arraigo a las redes comunitarias construidas, como también, al derecho legítimo a trabajar la tierra, especialmente si ésta es de su propiedad, a respetar el valor subjetivo asignado al tejido social construido y a resistir el desplazamiento; aspectos que parecen no estar en la generalidad hoy garantizados.

Asuntos tales como las diferencias en la calidad del servicio educativo impartido, los recursos asignados, el progresivo desapego del sistema por ofrecer educación culturalmente contextualizada y demás cuestiones ya abordadas, son temas que importan a las bases comunitarias, quienes contra todo supuesto, evidencian mayor conciencia crítica de las injusticias que les afectan. Frases tales como "quitarnos la escuela es como pegarnos en el suelo, nos mata", "nos mueven de lugar como si fuéramos muebles viejos", "los del campo importamos muy poco", "en poco tiempo esta escuela será un mero recuerdo"; permiten comprender que no pocos habitantes, usuarios de estas escuelas, se interpretan como una categoría residual del sistema educativo, lo que configura no sólo violencia estructural sino además presenta un trasfondo de grave vulneración a los derechos de niños y niñas.

Desde los postulados de la pedagogía crítica, se deben valorar los aportes con verticalidad ascendente emanados desde las comunidades, como también las voces provenientes de las escuelas, las que están adquiriendo cada vez mayor fuerza para declarar y reclamar sus derechos. Esos que si bien encuentran un correlato coherente, un soporte, en políticas nacionales e incluso en algunas convenciones internacionales, muchas veces parecen olvidados. Prueba de ello es el reclamo aún tímido ante la progresiva desaparición de la escuela multigrado y el patrimonio inmaterial que ésta representa para su comunidad escolar, comunidad que teme por la pérdida de su identidad y tradiciones culturales campesinas.

A partir de la experiencia situada, es posible encontrar a nivel comunitario construcciones discursivas subjetivas que saturan para identificar en la escuela y en sus prácticas, formas de expresión violenta. Se trata de personas que si bien se (re)conocen como orgullosos labradores–campesinos de la zona cordillerana, también se observan sometidos a una categoría de otredad (los otros, los del campo, los huasos brutos o coyoncos), en cuya alterización se observan expuestos a estereotipias burlescas que los caricaturizan como personas despojadas de los espacios de poder y que se conforman o que deben aceptar la subvaloración de sus trayectorias educativo–culturales patrimoniales.

La hegemonía cultural también se hace visible en los imaginarios simbólicos de la comunidad escolar, quienes significan la escuela urbana (a la que son empujados), como una institución considerada capaz de transformar e incluso anular "sus saberes", esos aprendidos en sus trayectorias de vida en comunidades rurales aisladas que muchos, aunque no todos, se resisten a olvidar y abandonar. A pesar de los esfuerzos de diversos sectores, la situación actual de la escuela rural y de sus comunidades, parece agravada por una gestión escolar muchas veces desconectada de la cultura e intereses de acción y desarrollo local, elemento que contribuye al incumplimiento de las políticas y convenciones declaradas, desprendiéndose de esto la importancia de repensar el nivel de autonomía de los centros educativos rurales, que parece aún muy limitado.

Preservar y mejorar la calidad de la educación en la escuela multigrado debe ser una prioridad y para su logro es requisito fundamental asumir estrategias comunitarias que hagan posible, mas allá de las fachadas discursivas, la existencia de una verdadera comunidad escolar. Sobre la base de lo anterior, parece recomendable hacer efectiva una mayor inversión en perfeccionamiento docente, dada la complejidad que impone la didáctica multigrado como la necesidad de avanzar en materias de ciudadanía y gestión democrática de la convivencia.

Considerando el desgano de las autoridades nacionales en estas materias, se propone entonces avanzar en el desarrollo de políticas educativas locales y participativas desde sus bases, que se orienten a identificar, promover y resguardar el valor patrimonial de la escuela rural y los saberes identitarios localmente construidos. Sacar a la escuela rural del espacio *liminal*, de la marginación, hacia mayor reconocimiento, desarrollo y divulgación, parece una necesidad urgente para proyectar en ella las mejoras que las comunidades merecen en justicia. Un proceso en el cual la ansiada calidad en educación y sus estándares, no signifiquen anular de manera violenta tradiciones culturales locales valoradas, sino más bien que, en diálogo con tales comunidades, se favorezcan las agencias para su desarrollo, reconocimiento y emancipación.

Referencias

Agencia de Calidad de la Educación (2017). *Los desafíos para la nueva educación rural* [Página Web]. Extraído de https://www.agenciaeducacion.cl/noticias/los-desafios-la-nueva-educacion-rural/

Ames, P. (2004). Las escuelas multigrados en el contexto educativo actual: Desafíos y Posibilidades. En *Cuadernos de Educación Bilingüe Intercultural*. Lima: Proeduca–GTZ.

Arístegui, R., Bazán, D., Leiva, J., López, R., Muñóz, B. y Ruíz, J. (2005). Hacia una Pedagogía de la Convivencia. Psykhe, *14* (1), 137–150.

Berroeta, H., Ramoneda, A., Rodríguez, V. Di Masso, A. y Vidal, T. (2015). Apego al lugar, identidad de lugar, sentido de comunidad y participación cívica en personas desplazadas de la ciudad de Chaitén. Magallania, *43*(3), 51–63.

Boix, R. (2011). ¿Qué queda de la escuela rural? Algunas reflexiones sobre la realidad pedagógica del aula multigrado. *Profesorado. Revista de Currículum y Formación del Profesorado, 15* (2), 13–23.

Bourdieu, P. y Passeron, J. (1996). *La reproducción, elementos para una teoría del sistema de enseñanza*. Madrid: Editorial Popular.

Bustos, A. (2013). El espacio y el tiempo en la escuela rural: algunas consideraciones sobre la didáctica multigrado. *Revista investigación en la escuela*, 79, 31–41.

Faiguenbaum, S. (2011). Definiciones oficiales de "rural" y o "urbano" en el mundo. En M. Dirven (Dir.). *Hacia una nueva definición de "rural" con fines estadísticos en América Latina* (pp. 67-89). Santiago: CEPAL.

Filgueira, F. (2007). *"Cohesión, riesgo y arquitectura de protección social en América Latina"*. Serie Políticas Sociales 135, División de Desarrollo Social, Comisión Económica para América Latina (CEPAL), Santiago.

Foley, D y Valenzuela, A. (2012). Etnografía crítica, la política de la colaboración. En N. Denzin y Y. Lincoln (Coords). *Paradigmas y perspectivas en disputa* (pp. 79–110) Barcelona: Gedisa.

Geertz, C. (1991). *La interpretación de las culturas.* Barcelona: Gedisa.

Ley N° 20.247. Biblioteca del Congreso Nacional de Chile BCN. Santiago, Chile, 24 de enero de 2008. Recuperado http://bcn.cl/1zdxt

Little, A. (2001). Multigrade reaching: towards and international research and policy agenda. *International Journal of Educational Development*, *21*(6), 481–497.

Martín–Baró, I. (1995). *Acción e ideología. Psicología social desde Centroamérica.* San Salvador: UCA.

McLaren, P. (2003). *Life in Schools.* Boston: Allyn and Bacon.

Miller, B. (1990). A review of the quantitative research on multigrade instruction. *Research in Rural Education*, *7*(1), 1–8.

Miller, B. (1999). *The multigrade classroom. A resource for small, rural schools. A review of the research on multigrade instruction.* Portland: Northwest Regional Educational Laboratory.

Ministerio de Educación, Ciencia y Tecnología. (2007). Ejemplos para pensar la enseñanza en plurigrado en las escuelas rurales: Cuadernos para el Docente. Recuperado de http://repositorio.educacion.gov.ar:8080/dspace/handle/123456789/89714

Núñez, C. G., Solís, C. y Soto, R. (2014). ¿Qué sucede en las comunidades cuando se cierra la escuela rural? Un análisis psicosocial de la política de cierre de las escuelas rurales en Chile. *Universitas Psychologica, 13*(2), 615–625. doi:10.11144/Javeriana.UPSY13–2.qscc

Park, R. (1999). *La ciudad y otros ensayos de ecología urbana.* Núñez, C., Solís, C., Soto, R., Cubillos, F. y Solorza, H. (2013). La escuela da vida: el cierre de escuelas rurales en Chile según las comunidades. *Sociedad Hoy,* (24), 49–54.

Organización de los Estados Americanos OEA (1969). Convención Americana Sobre Derechos Humanos Suscrita en la Conferencia Especializada Interamericana Sobre Derechos Humanos (B–32) [Informe]. Recuperado de https://www.oas.org/dil/esp/tratados_B32_Convencion_Americana_sobre_Derechos_Humanos.pdf

Organización de los Estados Americanos OEA (2001). Carta Democrática Interamericana documentos e interpretaciones [Informe]. Recuperado de http://www.oas.org/oaspage/esp/publicaciones/cartademocratica_spa.pdf

Park, R. (1999). La ciudad y otros ensayos de ecología urbana. Barcelona: Ediciones del Serbal.

Pratt, D. (1986). On the merits of multiage clasroom. *Research in Rural Education,* 3(3), 111–115.

Quílez, M. (2012). Aulas multigrado o el mito de la mala calidad de la enseñanza en la escuela rural. *Revista Iberoamericana de Educación,* 59(2), 1–12.

Quintana, I. (2018). *Convivencia en la escuela rural multigrado, significando experiencias desde el espacio lugar* (Tesis Doctoral). Universidad de Alcalá, España.

Redondo, J. (2015). La extinción de la educación pública en Chile. Buenos Aires: CLACSO.

Rodríguez, A. (2011). Pertinencia y consecuencias de modificar los criterios para diferenciar lo urbano de lo rural. En M. Dirven (Dir.). *"Hacia una nueva definición de rural con fines estadísticos en América Latina"* (pp. 31–41). Santiago: CEPAL.

Romero, M., Gallardo, M., González, R., Salazar, L. y Mariela, Z. (2010). La planeación de la enseñanza multigrado en la educación primaria: una aproximación a su situación actual en Veracruz. *CPU- e, Revista de Investigación Educativa* (10), 1–62.

Silva, F. (2012). Los docentes en contextos multigrados de primaria indígena antes los retos y oportunidades que presenta la Reforma Integral de la Educación Básica. *Σymposia: Diálogos de investigación*, *1*(1), 13–20.

Torrego, J.C. (2008). *El plan de convivencia. Fundamentos y recursos para su elaboración y desarrollo*. Madrid: Alianza.

UNESCO (2004). Educación de la Población Rural: Una baja Prioridad. *Educación Hoy.*, p. 7. Recuperado de https://unesdoc.unesco.org/ark: /48223/pf0000134440_spa

UNESCO (2019). *Right to education handbook,* UNESCO Publishing. Recuperado de https://unesdoc.unesco.org/ark:/48223/pf0000366556

Weiss, E. (2000). La situación de la enseñanza multigrado en México. *Perfiles Educativos, 22* (90), 57–76.

CAPÍTULO 6

Violencia escolar en la educación básica

Percepción docente sobre situaciones violentas en secundarias de la CDMX

Juan Manuel Sánchez, Julio Cesar Lira González,
Alejandro Villamar Bañuelos (México)

El siguiente escrito es producto de las percepciones sociales que tienen los profesores y profesoras de la Ciudad de México (CDMX), referentes a la violencia escolar en educación básica. La pretensión es dar cuenta de la manera en que el conocimiento científico generado sobre la violencia ha contribuido a la construcción de un discurso histórico mediado por las culturas de quienes día a día se enfrentan y tienen que dar respuestas a este fenómeno en escenarios educativos.

Las percepciones de los profesores fueron obtenidas por medio de un cuestionario abierto aplicado a una muestra aproximada de 1400 docentes de secundarias en la CDMX durante el 2017; instrumento que es producto de la adecuación temática y contextual del cuestionario realizado por Erausquin, et al. (2011). El análisis de la información obtenida permitió identificar ejes de reflexión generales con la cualidad de agrupar experiencias y manifestaciones de la violencia en y de las escuelas.

El escrito se estructura en tres partes. En la primera —*Violencia escolar en el siglo XXI*— se presenta el contexto histórico dentro del cual surgió el proyecto de investigación y el cuestionario por el cual se obtuvieron las representaciones de los maestros. La premisa discutida tiene que ver con la relación entre el meta–relato y los micro–relatos de la violencia, y el énfasis y legitimación histórico–cultural que se les ha otorgado.

En la segunda parte: *¿Qué dicen los y las docentes de secundaria cuando hablan de violencia escolar en el siglo XXI?*, se expone el trabajo de análisis e interpretación realizado sobre los cuestionarios, se muestran las percepciones de los y las profesoras sobre situaciones de violencia y se reflexionan los significados que tiene en relación a las problemáticas de género, familiares, control de emociones y su impacto en las formas de convivencia escolar, a través del eje de reflexión "Atribuciones de los docentes respecto a la violencia escolar".

En la parte final, *La nostalgia por la disciplina: La transfiguración de la imagen social del docente y su referente como sujeto de autoridad moral*, se discute la violencia producto de la pérdida de autoridad del profesorado en el nivel de la escuela secundaria a partir del eje: "Importancia de las formas y detrimento de los procesos".

Violencia escolar en el siglo XXI

Para algunos estudiosos el siglo XX, fue el siglo más violento en la historia de la humanidad: revoluciones y golpes militares además de las Guerras Mundiales, de independencia y los miles de crímenes realizados en nombre de la democracia. No obstante, para la mayoría de la población todo fue consecuencia de situaciones estructurales del sistema. Es decir, la violencia no tenía rostro y de tenerlo era un constructo histórico difuso, abstracto y sin temporalidad. Estaba constantemente relacionada con los obreros, burgueses, capitalistas, socialistas o adquiría carácter de exclusividad en la figura omnipresente del Estado o el Mercado.

El mundo fue testigo, porque así fue interpretado, de la eterna lucha entre el bien y el mal, una batalla que trascendía la voluntad de los sujetos quienes justificaron sus actos y salvaron sus culpas detrás del argumento de "sólo estar siguiendo órdenes" o cobijándose con la "ignorancia de sus actos". Un ejemplo representativo de la violencia en el siglo XX fue la actitud y el mutismo de una parte de la población alemana, ante el genocidio llevado a cabo por los Nazis, quienes definieron e identificaron a los judíos de manera abstracta con el mal e ignoraron la especificidad del sujeto, del individuo. Los millones de judíos asesinados en los campos de concentración se convirtieron en los hombres o las mujeres estadística; seres lejanos y distantes, un registro numérico más en los anales del tiempo.

Mirar la historia con tal maniqueísmo ha favorecido y ocultado todo un cosmos de desigualdades e injusticias. Moralizar la realidad permitió justificar y liberar de la responsabilidad de sus actos a las personas al ocultar la violencia, la injusticia, la desigualdad (...) en las instituciones, en los actores sociales y en el sistema.

La violencia fue considerada como efecto necesario en la construcción de un mundo mejor. Desde esta perspectiva todo acto éticamente inmoral y malvado puede no serlo si se hace en nombre del bien común. La guerra de Estados Unidos contra Irak a principios del siglo XXI fue una guerra en nombre de la humanidad. La seguridad de todos se vio amenazada por un sujeto que encarnaba el mal. No importó usar armas de destrucción masiva en contra del pueblo, el fin justificó los medios.

El siglo XX se construyó a partir de sus propias dinámicas y racionalidades; lo mismo está sucediendo en el siglo XXI. Hay que resaltar que el final de un período de tiempo no se expresa siempre bajo la forma de ruptura abrupta, sino más bien como producto de transiciones en las distintas esferas de lo social. Los últimos 15 años han mantenido el discurso del mal contra el bien; Afganistán y Osama Bin Laden cumplieron el mismo rol legitimador que Irak y Saddam Hussein o Alemania y Hitler; sin embargo, los conflictos armados, en la actualidad, tienen especificidades y características que están matizando y particularizando al siglo XXI.

Lo que permanece, tiene su correlato en lo efímero, en lo que deja de ser, en las ausencias, en las rupturas. A pesar de las manifestaciones histórico–culturales persistentes entre épocas, es posible definir el siglo XX desde lo que le hace diferente. Durante este lapso, lo social se organizó en términos de poder, hegemonía, clases sociales, sociedad, institución, y económicamente por el capital, la industria, la mercancía y la explotación; fue la cristalización del pacto social, propuesto desde el siglo XVIII.

No todo es continuidad y transición, las rupturas existen; ni todo es igual ni todo es distinto. Actualmente, la realidad social cambia continuamente a una velocidad que ha hecho imposible la consolidación de discursos históricos dominantes; pero ¿qué es lo que ha cambiado en el siglo XXI en relación con la violencia? Las guerras, los conflictos, la violencia; ya no se explican a través de meta–nociones producto del paradigma social; hoy la realidad comienza a ser definida y organizada por medio de categorías culturales centradas en los derechos universales, de existencia; en las identidades, en las diferencias.

En el siglo XXI se asiste al final de lo social, a la ruptura de la relación entre los intereses de las clases en el poder y el resto de la población (Touraine, 2013); se está viviendo el desmoronamiento de los pactos sociales emergidos de las entrañas de la modernidad. La crisis del siglo XXI es orgánica, expresa los procesos de descomposición social y de deslegitimación de lo político, lo cultural y en general de los actores de socialización, que son piedra angular en la construcción del sujeto; por lo tanto, la crisis que se está viviendo no es exclusivamente económica y presenta los rasgos de transición de una sociedad a otra.

Si en el siglo XX se identificaba la violencia, desde la mirada de la modernidad de lo estructural, con la otredad, con el afuera. ¿Pero con qué lo hacemos cuando hablamos de ésta en el siglo XXI?

Durante el período de la historia denominado "Modernidad", la racionalidad dominante tendió a explicar lo humano desde lo general, con ausencia de los sujetos y del espacio; asimismo, el tiempo se concibió como un movimiento lineal. En consecuencia, los fenómenos y procesos sociales fueron explicados desde estas ausencias, bajo lógicas abstractas válidas para todos los lugares, tiempos y personas.

La violencia, desde la modernidad. se circunscribió a las esencias, a los meta–relatos homogeneizantes alejados del individuo, a lo distante, a lo ajeno; por tanto, el siglo XX fue un siglo moderno. Por su parte, la posmodernidad se está constituyendo como un contra movimiento erigido sobre los micro–relatos, lo cercano, el nosotros construido en una sociedad sin relato (Canclini, 2011), que revaloriza al individuo, a la diferencia, en la que el espacio y el tiempo son dimensiones contextualizantes. El siglo XXI es posmoderno y lo social se define en lo situacional, a partir de la diferencia; los actores de socialización, emergidos durante la modernidad, ya no significan, ni dan sentido, ni responden a las necesidades de la población.

La violencia ha dejado de pensarse fuera de la casa y forma parte de la familia, del sujeto; tiene rostro y es conocida. Al dejar de explicarse los fenómenos y procesos desde categorías sociales, se ha comenzado a hablar de violencias clasificadas de acuerdo con el tipo de daño generado —psicológico, físico, verbal, etcétera—, el lugar donde se presenta —escolar, laboral, familiar (...)— o hacia quienes va dirigida —la mujer, el hombre, los ancianos, los niños—; entre otras categorías. No obstante la tipología, ha sido imposible comprender el fenómeno.

Hoy se reconoce que incluso al interior de éstas hay diferencias, que la violencia ejercida sobre las mujeres no es igual de un lugar a otro, que los contextos diversifican las expresiones; de ahí la necesidad de hablar de violencias de género, escolares o familiares.

La comprensión de la violencia escolar exige un ejercicio crítico de la realidad en toda su complejidad. Los afanes por abstraer un fragmento de la totalidad social y de ahí suscitar interpretaciones causalistas generalizantes, son parte del pasado moderno y están siendo sucedidos por aquellas historias que constituyen dichos fragmentos. Reconstruir los procesos formativos y relacionales de las escuelas trasciende las premisas de la reproducción; pero tampoco es la suma de historias contados por sus actores.

La escuela es constructo social, creación condicionada por factores estructurales que impactan las interacciones socioeducativas; sin embargo, son los sujetos que en ésta participan los que a su vez dan forma a los factores. Todos los procesos y fenómenos sociales en las instituciones escolares contienen el discurso histórico dominante y los matices contextuales situacionales de sus pobladores. La violencia escolar, por tanto, es recreación y creación de lo que acontece en la sociedad.

A principios del siglo XXI en México, el tema de la violencia escolar comenzó a aparecer reiteradamente en la agenda de los políticos, en los medios de comunicación, en los proyectos de los intelectuales y en las discusiones de las personas. Se erigió un discurso sobre la violencia, no solamente en términos de perorata, sino a través de reorganizar los saberes, generar normas, modificar los valores y construir representaciones y prácticas sociales; podría afirmarse que el inicio del siglo fue muy moderno en el sentido de instituir y difundir la noción de *bullying* como meta–relato de la violencia en las escuelas.

Conforme ha ido avanzando el siglo, ha adquirido fuerza el micro–relato. Las historias de las personas sobre cómo viven y sienten las cosas están sustituyendo a las meta–teorías más centradas en lo que ocurre. Los relatos se concentran entonces en cómo viven y sienten la violencia. Pensar la violencia desde las vivencias es tratar de comprender un fenómeno individual y colectivo; el problema es poder construir los significados y sentidos mínimos compartidos que permitan acercarnos a su comprensión.

El contexto histórico del que surge el proyecto "Percepción social de la violencia en actores educativos de cuatro comunidades del país: Acapulco Guerrero, Uruapan Michoacán, León Guanajuato y Ciudad de México" se ha caracterizado por la tensión originada por la tendencia homogeneizante del meta relato sobre la violencia, observado en la definición oficial del *bullying*, y las contratendencias nihilistas, que fragmentan la realidad no permitiendo una comprensión del fenómeno. Lo que interesa actualmente es conocer los significados que producen los sujetos y no el descubrimiento de verdades. En lo que sigue del texto, se presentan las historias de los sujetos sobre la percepción que tiene de la violencia.

¿Qué dicen los y las docentes de secundaria cuando hablan de violencia escolar en el siglo XXI?

Canclini (2014) menciona que los científicos sociales han dejado de buscar respuestas, que les interesan más las preguntas y que éstas son las que en la actualidad han cambiado. Por ello nos preguntamos ¿qué es lo que decimos cuando hablamos de violencia?

Uno de los problemas del que escribe, porque sabe o cree que tiene algo importante que decir, es enfrentarse a la hoja en blanco. El "había una vez" de los cuentos no ayuda mucho, y teñir el papel de negro se convierte en un proceso mayéutico: lento y doloroso. El acto de la escritura es más sencillo una vez iniciado y aún más si se comienza narrando lo dicho por alguien que no es quien tiene la empresa de escribir. Por ello el recurso utilizado en este capítulo es el de contar las historias de los y las profesoras, lo que posibilita conocer los significados y sentidos que ellos construyen.

Organización femenina y cultura de poder

En un grupo de primer año de secundaria, dos alumnos varones molestaban sexualmente a las niñas: se ponían espejos en los zapatos para ver sus ropas interiores y además les levantaban las faldas y las tocaban sin que ellas lo quisieran.

Como respuesta, ellas se pusieron de acuerdo, se unieron y entre las 15 niñas decidieron ir por ellos. Los sometieron y les tocaron sus genitales. Los chicos no pudieron evitarlo y uno terminó lastimado de un testículo.

Ante esa situación propuse a los profesores y directivo que el asunto se manejara de manera discreta y cuidadosa, porque los padres de familia no serían comprensivos ante el despertar sexual de sus hijos, especialmente de las niñas. Se tomó la decisión de convocar a una junta emergente con los padres del grupo. Los hechos fueron descritos de manera por demás moralista y exagerada.

Al día siguiente de la junta, las alumnas estaban golpeadas, calladas y deprimidas. Una de ellas llegó rapada. Los varones no tuvieron mayores repercusiones o castigos, incluso los padres bromeaban. En la siguiente junta de evaluación les dije que en un país tan machista las situaciones sexuales despiertan las felicitaciones y bromas para los hombres y la represión se dirige a las niñas.

El problema generó que la niña de 13 años que fuera golpeada y rapada se deprimiera, escapara con un hombre de 40 años y no se supiera nada más de ella.

Cuestionario 564, P.1: Situación.
Relatada por una profesora.

Lo evidente en el incidente es la violencia de género. Lo relevante son las observaciones que hace quien describe e interpreta los hechos.

La profesora, ante la situación, atribuye que "los padres no serán comprensivos ante el despertar sexual de los hijos".

Ella parte de supuestos biológicos del comportamiento de los adolescentes y de las creencias socioculturales de los padres. Por un lado, está naturalizando la violencia, y por otro, la está invisibilizando al querer tratarla con discreción y cautela. Debido a que la discreción implica no decir más de lo que sea necesario, en este caso, si el problema son los padres, que no entenderán que lo sucedido es algo normal propio de la edad, lo innecesario sería lo sexual. Por lo tanto, para la maestra, habría que des–sexualizar el incidente.

En la narración, varios aspectos importantes para la comprensión de la violencia escolar y de género comienzan a sedimentarse, pero el rastro que dejan es contundente. El problema es desplazado a los padres en plural, por no comprender la situación, al machismo por sancionar a las mujeres y felicitar a los hombres; pero, principalmente, a la falta de tacto por parte de los profesores que intervinieron. Es decir, se mueve hacia las expresiones y hace de éstas la causa principal. La maestra comenta que, como resultado de abordar de manera moralista y exagerada el hecho, las niñas fueron castigadas, se deprimieron y una de ellas se escapó con un hombre mayor.

Lo que es contundente es la violencia de género, pero lo que se trivializa son las causas, se pierden entre los supuestos la violencia que no se ve. O ¿por qué cuando los hombres agredían a las mujeres, la situación permanecía silenciada? Es porque no dejaba marca visible y se podía ocultar; pero cuando es física, se ven obligados a actuar, para no caer en la falta administrativa o incluso penal.

Tal trivialización, producto de confundir las expresiones del problema con las causas, limita las posibilidades de intervención. De acuerdo con la profesora, de haber asexualizado el hecho, las niñas no se habrían deprimido, no habrían golpeado, rapado, ni se habría escapado una niña de 13 años con un hombre mayor.

Así quedaron desestimadas la capacidad organizativa de las niñas y el mensaje de igualdad de géneros que se encuentra en la acción de ellas, al mostrar que el acoso, la agresión, la violencia o el despertar sexual no son exclusivos de uno de los sexos.

Es revelador ver cómo, en la historia contada, la figura de la mujer queda reducida a las niñas implicadas. En cambio, se habla de profesores, de padres de familia. Nos encontramos ante un tipo de lenguaje que afecta la comprensión de lo sucedido, ya que, dentro del ámbito de las atribuciones, quien lee lo narrado se imagina a papás que fueron a las juntas y golpearon a las hijas, todo un mundo de machos que actúan de acuerdo con el manual de la masculinidad de siglos pasados.

El cuerpo marcado

> *Un alumno de 3° de secundaria al salir del plantel fue agredido por dos jóvenes de 18 años, quienes fueron a pegarle por haberle hecho un chupetón a la hermana de ellos, la cual era novia del alumno.*
>
> *Tuvimos que separarlos y dialogar con ellos, de esa manera se solucionó el problema. Se le hizo ver al novio que hacer un chupetón es una violencia y que ésta genera más violencia.*

Cuestionario 575, P.1–9: Situación.

En este caso, la información proporcionada es escasa. No obstante, el hecho y la percepción del profesor que narra evidencian varios supuestos, entre ellos, violencia de género, construcción social de la masculinidad y, nuevamente, trivialización de la violencia. Es de destacar la atribución de ser un chupetón[1] violencia en general y no violencia contra la mujer. Más por lo que no se dice que por lo expresado, se deduce que existe incomprensión sobre la situación. En todo momento pareciera que se habla de violencia física sin matizar que existe diferencia entre el haber generado un chupetón y el pleito. El no hacerlo obscurece la comprensión de lo sucedido.

La causa del evento no fue el chupetón. Entenderlo así imposibilitó al profesor considerar factores culturales, como el de la construcción social de la masculinidad, o el de las facultades que debe tener socialmente una buena mujer.

El chupetón expresa una cultura patriarcal que establece prácticas sociales en donde la mujer es observada como objeto, como pertenencia, tanto por quien lo genera (el novio), como por quien lo permite (la hermana) y quien lo censura (la familia). La mujer es tratada como un ser sin voluntad que requiere ser cuidada y protegida por el hombre. Si el varón no lo hace, es menos hombre. Por ello, los hermanos, al sentirse burlados y ofendidos, cumplieron con su deber y fueron a ajustar cuentas. Asimismo, la hermana, literalmente, ante los hermanos, ha sido marcada y estigmatizada, mancha que durará más tiempo que la de su cuerpo.

Pensar que lo ocurrido queda dentro de los márgenes de la violencia física es actuar sobre la evidencia, es creer que el problema está en el acto de marcar el cuerpo o de agredirlo y que si se deja de hacer se termina con él. Este caso muestra la complejidad del fenómeno de la violencia, y cómo un hecho tan simple, en donde existe la complicidad en la pareja, no es otra cosa que expresión de múltiples representaciones sobre lo que significa ser hombre o mujer en la sociedad.

La violencia en las escuelas, en muchas ocasiones tiene que ver con los discursos actuales respecto a lo que significa históricamente ser violento. En los cuestionarios analizados, son reiterativos los conflictos en

---

[1] **N. del E.** En México, coloquial: marca dejada en la piel como resultado de morder o succionar en alguna parte del cuerpo mientras se besa.

los que el noviazgo aparece como el detonante. Casi en el 100% de estos casos es percibido como causa.

El noviazgo en la secundaria, como causa de la violencia, apunta a la inmadurez de los adolescentes, por lo tanto, es una etapa pasajera que con la vivencia tiende a desaparecer. De no ser así se debe entonces a alguna patología de la cual la institución escolar ya no es responsable. Por ello, es pensada en términos de violencia en general y con ello se descontextualiza, al ser el sujeto y no su medio histórico y sociocultural lo que la origina.

✼ La prevalencia de la razón sobre los argumentos del corazón

> *Cierto día fui a visitar a un compañero de otra secundaria. En esa ocasión a la salida de la escuela me percaté que dos señoritas se estaban agarrando a golpes.*
>
> *Al día siguiente me di cuenta que una de las niñas que se había peleado era mi alumna. Ella era muy responsable y atenta, todo había sido un problema originado por el novio que andaba con ella y con quién la otra se había peleado.*
>
> *Al enterarse sus compañeras de lo sucedido la atacaron con el bullying. Tales eran las burlas que su mamá para evitar problemas la cambió de escuela. Lo que tenemos que hacer ante estas situaciones es hablar con ellas y hacerlas conscientes de que no se debe pelear por cosas que no valen la pena.*
>
> *Cuestionario 566, P.1–8: Situación.*

El caso sintetiza varias de las percepciones y actitudes que se tienen sobre la violencia escolar. Existe por parte de los adultos una desestimación de los motivos por los que se llega a ser violento. En este caso el profesor minimiza los sentimientos de las estudiantes, al afirmar que no se debe pelear por cosas que no valen la pena.

Se observa que existe claridad respecto a las consecuencias directas e inmediatas, así como de los entrelazamientos de los incidentes violentos; pero estos se entienden de manera lineal: dos niñas se pelean por el novio, al enterarse la comunidad estudiantil, comienzan a burlarse de una de ellas y como consecuencia tiene que cambiarse de escuela.

Al ser planteado así, se dejan de lado aspectos importantes en la comprensión y manejo de la cuestión analizada. Por ejemplo, no se discuten los estereotipos sociales del noviazgo: ¿por qué ellas en lugar de pelearse no enfrentaron al novio?, ¿qué es lo que lleva a pelear por una persona?

El noviazgo, como el amor, se encuentra fetichizado. Se origina entonces una doble inversión: por un lado se lo cosifica y por consiguiente se lo puede poseer, y también es una propiedad, una pertenencia que no se comparte. Y al mismo tiempo, al ser concebido como una propiedad deja de significar una forma de relación. Una propiedad puede cambiar de manos, sin que esto transforme la forma con la que nos relacionamos con el novio, con la novia o con los otros.

Los estereotipos sociales son representaciones, como las que se tienen sobre el noviazgo, que expresan una forma histórica y cultural de relación de género, en donde el hombre pareciera ser premiado si tiene varias novias, contrario a lo que sucede con las mujeres. Por eso la niña fue agredida y finalmente cambiada de escuela.

La violencia, desde las escuelas, es apreciada como un problema social e individual. Las y los profesores a diario la viven y se ven obligados a intervenir. Sin embargo y a pesar de ello, el fenómeno tiende a ser abordado de manera mecánica, lineal y procedimental, con propensión a ser llevado fuera de la institución, sea atribuyendo la culpa al sistema, a los padres, a los sujetos, o como en el caso anterior, finalmente trasladarlo a otra institución.

En lo sucedido, el profesor además de minimizar los sentimientos de las estudiantes, cree que lo que ocurre es producto de no poder controlar las emociones:

> *... la cuestión sentimental hizo imposible controlar la agresión.*
>
> *Cuestionario 566. P.7: Causas*

Como se mencionó en párrafos anteriores, este caso condensa muchos supuestos. Uno de ellos es el de pensar que la violencia es un fenómeno que se resuelve en la medida en que el sujeto sea capaz de controlarse. Por tanto, la violencia sería *en* las escuelas. Es decir, la institución académica es percibida como espacio contenedor de prácticas educativas que expresan lo social.

Actualmente, la investigación ha comenzado a arrojar información que sostiene premisas contrarias. La evidencia apunta a que la violencia no solamente es *en* las escuelas, también es *de* las escuelas. (Valdivieso, 2009).

Para cerrar esta sección sobre las atribuciones que los profesores dan a la violencia escolar, mencionaremos el caso del *bullying* como cultura global, que invisibiliza las culturas locales al normar las prácticas, sin considerar las construcciones situacionales tradicionales de las comunidades, que son necesarias para su funcionamiento (Sánchez et al., 2013).

El profesor, en la situación comentada, se refiere a este término de manera peculiar: "la atacaron con el *bullying*" (Cuestionario 566. P.4: Consideraciones). Es comprensible atacar a alguien con los puños, con una roca o con cualquier otro objeto material o inmaterial como las palabras; pero ¿cómo hacerlo con el *bullying*?

La respuesta es simple: no se puede, y lo que se evidencia es la falta de comprensión sobre esta forma de violencia, tan popular en los medios de comunicación, las agendas políticas y la población.

La situación se complica cuando el diagnóstico es erróneo. Por ejemplo, cuando toda interacción conflictiva es calificada como *bullying* entonces todas las acciones y recursos estarán dirigidos a solucionar esta forma de violencia. El resultado de esta atribución ha sido el incremento de las cifras sobre violencia en las escuelas y las asociaciones insostenibles entre el *bullying* y los suicidios, como se observa en la figura 6.1.

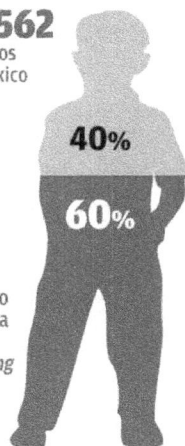

DECESOS ANUALES

> Alrededor de 60 por ciento de los estudiantes de educación básica ha sufrido de *bullying*.

Por tipo		9 entidades concentran 59% de los suicidios		Violencia escolar
Homicidios	20,643	Edomex	Chihuahua	**59,562** alumnos en México
Accidentes de tránsito	14,343			
Suicidios	4,972	Jalisco	Nuevo León	**40%**
Caídas	2,315	DF	Puebla	**60%**
Ahogamientos	1,842	Veracruz	Tabasco	Ha sido víctima de *bullying*
Envenenamientos	1,043	Guanajuato		
Quemaduras	548			
Causas diversas	3,856	Los casos de suicidio en niños de **10 a 13** años están aumentando		

Fuente: IPN | Gráfico: Eduardo Salgado

FIGURA 6.1 *Toda interacción conflictiva es calificada como* bullying, *incluyendo los suicidios. Tomada de* http://www.milenio.com/politica/mexico-es-el-primer-lugar-de-bullying-a-escala-internacional. *Fuente: MILENIO/FOTO:WEB. IPN.*

Los medios de comunicación han contribuido a la incomprensión de la violencia escolar y a generar la sensación de estar viviendo una realidad mediada por la violencia. Al ser el *bullying* un problema nacional, al menos para la mayoría de la población, se ha creado la necesidad de erradicarlo.

Pero ¿qué sucede cuando se quiere combatir algo que no se entiende? Se radicaliza el discurso generándose más violencia.

El príncipe de Maquiavelo

> *La situación es insostenible. A los estudiantes de mi secundaria se les reporta, se da seguimiento, se habla con los padres, se les suspende constantemente.*
>
> *Desde mi punto de vista se necesitan sanciones ejemplares, porque la verdad es que la violencia sigue creciendo. La culpa es de la SEP, porque no deja que sancionemos a los alumnos y ahora los profesores sufrimos de* bullying *y falta de respeto.*

Cuestionario 581, P.19: Procedimiento.

Este es el pensamiento de un profesor respecto al fallecimiento de una niña, que previo a salir al receso recibió un golpe en la sien con un clip amarrado a un cordón, por parte de un compañero que comenzó a pegarles a los del salón *(Cuestionario 581. P. 1: Situación).*

¿En qué momento la agresión física del niño a sus compañeros y la muerte de la niña pasa a segundo término? En el momento en que la escuela y los profesores no toman responsabilidad de la situación y culpabilizan a la Secretaría de Educación Pública (SEP) y a la falta de conciencia de los estudiantes que no saben las "consecuencias del juego pesado". *(Cuestionario 581. P. 6,7: Explicación)*

En lo anterior, las atribuciones del profesor dejan fuera de lo acontecido al profesor del curso y a su ausencia al momento de que el niño comienza a pegar. También a la institución, cuando menciona que la misma actuó de acuerdo con el protocolo: hablar a la ambulancia, llamar a los padres, acompañar a la niña al hospital y hablar con los estudiantes para que pensaran antes de actuar *(Cuestionario 581).* Pero no se habló con los profesores, ni se generaron estrategias para intervenir en situaciones similares.

Es importante señalar que el profesor habla de *bullying* y lo hace sin considerar algunas de las características: que se da entre pares y la relación alumno–profesor no cumple esta condición, o que el acoso se debe dar de manera sistemática, intencionada y reiterada, y en este caso fue aislado y sin premeditación.

El cuestionario ofrece representaciones del *bullying* en situaciones diferentes, pero todas comparten el factor común de que el acoso escolar no es tal.

La nostalgia por la disciplina: la transfiguración de la imagen social del docente y su referente como sujeto de autoridad moral

En 1953, fue publicada la novela "Los pasos perdidos" de Alejo Carpentier. La trama se construye a partir del viaje de un músico a la selva venezolana en busca de un instrumento antiguo con el cual poder conocer los comienzos de la música. El título simboliza el recorrido del ser humano hacia la realización, estado de plenitud alcanzado si se recupera la esencia primitiva y originaria del ser humano, esencia que se ha perdido como consecuencia del estilo de vida impuesto por el estilo de vida moderno y civilizado.

Ante el desarrollo tecnológico, las novedosas formas de comunicación, y las exigencias de vivir en un mundo competitivo y globalizado, los maestros del siglo XXI han dejado de representar al sujeto absoluto del conocimiento.

Hoy en día, son los medios de comunicación los que tienen mayor impacto en los procesos de socialización. Por consiguiente, los profesores han ido perdiendo credibilidad y ven con malestar amenazada su propia esencia.

El arte de enseñar y el gusto por aprender se están transformando en oficio y necesidad, en mera técnica que se centra en modelos educativos y procedimientos administrativos, que dejan de lado a los estudiantes con sus procesos.

Similar a lo narrado en la novela, la vida moderna con sus exigencias laborales está distanciando al "ser" del "hacer", en este caso, docente, y al alejarlo, se está olvidando de lo que significa ser Maestro más allá de la obtención de un grado académico.

La novela "Los pasos perdidos" es para el lector representación que simboliza la búsqueda de una vida mejor, a través de relaciones auténticas, que se buscan en el pasado. De igual manera la disciplina es, para los y las profesoras, la alegoría de un ideal de orden, de respeto y dignidad que se ha perdido y hay que encontrar en el pasado.

El niño adulto

> *Ya lo mencioné y lo vuelvo a recalcar: los niños (la mayoría) nos faltan el respeto y no trabajan como las generaciones de antes, por eso es necesario una revisión a la disciplina y al marco de convivencia, para que los niños conozcan sus obligaciones y no solamente sus derechos.*

Cuestionario 566, P. 15: Reflexión.

Existe en los y las profesoras de secundaria una sensación de inseguridad, de incertidumbre y de descontrol.

De inseguridad, porque se percibe que en las comunidades donde se encuentran las escuelas ha logrado entrar la violencia: "niño de 13 años balea a compañero de secundaria porque lo molestaba y después se suicida" (Jiménez, 2018).

De incertidumbre, por las condiciones de trabajo y por los mecanismos implementados para el ingreso, la permanencia y la promoción, todos sujetos al dispositivo de poder *evaluación–conocimiento*. Basado en la separación, la exclusión y la purificación del servicio docente, clasifica a los y las maestras de educación básica en competentes e incompetentes.

De descontrol, por estar presenciando una crisis del sujeto y de las instituciones, expresadas por el caos y la indisciplina.

El malestar docente tiene que ver con cuestiones laborales, económicas y sociales. Pero cuando se habla de lo que sucede al interior de las escuelas y las aulas, es la falta de disciplina y la imposibilidad de aplicar los reglamentos y las normas de convivencia lo que apremia.

La explicación más utilizada para explicar la violencia de y en las escuelas es la imposibilidad de generar disciplina debido a las restricciones impuestas por la SEP —Secretaría de Educación Pública—. *(Cuestionario 581, P.19: Procedimiento).*

Una de las herencias del siglo XIX y que guió prácticas sociales durante el XX, fue el dispositivo de poder disciplina–enseñanza, por medio del cual se mantenía el control, el orden y se pretendía el desarrollo de la sociedad.

En lo que va del siglo XXI, desde las representaciones colectivas se ha comenzado a cuestionar dicho dispositivo, por considerar que atenta contra las garantías individuales de las personas. Lo que se discute es la relación construida entre disciplina, imposición, control, vigilancia y castigo.

En el campo de la educación, suele haber un dejo de nostalgia por la disciplina. Se rememoran tiempos en donde las escuelas funcionaban, cuando había control y la palabra de los profesores era ley.

En el nivel secundario, existen normas y reglas válidas para una sana convivencia al interior de las escuelas, denominado Marco para la Convivencia Escolar (2013), en donde se encuentran los procedimientos a seguir en situaciones de violencia así como las sanciones y los responsables de ejecutarlas.

El problema empieza cuando dicho Marco se establece por encima de las personas. Se convierte en la única posibilidad de actuación, supeditando el criterio del docente a lo administrativo, y construyendo sentidos comunes desvinculantes. Estos entran en contradicción con la construcción social del maestro, que no solamente transmite conocimiento, sino que también se preocupa por sus estudiantes y siente la responsabilidad de hacer algo más.

Ritual de paso

> *Las niñas molestaban a la nueva porque decían que es lo normal, por eso le pegaban. Lo que se hizo fue llamar a los padres y fueron suspendidas, eso fue todo.*
>
> *Pienso que se tendría que dar seguimiento al caso, mandar a llamar a papás, hablar con ellos y con la tutora del grupo. Las autoridades de la SEP tendrían que revisar bien el marco de la convivencia, ya que los profesores frente a un grupo no podemos hacer mucho en cuanto a disciplina en los salones de clase.*
>
> *Cuestionario 566, P. 15: Reflexión.*

Los y las profesoras del nivel secundario expresaron en más de una ocasión que el Marco para la Convivencia Escolar no responde a las necesidades reales de intervención en las escuelas, sea por no dar seguimiento o por instaurar prácticas administrativas en la resolución de conflictos.

El docente administrador

De acuerdo con los procedimientos institucionales, lo que hice fue notificar a la directora del plantel, quien instruyó a la orientadora educativa para que convocara a los involucrados, para poder tener una idea clara de lo que había sucedido. Pero deslindó a los estudiantes que no participaron.

Se citó a los padres, se les informó y se les invitó a llevar a cabo las acciones necesarias para eliminar las acciones violentas de sus hijos, ya que de reincidir se tomarían las acciones disciplinarias más enérgicas establecidas en el Marco de Convivencia.

Cuestionario 623, P. 9: Intervención.

La sensación de malestar sobre situaciones de violencia en las escuelas está creciendo. El Marco para la Convivencia Escolar no aminora la molestia, ya que, en gran medida, ésta tiene que ver con el papel que asigna a las y los profesores, quienes intervienen de manera limitada.

Durante la situación, se convierten en vigilantes que frenan el evento en lo inmediato y remiten a otras instancias. En ese momento termina su implicación y el estudiante es definido como un problema sin historia propia. Se le percibe de manera atemporal y se le juzga a través de un eterno presente. La intervención procedimental favorece que el profesor pierda autoridad, al no tener facultades para solucionar el problema.

Las autoridades y los maestros, al enfatizar los procedimientos y las sanciones, vacían de contenido los mecanismos disciplinarios, perdiéndose así de vista que la disciplina es un proceso y no una acción coactiva. Cuando el profesor menciona "acciones más enérgicas", lo hace pensando en sanciones ejemplares que disuadan a los estudiantes de actuar violentamente; es decir, considera que la violencia puede ser erradicada con violencia.

Vigilar y castigar

> *Durante el descanso algunos alumnos de tres grupos de 2° de secundaria comenzaron a agredirse verbalmente. Después dos de ellos se pelearon a golpes. Los prefectos frenaron la pelea.*
>
> *Posteriormente, el director y dos asesoras de los grupos intervinieron y decidieron suspenderlos para mantener la disciplina y guardar el orden.*
>
> *Desafortunadamente sólo se aplicó el castigo y no se le dio seguimiento.*
>
> *Cuestionario 561, P. 1, 7, 15:*
> *Situación–Intervención.*

Pensar la disciplina como proceso requiere hacerlo alejado de la clásica idea de vigilar y castigar. Es mirar y trabajar con el potencial, la implicación y la interiorización de la norma y la regla, que sirvan como estrategias para la transformación y no para la imposición, el control y la dominación. Se tiene que ir más allá de un marco de convivencia que propicia prácticas educativas de delegación o remisión de las responsabilidades. No hacerlo sería quedarse en la inmediatez del acontecimiento.

Ausencia de disciplina no es lo mismo que no poder castigar ni castigar significa aplicar la disciplina.

Por ello, cuando se habla nostálgicamente sobre un tiempo donde existía un pasado mejor, habría que pensar si lo que se propone es ir detrás los pasos perdidos de prácticas escolares basadas en el control y sometimiento del sujeto a reglas y normas de comportamiento, y no de la construcción y apropiación de éstas (Lira y Sánchez, 2013).

En el caso previamente citado, la profesora que narra el incidente deja claro que lo que se buscaba era frenar el pleito para mantener el control de la escuela. En el momento en que se logra y se aplica la sanción, el problema deja de ser su responsabilidad, ya que la participación de la escuela terminó con la imposición del castigo y evitar a dar seguimiento.

✳ Reflexiones

En este capítulo se ofrece evidencia sobre las percepciones sociales y educativas de profesores de educación secundaria en la Ciudad de México respecto a la violencia escolar.

La reflexión se construyó a partir de tres ejes de significación, que desde nuestra experiencia y perspectiva son importantes porque permiten aglutinar en torno a ellos varias discusiones llevadas a cabo en el ámbito académico; y considerando los distintos matices de la violencia en las escuelas.

Del contexto donde surge la investigación es importante recuperar y seguir desarrollando el argumento de la comprensión de la violencia escolar en el siglo XXI como síntesis del constructo histórico; herencia del pensamiento moderno en crisis, de la contratendencia posmoderna basada en lo micro–histórico y del relato de los sujetos situados en contextos específicos.

¿Qué dicen los y las docentes de secundaria cuando hablan de violencia escolar en el siglo XXI?

En relación con este cuestionamiento se destaca que las atribuciones de los y las profesoras de secundaria tienden a: la trivialización de la violencia, al confundir los efectos con las causas; al desconocimiento del fenómeno, al mirar el conflicto como violencia y ésta como *bullying*; a silenciar las violencias que no dejan huella en el cuerpo; a solamente actuar cuando es violencia física; a desestimar los sentimientos de los estudiantes que motivan el comportamiento violento; a pretender que la violencia es un problema de control de las emociones y a concebir la escuela como espacio contenedor de prácticas que expresan las contradicciones y problemas de la sociedad.

La nostalgia por la disciplina contiene en sí una contradicción, como es la añoranza de una representación social e histórica sostenida en la creencia de había una escuela sin violencia o casi sin ésta, gracias a la disciplina. Sin embargo, tal melancolía se erige sobre la sensación de ausencia, de pérdida, y no en el hecho de modificaciones y transformaciones en los significados históricos y culturales de la violencia. La contradicción radica en añorar un dispositivo de poder–control violento, impositivo y limitante.

La violencia, desde la percepción docente, es una problemática de la sociedad, de la pobreza, de las familias o una patología del individuo.

Las escuelas, por tanto, son un espacio contenedor de prácticas educativas, reflejo de lo que acontece fuera de ellas. Entendida de esa manera la institución educativa se encuentra supeditada a lo social.

Lo que no se toma en cuenta es la escuela como *productora* de lo social, con un potencial para generar acciones pedagógicas e institucionales violentas. La violencia no es *en* o *de* las escuelas. Más bien ambas situaciones se presentan de manera dialéctica.

Las profesoras y profesores intervienen en la resolución de los conflictos de/en las escuelas en formas que priman el cuidado, en detrimento de la formación. Por su parte de los directivos, al querer resolver la situación independientemente de sus causas, no cuestionan los efectos que generan con sus comportamientos ni las consecuencias de sus actos.

Lo que se observa es que el trabajo comunitario, la relación escuela–comunidad se convierte en un sinsentido, donde cada uno de los espacios dialoga con lenguajes diferentes, sin llegar a concretar los mecanismos básicos de comunicación.

Comprender el fenómeno de la violencia desde los espacios educativos, sean éstos la familia, la sociedad, o la propia escuela, es una tarea emergente. Las formas de su comprensión nos darán necesariamente luz sobre las formas de intervenir y construir una ciudadanía con empatía y responsabilidad social.

Este compromiso se diluye cuando las acciones para su resolución se fincan en miradas desde la individualidad, donde no sólo se responsabiliza únicamente a los sujetos en cuestión, sino que también se los castiga con medidas fuera de contexto y sin intención alguna de educar.

Discutir y reflexionar las violencias, sus formas, sus orígenes y su propio potencial para el desarrollo de los seres humanos requiere un trabajo multidisciplinario, con diversas miradas, donde logremos formas de comprensión horizontales, con diálogos de amplia escucha, y con un gran respeto a los contextos, las situaciones y las culturas de convivencia social, de tal suerte que no trastoquemos ni lesionemos procesos socializadores de amplia tradición.

No existen fórmulas para la comprensión de las violencias, ni para su diagnóstico, ni para su intervención. La mejor herramienta a utilizar somos los sujetos mismos: padres, hijos, alumnas y alumnos, hombres y mujeres, que desde el hogar o la escuela educan en la cotidianidad del trajín de la vida.

Referencias

Erausquin, C., Basualdo, M. E., Dome, C., López, A., Confeggi, X. y Robles, N. (2011). *Violencias en escuelas desde la perspectiva de los actores: un desafío para la psicología educacional*. Buenos Aires, Anuario de Investigaciones en Psicología.

Canclini, N. (2011). *La sociedad sin relato. Antropología y estética de la inminencia*. Buenos Aires: Katz.

Canclini, N. (2014). *El mundo entero como lugar de extraño. Buenos Aires*: Gedisa.

Jiménez, R. (2018). "Niño balea a compañero de secundaria por *bullying* y luego se suicida". Consultada en *El Universal* http://www.eluniversal.com.mx/metropoli/edomex/nino-de-13-anos-se-suicida-tras-dispararle-su-companero-de-clase-en-huixquilucan el 17 de mayo de 2018.

Lira, J. y Sánchez, J. M. (2013). *Indisciplina expresión de deslegitimación de los procedimientos disciplinarios en las escuelas: caso de una secundaria del distrito federal.* Consultada en http://xplora.ajusco.upn.mx:8080/xplora-pdf/1899.pdf el 18 enero 2017.

Marco para la Convivencia Escolar (2013). Consultado el 05/05/18 en https://www2.sepdf.gob.mx/convivencia/conoce_marco/index.jsp

Sánchez, J. M., Hernández, C., Villamar, B. A., Rodríguez, D. B., Lira, G. C., Ruiz, A. Z., ... y Diego, C. M. (2013). ¿Dónde está la violencia escolar? En F. J. Pedroza y S. J. Aguilera (Eds.), *La construcción de identidades agresoras: el acoso escolar en México* (pp. 15–30). México: CONACULTA.

Touraine, A. (2013). *Después de la crisis.* México. FCE.

Valdivieso, P. (2009). *Violencia escolar y relaciones intergrupales. Sus prácticas y significados en las escuelas secundarias públicas de la comuna de Peñalolen en Santiago de Chile.* Consultada en http://www.ugr.es/~erivera/páginaDocencia/Posgrado/Documentos/ValdiviesoPablo.pdf el 23 de febrero de 2017.

CAPÍTULO 7

Voces y miradas de estudiantes sobre las relaciones de violencia

Francisco Javier Villanueva Badillo,
Juan Pablo Quiñones Peña (México)

Este capítulo considera el tema de la violencia desde las voces de docentes que se formaban en el Diplomado "Formación en Estrategias para la Comprensión de las Situaciones de Violencia dentro de los Escenarios Escolares" (FECOSIVEE), que se impartió entre marzo del 2017 y mayo de 2018, en la Universidad Pedagógica Nacional de la Unidad 097 Sur en Ciudad de México.

El escrito está organizado en tres apartados. El primero incorpora la visión teórica que ayuda en la lectura y la ubicación de las producciones escritas por las estudiantes sobre sus situaciones de violencia. El segundo señala las indicaciones metodológicas que se usaron para la reconstrucción de las autobiografías como propuesta para la ubicación de las relaciones de violencia. Finalmente, el tercero, reúne fragmentos de las voces de las participantes del Diplomado, así como un proceso de exégesis sobre los textos producidos.

Conocer las miradas de las estudiantes, frente a un tema en especial, obliga a pensar en la forma como los docentes construimos espacios de reflexión y conocimiento. Partimos de la idea de que, como en cualquier ejercicio de aprendizaje, se requiere de un espacio de anclaje o puente entre el conocimiento esperado que posean, tras su paso por la interacción escolar, el plan de clase del Diplomado como lo ideal, y la realidad que viven al cursar el Diplomado. Junto a otros profesores (acompañantes) decidimos construir espacios de reflexión, aprendizaje y comunidad de práctica que nos permitieran incorporar una nueva visión al estudio de la violencia.

Entretejer lo teórico para la compresión de la violencia, el espacio autobiográfico y la producción narrativa

Es posible encontrar diferentes miradas a las nociones de violencia (Galtung, 2016; Furlán y Spitzer, 2013; Furlán, 2012), autobiografías (De Souza, Serrano y Ramos, 2014; Torres, 2008; Ruiz, 2001) y narrativas (Bruner, 1997; Delory, 2009; Lechner, 2011; Villanueva, 2012). Las producciones de estos temas son campos del conocimiento que nos aproximan a un estudio más extenso sobre las relaciones de violencia.

Valdría la pena cuestionarnos en esta sección respecto a:

¿cuál es la mirada conceptual sobre el término violencia?,

¿cómo la noción de autobiografías da cuenta sobre la vida de un sujeto?, y

¿cómo la narrativa evidencia más allá de las descripciones o anécdotas de la vida de un sujeto, en pro de develar lo acontecido en un lugar y tiempo?

En éste escrito asumimos que los trabajos sobre la violencia mantienen una diversidad de formas de estudiarla. No será este el espacio que ambicione dar cuenta de cada una de las visiones. Pero sí recuperamos algunas, las que nos permitirán la lectura de los escritos de las estudiantes del Diplomado que se presentan más adelante. Cada uno de los conceptos, que nos auxiliarán para el estudio de las producciones escritas y nos acercan a los discursos aportados, fueron elaborados por sujetos que estudian el tema desde un sin número de direcciones, entre ellas las de corte social y escolar.

Punto de partida sobre la violencia

Nos parece relevante rescatar la visión de Galtung respecto a la violencia cultural, la que definía como:

> *(...) aquellos aspectos de la cultura, la esfera simbólica de nuestra existencia —materializada en la religión y la ideología, en el lenguaje y el arte, en la ciencia empírica y la ciencia formal (la lógica, las matemáticas)— que puede ser utilizada para justificar o legitimar la violencia directa o la violencia estructural (...)*

Galtung, 2016, p. 149

Esta primera mirada nos hace alertarnos a la forma como la violencia logra vivenciarse en un grupo social. Incluso nos permite echar un vistazo a la manera como a la violencia cultural subyacen otros tipos de violencia que logran materializarse mediante representaciones que son significadas por los sujetos con una afectación a través de la vía física, mental o desde lo que se aprendió en sociedad. De esta manera:

> *La violencia cultural hace que la violencia directa y la estructural aparezcan, e incluso se perciban, como cargadas de razón, —o al menos, que se sienta que no están equivocadas—. Al igual que la ciencia política que se centra en dos problemas, —el uso del poder y la legitimación del uso del poder—, los estudios sobre la*

*violencia enfocan dos problemas: la utilización de la
violencia y su legitimación. El mecanismo psicológico
sería la interiorización.*

*El estudio de la violencia cultural subraya la forma en
que se legitiman el acto de la violencia directa y el hecho
de la violencia estructural y, por lo tanto, su
transformación en aceptables para la sociedad (...)*

Galtung, 2016, pp. 149–150

Las agresiones físicas o verbales en el entorno familiar, las expresiones escritas en medios digitales entre conocidos (familiares, amigos o personas con poca afiliación), así como los mensajes sociales que nos acompañan a lo largo de nuestro trajín cotidiano, nos enseñan a incorporar esas formas de interactuar. ¡Claro! No de la misma manera, porque pasa por un ejercicio de discriminación o valoración al interior de nuestros pensamientos.

Sin duda existe una variedad de vivencias que podrían ejemplificar la idea anterior, por mencionar: la llamada de atención que uno de los padres ejerce por la vía de los golpes físicos, tras la desobediencia de alguno de los hijos ante una instrucción; los gritos de un chofer de transporte público que bien genera la agresión de un pasajero o que otro conductor estampe su vehículo en el transporte que maneja; la pelea que se crea en un lugar de trabajo por diferencias ante una tarea; el uso de alguna red social para revelar el sentir sobre personas, que poco se conozcan, a causa de su sexo u orientación sexual; la agresión de un jefe, frente a un trabajador, por no hacer lo que se espera de él; la muerte de estudiantes por alzarse en favor de lo que consideran justo o simplemente por pertenecer a algún colectivo; el homicidio de mujeres u otro tipo de pasajes de la vida cotidiana que sin duda marcan la conducción de los sujetos.

Frente a estos ejemplos nos cuestionamos cómo se enraíza la violencia en nuestra sociedad; una idea nos lleva a explorar la noción de naturalización de la violencia (en la casa, la escuela, la comunidad u otro espacio) que se da a través del sometimiento, la palabra propia o ajena, y la aceptación de validación de aquellas palabras.

No podemos olvidarnos de las locuciones (frases, voces o tradiciones) que atraviesan la vida de quienes nos cuidan —padres, abuelos, tíos, primos o amigos cercanos a la familia—. Ellos juegan un papel definitivo en nuestro desarrollo para concebir el espacio de convivencia social. "La casa" figura como un sitio que resguarda nuestra vida y se vuelve el lugar que alberga maneras de relacionarnos, encontrarnos y vincularnos con el mundo que en ese momento nos rodea. En pocas palabras, nos enseña a conducirnos y a identificar lo que se espera de nosotros.

Más tarde, nos incorporamos a la escuela, donde normas, orden, hábitos y conocimientos modelan una nueva forma de visualizar las relaciones entre uno y los otros. Convivimos en talleres, cursos, grupos o asistimos a algún otro espacio —algunos le llamamos lo comunitario o lo social—, porque nos acerca más con otros, con un fin en particular de convivencia que nos enseña una nueva forma de caminar por la vida.

Vale la pena recuperar una tipología que Galtung (2016) ofrece sobre la *violencia directa,* desde las diferentes clases de necesidades básicas que incorpora:

> *Muerte (necesidad de supervivencia), mutilación, acoso, sanciones y miserias (necesidad de bienestar), des-socialización, resocialización y ciudadanía de segunda (necesidad identitaria), así como represión, detención y expulsión (necesidad de libertad).*
>
> *Galtung. 2016, p. 150*

Respecto a la *violencia estructural,* desde las diferentes clases de necesidades básicas, el autor tipifica que pueden encontrarse:

> *Explotación (necesidades de supervivencia y de bienestar), ostracismo (destierro o aislamiento) y adoctrinamiento (necesidad*

identitaria, así como alienación y desintegración (necesidad de
libertad).

Galtung. 2016, p. 150

Frente a estas citas, las clasificaciones nos hacen pensar más sobre la idea de que los discursos y las vidas de los sujetos se ven trastocadas por estos tipos de violencia; poco a poco se enraízan en la vida cotidiana del sujeto, podemos vivenciarlas como actores o espectadores. Como lo señala Galtung (2016), bien se puede precisar más su tipología; pero, la idea se coloca aquí para plantear un punto de partida que ayude en la lectura de los escritos producidos por las estudiantes sobre sus relaciones de violencia.

Una visión más sobre la violencia es la que presentan Furlán y Spitzer al señalar:

La violencia es un estado extremo, polarizado y se refiere
a actos mal intencionados o ejecutados con saña (...)
La violencia es el modo de expresión de un mal, es una
acción que produce un daño. La ausencia de violencia no
conduce automáticamente a la convivencia o a la
disciplina en el salón de clases, la casa o el espacio social.
Pero la buena convivencia y un clima (...) ameno o
agradable facilitan el aprendizaje y el bienestar de los
sujetos (...)

Furlán y Spitze, 2013, p. 24

Tras la lectura del planteamiento de Furlán y Spitzer pensamos en las formas como la violencia se asienta en nuestra vida diaria. Nos preguntamos: ¿cómo se mira la violencia desde el sujeto que es violentado y en aquel que la ejerce?, ¿cómo se vive en carne propia?, ¿cuáles son las repercusiones que llevan a registrarlas en la mente y detonar el recuerdo a través de interacciones futuras?, ¿será que vivimos en relaciones de violencia y es a partir de ello que logramos funcionar de alguna forma?

Lo expuesto por estos dos autores nos ayuda a advertir un poco más sobre las situaciones de violencia, en cuanto a convivencia y a disciplina, como conceptos anclados que refieren a cosas particulares, pero que cotidianamente se estudian junto a la violencia. En este trabajo se enfocan los tres conceptos —convivencia, disciplina y violencia—, bajo la idea de que permiten evidenciar la forma como se manifiestan las situaciones o relaciones de violencia, más que como un estudio particular de cada una.

Pero, ¿qué pasa en la vida de sujetos que no han estudiado la violencia de manera conceptual? Frente a la pregunta, viene a nuestra mente la manera como, en diversos programas educativos, hemos acompañado a estudiantes (profesoras en servicio o bachilleres que buscan profesionalizarse en el ámbito educativo), en la aplicación de lo que llamamos "vivir en comunidad" o "vivir en sociedad". Sobre esta idea, les enseñamos la relevancia de relacionarse, interaccionar y vincularse con el mundo, desde su condición humana y la especialidad de su vida profesional.

Durante una parte del día nuestros estudiantes pasan la vida en la escuela para formarse. Fuera de aquel espacio llevan las enseñanzas que les hacen coexistir con otros sujetos en diversos lugares. De alguna forma les enseñamos por diferentes medios a discernir sobre cómo convivir, comportarse y actuar en la vida. Furlán señala:

> La violencia se refiere a un modo de relación que se puede desarrollar respecto a quienes son pares, o no–pares, en el entorno o en el interior de la escuela[, la casa y el espacio social]. Hace mella en el aprendizaje de la convivencia, que es otro de los pilares de la educación en el siglo XXI: el aprender a vivir juntos.

Furlán, 2012, p. 11

Frente a la cita del autor pensamos que las producciones de las estudiantes develarán ese mundo que les rodea y el cual, sin duda, muestra cómo es que ellas han aprendido a vivir junto a padres, hermanos o familiares.

✳ El espacio autobiográfico y narrativo

El lugar de lo biográfico despliega para nosotros el conocimiento de la vida de un sujeto en las coordenadas de la existencia que fue. Lo autobiográfico figura más como un ejercicio de un sujeto que reconoce, en sus palabras, el pasado que ayudó en la configuración de su presente. La narrativa se particulariza sobre un evento y despliega relaciones, interacciones y vínculos con otros. En cierta medida vemos que lo biográfico habla del sujeto, la autobiografía es propia desde el sujeto con otros puntos de interacción, pero la narrativa da cuenta sobre el sujeto en relación con los otros.

Para nosotros vendría bien la idea propuesta por Schulze (1993) respecto a la construcción de la biografía que se da a través de comprender de dónde nacen los *sucesos vitales críticos* (Citado en De Souza, Serrano y Ramos, 2014). Sí, en la autobiografía, en cierta medida el sujeto expone lo que aconteció en el devenir por el mundo, como medio para reconstruir su identidad. Por lo tanto, este ejercicio de escritura le obliga a clarificarse y explicarse a sí mismo lo sucedido en la vida, con ciertos vestigios del pasado que son filtrados o modificados, a modo de brindarle un sentido a aquello de lo que da cuenta.

> *El escrito autobiográfico es un discurso que se [asienta] en la escritura, la fijación de la escritura constituye al texto.*
>
> *Torres, 2008, p. 117*

Pero, de este modo, cuáles serían las razones que le dan sentido a la autobiografía:

> *(...) en la autobiografía el lector es indispensable, de hecho el lector realiza un papel activo de colaboración, en este sentido el texto autobiográfico considera al "testigo necesario" (...)*
>
> *En el texto autobiográfico no está en juego la verdad o la ficción[,es creíble]; lo libera de ser verificable y (...) lo separa de la utilidad inmediata.*
>
> *Los textos autobiográficos pertenecen a la "forma incompleta", es un escrito del estilo que somete voluntariamente al cortocircuito, a las interrupciones y los traspiés (...)*
>
> *La autobiografía como un punto de partida (...) es una búsqueda en una tumba abierta (...) que no sabemos hacia dónde nos conduce.*
>
> Torres, 2008, p. 117

Entonces, para nosotros, el espacio autobiográfico no sólo da cuenta de los sucesos vitales críticos (Schulze, 1993), sino también:

1. fija —mediante la escritura—, un congeniar y compartir el mundo, a través del conecte de una vida (emitida) con otra (receptora);

2. es una manera de buscarle el significado a una existencia que se forma sin calificarla como lo real y no real;

3. muestra los avatares de un sujeto tal y como acontece en el terreno cotidiano; y

4. expone los cimientos para dirigirse en la vida.

En el mismo sentido, podemos sugerir que la autobiografía devela lo que nos puede diferenciar de la multitud. Funge[1] como un espacio donde nos presentamos a otros, da cuenta sobre quién se es, el tipo de calidad humana, el gusto por algo en particular, entre otros aspectos. En el discurso autobiográfico "aquel que indaga sobre una vida se convierte en coautor, en cuanto adquiere una corresponsabilidad en la producción discursiva" (Ruiz, 2001, p. 18).

Así, leer las producciones de las estudiantes sobre las relaciones de violencia nos acerca de cierta manera a los entornos, las situaciones que se significan como violentas y los trajines cotidianos; con ello, nos volvemos coautores de la significación en la vida de alguien que se posa sobre una forma distinta de reconstruirse, que para Ruiz (2001) sería "la vida del autor como el eje temático en torno al cual el sujeto construye el sentido del discurso" (p. 27). De esta manera asumimos que la producción autobiográfica, como forma de reconstrucción de la existencia humana, devela una posición entre quien indaga por su vida, y al mismo tiempo deja una huella sobre su paso por el mundo.

La creación (auto–) biográfica recupera interpretaciones "que cada participante hace referente a un hecho y las diferentes percepciones que estos tienen sobre el hecho en sí." (Villanueva, 2012).

Al respecto Lechner apunta que:

> *Los ejercicios (...) biográficos permiten el trunque de impresiones sobre las narrativas autobiográficas de colegas desde la resonancia que aquéllas provocan en el cuerpo, entendido como un instrumento de trabajo. La escucha sensible acerca de autobiografías trae al centro de trabajo una audición anclada al cuerpo que cada uno es (que no se nos olvide) —tanto investigadores/as como investigados/as— (...)*
>
> *El acto de conocer o intentar comprender desde la conciencia corporal produce resultados sustancialmente diferentes del acto de conocimiento basado en una cabeza aislada del tronco, miembros, o entrañas.*

Lechner, 2011, pp. 38–39

---

[1]**N. del E.** Del verbo *fungir*: en México y América Central, (1) actuar, (2) funcionar, (3) desempeñar un cargo.

Lechner muestra cómo el sujeto al escribir da cuerpo a las narraciones y la visión sobre el saber que la investigación formal no alcanzaría a evidenciar. Pensamos que a lo biográfico se le atañe el saber que el sujeto concibe en lo social, para llevarlo al terreno familiar, escolar o social (grupos afines o comunidades). El puente se teje entre lo biográfico y lo narrativo, para nosotros, desde el momento en que el sujeto hilvana un evento aislado, con el significado que puede darse en un discurso más amplio sobre la interacción humana. Son los porqués mediante interlocuciones del discurso que le llevan a buscar una justificación en ese mundo al que pertenece.

Por ejemplo, un sujeto cuenta "nací en el Distrito Federal un 15 de septiembre de 1985 y fui nombrado Francisco". Aquí brinda, en la autobiografía, un dato en relación con un hecho real que puede recuperarse de un acta de nacimiento y que alguno de sus padres le podría contar. Quien lea el registro podría identificar que el dato es autobiográfico. Pero, aquel que explore más sobre esa vida, ampliaría el dato con una narrativa más extensa, que señale las relaciones de esa vida con el momento histórico. Quizás, se acompañaría con ideas como "nació cuatro días antes del terremoto de 1985", evento que dejó un sin número de muertos en la Ciudad de México, o encontraría el porqué del nombre y el significado que Francisco tenía para la familia.

De esta manera la autobiografía pasa de ser un espacio de descripción a uno donde se relata la vida, se cuentan experiencias y donde se dinamiza la existencia del sujeto en relación con el mundo que le rodea.

> *El texto narrativo que relata la experiencia (...) representaría para mí, reflexionar sobre lo acaecido en los avatares de realización de la labor de un sujeto en contextos institucionales concretos. (...) narrar la experiencia supondría ubicarse en una parte de la historia de vida.*
>
> Villanueva, 2012, p. 33

A la par de esta idea, sobre los porqués del dato biográfico a uno narrado, nos llama la atención lo que la literatura nos brinda respecto a la construcción de relatos de vida:

> (...) todo tipo de experiencias, de vivencias, nos conectan con los otros seres sociales (...) Las vivencias y experiencias son el eje de nuestra historia, son los que nos llevan a la construcción de nuestra realidad social (...) Cuando comentamos lo que acaece (...) incluimos tres componentes: inicio, fin y la temporalidad en la que nuestra experiencia sucedió.
>
> *Villanueva, 2012, pp. 67–68*

Hablar de una guía en el discurso nos lleva a construir un puente temporal sobre lo que aconteció, ayuda a pensar en las veces que se cuentan relatos con ciertas rupturas. Narrar nos obliga a reflexionar sobre la construcción de los eventos; una visión de que vivimos según normas y mecanismos de narración de un mundo, quién nos censura o por qué censuramos parte de nuestra vida.

Al respecto del párrafo anterior, traemos a colación el pensamiento de Bruner (1997), quien bosqueja nueve universales de las realidades narrativas.

1. El tiempo fija las acciones humanas en un instante; al narrar, contamos algunos avatares suscitados en la vida, la parte que creemos significativa de nuestra historia o la que sabemos explicar.

2. Recurrimos a formas literarias para poner nuestros pasos por el mundo y expresar pensamientos, sentimientos o reconstruir recuerdos. Asignamos a nuestra narración un modelo de estructuración formal y temática que transita por los halos de la memoria, y puede ser revivido por quien nos lea.

3. Existe una razón en por qué relatamos; la construcción está determinada por *estados intencionales* donde se demuestra un ser con sentimientos, de esta forma se vivifica el escrito, y se muestra a sí mismo lo que lleva a censurar o explicar nuestras interacciones humanas.

4. Explicamos de forma convincente los detalles particulares de nuestro relato; al narrar se dejan claros los motivos de la acción del sujeto en un espacio temporal y la relevancia que tienen, al menos para quien lo escribe.

5. No existe una expectativa en la narración, porque hay una visión libre de aquello que es relatado.

6. Figura la palabra como una forma de ver la realidad, la mía, la que pasó para mis ojos y la que puede ligarse contigo como mi lector.

7. Crea relatos que *nacen de una problemática*: se parte de la idea de que "una historia vale la pena de ser contada y que [merece] construirse" (Bruner, 1997, p. 160).

8. Hay un juego entre "yo cuento [mi vida,] tú la tuya [(cuando me lees o te dispones a escribir)]." (Bruner, 1997, p. 165). Quien narra lo hace desde el lugar en que lo vivió.

9. Narrar ayuda a dejar claro lo que pensamos y la identidad que nos hace vivir en el presente, como un dispositivo para vernos como sujetos históricos.

Asumimos, entonces, que la propuesta de Bruner nos acerca más a mirar cómo es que creamos el relato y al hacerlo mostramos nuestra relación con el mundo, y la realidad desde donde nos inscribimos. Las nueve universales del autor figuran como medios de expresión que hemos aprendido a lo largo de la vida por boca de familiares, gracias a ejercicios escolares (escucha, habla, lectura y escritura) o como resultado de nuestro contacto con amigos, la televisión o la radio, y el conocimiento al que accedemos mediante libros, revistas o periódicos.

En relación con la narrativa y la biografía, Delory señala:

> (...) *en la narración biográfica el individuo toma forma, elabora y experimenta su vida.* (...) *Con ello, el sujeto se interpreta y construye, así se sitúa, une y da significado a los acontecimientos de su vida. Genera un saber en el sujeto.* (...)
>
> *Cada experiencia encuentra su lugar y adquiere sentido al curso de su vida.* (...) *Las experiencias y significados de vida nunca intervienen en la relación única con uno mismo* (...) *encuentra sus primeras redes de pertenencia en la comunidad.*
>
> *Para que las adquisiciones de la experiencia puedan ser reconocidas socialmente es necesario, que los saberes constituidos en acciones sean dominados previamente por los propios individuos* (...)
>
> *Sabemos* (...) *que la acción es formadora, que la experiencia crea saber.*
>
> *Las formas que asumen los saberes de la experiencia no se dejan aprehender fácilmente* (...) *se trata de saberes compuestos, heterogéneos, parcelados, discontinuos, que no pueden coincidir con los recortes formales de los saberes disciplinarios.*

Delory, 2009, pp. 57–69 y 93–96

Por la referencia de Delory, pensamos que quien relata los pasajes de su vida, sobre situaciones de violencia, lo hace desde la perspectiva autobiográfica narrativa. Es para nosotros un proceso reflexivo donde el sujeto reconoce su construcción a la luz de los pasajes de sí mismo, su interpretación y la significación que le proporciona a su aquí y ahora; al reconstruirlos da cuenta de la interacción con otros, los saberes que aprendió a lo largo de su existencia, y muestra la evidencia de que su vida tomó un rumbo, gracias al contacto con los seres que le acompañan en su trayecto por el mundo, y las decisiones que él mismo tomó.

En suma, este apartado revela la mirada teórica sobre la violencia que nos auxilia para leer los escritos producidos por las estudiantes. La clarificación sobre el espacio biográfico y el narrativo nos ayuda en la selección y la sistematización de los discursos creados por las estudiantes.

Edificación del discurso de las participantes del Diplomado

No podemos desligar la actividad autobiográfica del contexto donde emergió; por ello, presentamos algunas intuiciones detonadoras del espacio de reflexión con las alumnas, los pretextos que se presentaron para que las estudiantes trabajaran las autobiografías a fin de emerger las relaciones de violencia dentro del Diplomado —"Formación en Estrategias para la Comprensión de las Situaciones de Violencia dentro de los Escenarios Escolares" (FECOSIVEE) de la Unidad 097 Sur de la Ciudad de México—. Para efectos de claridad al lector, advertimos que la construcción de esta sección ocupa el pasado como un recurso a lo que aconteció —la emisión de los discursos de las maestras que hoy nos apuntalan en la construcción de este capítulo—, y nos apoyamos en el presente para hacer alusión a los derroteros que se pueden desprender de aquellas producciones; es una aportación a los aspectos metodológicos docentes, para tareas de exposición sobre las relaciones de violencia.

El Diplomado se inició un 18 de marzo del 2017. Se cursaba en tres módulos: "Violencia, antecedentes y factores que intervienen en la misma dentro de los escenarios escolares", "Modelos de intervención desde los escenarios escolares" y "Estrategias de resolución de eventos violentos en los escenarios escolares".

Cada uno de ellos requería de las estudiantes un trabajo de 60 horas en salón de clases, y poco más del doble de aquellas horas para reuniones de balance (al término de las sesiones, las que duraban entre dos y cuatro horas), la elaboración de cartas descriptivas (al menos dos días a la semana), y un trabajo individual de relatorías o ejercicios que como acompañantes replicábamos para mirar la complejidad de la tarea. Comenzamos con 35 estudiantes de las cuales permanecieron 30, y dos se integraron a lo largo del segundo módulo.

Para este capítulo nos hemos apoyado en los textos de las integrantes que cedieron autorización para el uso de sus producciones escritas.

Soporte para la elaboración de escritura narrativa auto-biográfica

En el mes de mayo del 2017, se les leyó a las participantes del Diplomado FECOSIVEE un relato nombrado "En búsqueda de la violencia". En aquellas líneas se encontraba lo siguiente:

> Lo que ahora cuento ha quedado previamente escrito en otras hojas y otros relatos (...) Quizá del cajón más lejano de los primeros años surge el día en que perdí la vista. Lo único que aparece como transparencias opacas es que me encontraba jugando en el arenero y alguien me aventaba arena a la cara. Dos días sin ir a la escuela y dos días sin mirar nada. Igual fueron 10 minutos o un tiempo no indefinido en mis breves años, pero lo cierto es que parecieron dos días.
>
> Mi ingreso a la escuela primaria se convirtió en un espacio de refugio y cobijo ante las inclemencias del tiempo dentro del hogar, quizá de a poco fui aprendiendo la diferencia que existía entre el espacio escolar y el espacio de la familia y la propia comunidad, ello a pesar de que los participantes en uno y otro escenario eran casi los mismos.
>
> En primero y segundo año, la vida fue de rechupete, pues no me quejo de las clases de aula, ya que ni siquiera recuerdo bien a bien cómo eran. Una imagen difusa en segundo tal vez,

donde solicito permiso para ir al baño y la maestra de turno me dice que no, que me aguante y por supuesto que no me aguanté, así que miro a un niño al frente del salón con un charco de pis a su alrededor.

(...) los recreos en esos dos años eran sensacionales, pues me la pasaba robándole la torta a alguno de los compañeritos, tortas de huevo o de plátano creo que eran mis preferidas, seguro podría apostar que había torta de sardina y hasta una que otra torta extraviada de jamón, pero ellas no llegaban a mis manos.

Otro de los juegos preferidos era perseguir y por supuesto molestar a las alumnas de sexto, decirles que eran nuestras novias, o jalarles el pelo, la ropa o quitarles el suéter y correr como loquitos, mientras ellas perseguían a uno u otro enano a lo largo del patio. *(Manuel)*

El escrito de la vida de ese acompañante se compone en cuatro mil seiscientas palabras. Aquí sólo se muestra un fragmento, porque fungió como uno de los puntos de partida para que las producciones de las estudiantes se detonaran y consolidaran.

Pero, no fue el único relato que en aquella ocasión se leyó. El cuchicheo de las participantes, las miradas de sorpresa de algunas más, y la atención de otras hizo que esos fueran los primeros trazos para que ellas elaboraran su propio espacio biográfico y narrativo. Tras la lectura, se les dio la indicación de que ellas produjeran su propia escritura de vida.

Podemos asegurar que reconocieron: la temporalidad, la eventualidad, el estilo de redacción y otros elementos que dejaron que sus discursos se movilizaran, más allá del dato descriptivo. Permitimos que ellas siguieran la línea que les pareció más segura para reconstruir sus pasos por las relaciones de violencia en el escenario escolar, familiar y social. ¡Claro! No significa que todas lograran la redacción con soltura; pero, es gracias a su disposición por aprender y comprender más sobre las relaciones de violencia que se logró parte de la producción que se dará cuenta en el próximo apartado. Además, reconocemos que este trabajo se une a las producciones sobre investigación cualitativa de corte hermenéutico y narrativo; las elaboraciones dan cuenta sobre la acción humana de personas que hicieron reconstrucciones personales desde lo que hace tiempo no habían pensado.

Producciones narrativas auto-biográficas de participantes del FECOSIVEE

Este apartado muestra algunas narrativas que desarrollaron participantes del FECOSIVEE sobre las relaciones de violencia. Las preguntas que se buscan contestar aquí son:

¿cómo las mujeres que participaban en el Diplomado configuraban por escrito las relaciones de violencia en su vida?,

¿qué significado asumían ante los actos violentos en entornos escolares, familiares y sociales?, y

¿cómo vivían las relaciones de violencia desde sus discursos autobiográficos?

Para efectos de este apartado sólo consideramos el primer nombre de las escritoras o el de las personas que ellas reportan en el relato.

De acuerdo con Vargas:

(...) para una filosofía de la finitud (tiempo y memoria), no hay pureza en nuestros actos, sino estos se encuentran contaminados por nuestra carga histórica, de ahí el recurrir a la experiencia como una forma de aprendizaje, en donde se tenga presente lo narrativo, y a través de la narración hacer una experiencia histórica, que pueda evitar una repetición del mal y el horror que la humanidad ha experimentado. (...) la narración (...) hace que el ser humano tenga memoria, y la memoria selecciona sólo aquello que interesa recordar, lo demás se olvida.

Vargas, 2014, pp. 202–203

Entonces, asumimos que las estudiantes brindan conocimiento sobre un ser histórico, reconstruido con experiencias, aprendizajes y las memorias que les interesa no olvidar. Quizás aquí se sume la idea del silenciar: qué es lo que no cuentan. Según la filosofía de la finitud de Mèlich:

> *El silencio muestra ausencia, carencia de algo, deseo constante, muestra la tensión de la finitud humana (...) en cuanto todo no está dicho, nos obliga a buscar siempre los elementos que permitan construir puentes de acceso hacia nuevas posibilidades de ser y de hacer.*
>
> *Vargas, 2014, p. 203*

En las voces de las participantes se hallan también silencios; pensamos que cada experiencia dota de aprendizajes que ellas significan de alguna u otra manera, pero creemos que entre menos afonías, mayor será el grado de comprensión sobre las situaciones de violencia. Así, podemos encontrarnos casos como el siguiente:

Era un domingo por la mañana. Recuerdo a la niña ahí calentándose al sol después que amaneció mojada, estaba sola en casa de la abuela, sin sus papás y hermanos.

Fue la séptima de doce hermanos, vivió mucho tiempo con su abuela, después regresó a casa, en la cual no fue atendida pues había más niños detrás de ella. Comienza la escuela, su primer maestro la corrió por faltas, y le dijo a su mamá que mejor la metiera de sirvienta, eso fue algo que marcó su vida, ya que pensó que sólo para eso servía, y con la poca atención que recibía en casa se sentía muy sola.

Esto fue determinante para su formación de carácter, por el hecho que la volvió una persona insegura, sintió que no merecía nada por las cosas malas que había hecho, no fue maltratada físicamente pero veía cómo les pegaban a sus hermanos y eso la llenó de temor, procurando hacer lo que su mamá le pedía; sin embargo el hecho de sentirse sola no cambió. Considero que son hechos de forma de maltrato. *(Eli)*

Quizás el relato de Eli nos muestre un poco sobre la complejidad del reconocimiento de situaciones de violencia en expresiones escritas. La voz no siempre fluye en narraciones biográficas y este relato es muestra de los silencios que se guardan al interior del sujeto; incluso se recurre a la tercera persona del singular como un mecanismo para externalizar lo acaecido en las coordenadas de la vida.

En su escritura Eli nos permite rastrear los cimientos bajo los que se construye su idea de: abandono ("estaba sola en casa de la abuela"), acoso ("había más niños detrás de ella"), disciplina ("su primer maestro la corrió por faltas"), percepción de vulnerabilidad ("su primer maestro la corrió por faltas (...) hecho que la volvió una persona insegura"), y miedo ("no fue maltratada físicamente pero veía como les pegaban a sus hermanos y eso la llenó de temor"). Es una especie de radiografía de la vida que es y que aún se significa en el presente, la vida no ha acabado y aún faltan caminos por significar.

A nuestra comprensión de la violencia, desde la voz de las participantes del FECOSIVEE se suma la de Laura:

Un 29 de noviembre de 1979 nace la niña Laura en la ciudad de México, la tercer hija de un matrimonio conservador, en el cual ella era la primer niña del matrimonio, dentro de este núcleo los dos padres trabajaban y ella era cuidada por familiares de la madre, en esta etapa los padres refieren que era una niña muy inteligente.

Recuerdo cuando a la edad de cinco años cursaba el primer grado de primaria, hubo un festival en el cual me tocaba declamar un poema, fui elegida por saber leer, no obstante no sabía utilizar los signos de puntuación y realicé una lectura de corrido, al estar frente a la escuela completa la mayoría reía por ser tan pequeña.

Fui una niña muy caprichosa desde pequeña, consentida siempre por mi padre el cual jamás me puso una mano encima, ni mucho menos expresó malas palabras hacia mi persona; sin embargo, yo era una niña muy latosa, en ocasiones muy mandona, lo cual causaba conflicto a mi madre, la que en varias ocasiones tuvo que reprenderme por mis actos, me recuerdo saltando por las ventanas, saltando bardas, subiendo árboles, peleando con primos, hermanos, realmente era una niña que todo el tiempo defendía sus derechos y constantemente estaba a la defensiva. *(Laura)*

Este discurso muestra la violencia escolar (burlas) por ser pequeña y no saber realizar las pausas de la lectura en voz alta; además de la violencia familiar (llamada de atención) que le enseña de alguna manera cómo conducirse frente a situaciones similares, pero donde la vivencia de una libertad, le lleva a tomar decisiones que van más allá de ser reprendida.

Aparece aquí el acto mal intencionado —el que Furlán y Spitzer (2013) ya advertían—, con las burlas de sus compañeros de la escuela, y la corrección como acto humano que figura una forma de disciplina del ser y el cuerpo. En el escrito de la misma participante encontramos:

Mi padre no dejaba que mis hermanos nos pegaran, pero como yo peleaba con ellos cuando él no se encontraba en casa, pues ellos terminaban pegándome, ya que yo me ponía al tú por tú con ellos, en una ocasión, peleé con un primo el cual me golpeó como si fuera yo niño y yo de igual manera terminé golpeándole con y todo por una pistola de juguete, mi madre no intervino sólo refería que dejara que yo me defendiera y desquitara mi coraje. *(Laura)*

Se aúna la violencia física (golpes) como forma de conducción, y no se advierte el discurso como un espacio de diálogo que permita entablar relaciones que no deriven en el adoctrinamiento, —por defensa o desquite como lo refería Laura "mi madre no intervino, solo refería que dejara que yo me defendiera y desquitara mi coraje"—. Además, se explicita la manera como se reta a la figura masculina y cómo su condición de mujer no le impide agredir por el juguete que ella desea poseer. Más adelante en el relato:

> En la primaria tuve una relación no muy buena con mis compañeros, la verdad hubo varios cambios de escuelas y eso no me permitió que yo fuera muy cercana o que creara vínculos con compañeros, (...) todo lo contrario, me costaba trabajo entablar una relación de amistad con compañeros, fueron 4 escuelas en las cuales cursé mi primaria.
>
> Al llegar a la secundaria fui una que de igual manera me dejaron que fuera autosuficiente y se me dio la confianza para poder realizar mi vida yo sola, ya que mi madre trabajaba.
>
> A esta edad ya se me había enseñado a hacer los quehaceres de casa y de comer. Por ser la hermana de las mujeres más grande, tenía que cooperar en las labores, fue una experiencia no de lo más lindo pero sí tortuosa.
>
> Duré dos años sin entrar al medio superior y me quedé en casa, en este tiempo me tocaba colaborar en casa y para mí fueron muy tormentosos, al lograr ingresar al medio superior, mi meta era estudiar ya que no me había gustado mucho quedarme en casa, en esta etapa de mi vida viví lo mejor de mi adolescencia, fue la mejor etapa de mi vida ya que conocí mucha gente e hice miles de amigos, los cuales hasta la fecha aún platico con ellos, ya no nos frecuentamos puesto que cada una ya hizo su vida y por nuestras actividades o rutinas nos complica coincidir. *(Laura)*

La voz de Laura se ve trastocada por dos eventos más:

1. la pertenencia a un lugar (las cuatro escuelas) que juega un papel para que ella se pose sobre el "vivir juntos", qué nos hace sentirnos parte del espacio escolar; y

2. el sentido de realizar los quehaceres de la casa que se mira como algo tortuoso.

> Duré dos años sin entrar al medio superior y me quedé en casa, en este tiempo me tocaba colaborar en casa y para mí fue muy tormentoso. *(Laura)*

Valdría la pena traer la noción de cautiverio de las mujeres sobre la idea de elección e independencia que Lagarde (2014) propone: "las mujeres están cautivas porque son privadas de su autonomía, de independencia para vivir, del gobierno sobre sí mismas, de la posibilidad de escoger, y de la capacidad de decidir" (p. 152). El ejercicio del cuidado de los hermanos se da sólo por su condición de fémina mayor en una familia, que legitima por el "vivir juntos" una imposición que se podría deducir como un poder signado a la condición de educar de los padres. Se permite evidenciar que la existencia de libertad del sujeto se decide por la vía de la obligación más que por la elección.

El relato también nos deja ver:

> (...) mi meta era estudiar ya que no me había gustado mucho quedarme en casa, en esta etapa de mi vida viví lo mejor de mi adolescencia, fue la mejor etapa de mi vida ya que conocí mucha gente e hice miles de amigos, los cuales hasta la fecha aún platico con ellos, ya no nos frecuentamos puesto que cada una ya hizo su vida y por nuestras actividades o rutinas nos complica coincidir. *(Laura)*

Este fragmento de la narración de Laura nos muestra cómo los efectos de una violencia cultural pueden contrarrestarse por la vía de ciertas elecciones personales y el ingreso a la escuela. Nace para nosotros la idea de que la escuela se cobija más como un espacio de liberación, pero valdría explorar, en otro momento, si para la misma Laura representa un medio de aprendizaje que la haga mejorar las elecciones futuras.

> Al terminar la preparatoria conocí al que ahora es mi esposo, nos casamos muy jóvenes y experimentamos responsabilidades muy fuertes a nuestra corta edad, a la edad de 21 años soy madre por primera vez, a los 22 años soy madre por segunda vez, a la edad de 26 años soy madre por última vez, hoy tengo tres hijos Alejandra de 16 años, Ana Laura de 14 años, Javier Alejandro de 10 años; ellos son lo más valioso que puedo o puede existir en mi vida, fue un paso en mi vida en el cual yo era muy feliz, mi familia era todo mi mundo.
>
> En el año 2012 ocurre una situación difícil en mi familia que me hace salir de casa a retomar mis estudios y mi vida personal, hoy aún sigo en esta búsqueda de mis sueños y estoy feliz de ser universitaria, muy a pesar de mi edad y de tanto tiempo que dejé mis sueños. *(Laura)*

La parte final del escrito de la participante representa una manera de ver la vida tal como acontece en el terreno cotidiano, su rol como madre y el valor que le da a ese rol y un evento del cual no discurre más que a través de las palabras:

> En el año 2012 ocurre una situación difícil en mi familia que me hace salir de casa a retomar mis estudios y mi vida personal. *(Laura)*

La escritura de Laura pone a la vista lo que le significan las elecciones de vida y le llevan a posicionarse desde otro lugar en pro de satisfacer sus sueños. Sin duda, en la producción de esta participante el silencio se nota en menor medida. Sin embargo, evidenciar y pensar sobre las relaciones de violencia nos acerca a una nueva forma de ver y vivir con los otros.

Pero, ¿qué pasa cuando la voz no sólo es silenciada sino que presenta intermitencia?

> Yo nací en una comunidad del estado de Guanajuato, llamada "La pila xichu Gto.", ahí viví poco tiempo ya que en una visita de mi tía me trajo con ella y desde entonces vivo en la Ciudad de México.
>
> Dejando atrás hermanos, padres, primos y sobre todo a los árboles a los que les tenía gran cariño, pues desde sus copas me gustaba ver los campos y disfrutaba grandes tardes de su sombra en compañía de mi prima "Tollita". Con ella jugaba con todo lo que estuviera a nuestro alcance eran momentos maravillosos.
>
> Soy la tercera de siete hermanos, mis padres nos reprendían con golpes a todos; debo decir que casi a diario, pero era muy traviesa. Aparte a todos los niños les pegaban así que no era raro; bueno a nosotros más.
>
> Yo trabajaba en el campo con papá y mi hermano mayor, me gustaba mucho y aun me gusta. Sin embargo, mi hermana se ponía furiosa cuando mi papá la obligaba a ir con nosotros.
>
> Como niñas, antes de ir a la escuela teníamos que dejar hecha toda la labor de la casa, la escuela era un lugar muy agradable me gustaba ir a la escuela porque después del recreo podíamos jugar a la pelota con las niñas y los niños.
>
> Mi abuelita por las noches nos contaba historias de cuando ella era niña y de la revolución mexicana y nos sentábamos a su alrededor a escucharlas una y otra vez las mismas historias, pero siempre con la misma emoción como si fuera por vez primera. Así pasé mis primeros 10 años rodeados de esos brazos cálidos, amorosos y de ese rebozo con ese olor especial, a pomada, del viejito (...) *(Anita)*

Sin duda el relato de Anita nos muestra una intermitencia discursiva de sus primeros diez años de vida. Nos hace pensar que en su voz aparecen veredas de añoranza por la partida de casa:

> (...) nací en una comunidad del estado de Guanajuato (...) ahí
> viví poco tiempo ya que en una visita de mi tía me trajo con
> ella y desde entonces vivo en la Ciudad de México (...) Dejando
> atrás hermanos, padres, primos y sobre todo a los árboles a los
> que les tenía gran cariño. *(Anita)*

Una interpretación nos lleva a pensar en la idea de que la ciudad
representa un lugar próspero; crea un imaginario de que al cambiar de
espacio existirá un "bienestar" en otro lugar, pero, ¿sólo importa cambiar
las condiciones? ¿Dónde queda la construcción afectiva del sujeto, el
apego a la familia? Sin duda se dispersa entre la voz de una vida mejor.

Anita nos regala en su relato un poco más sobre su noción de
violencia en relación con la disciplina:

> (...) mis padres nos reprendían con golpes a todos; debo decir
> que casi a diario, porque era muy traviesa. *(Anita)*

Ella reconoce el golpe como un correctivo, no le asigna a la acción
la connotación dicotómica entre lo bueno y malo; sin embargo, justifica
esta forma de reprender cuando señala:

> Aparte a todos los niños les pegaban, así que no era raro, bueno
> (...) a nosotros más. *(Anita)*

Este pasaje de su vida nos hace pensar que la violencia se incrusta
en la visión cultural de la época y el sujeto la asume como parte de su
socialización, incluso la justifica.

Además, Anita evidencia "mi hermana se ponía furiosa cuando mi
papá la obligaba a ir con nosotros". De nuevo, mediante la visión de
Lagarde (2014), vemos la noción de "autonomía": es la mujer que se
forma tras la idea de trabajo en apoyo de la familia; pero ¿dónde queda
el deseo personal?, ¿qué aprende quien vive represión y la obligación de
ayudar en casa?

Más adelante Anita estampa "Como niñas, antes de ir a la escuela teníamos que dejar hecha toda la labor de la casa".

Entonces, se conforma en la dialéctica entre padres e hijas la idea de que "el mantenimiento del mundo doméstico, de la casa, con sus costumbres y tradiciones, [es] (...) el espacio de reclusión privada y personal" (Lagarde, 2014, p. 433).

También el escrito de Anita nos enseña que las relaciones de violencia no son las únicas que coexisten con el sujeto. Se hallan momentos de felicidad como contrapeso a las relaciones de violencia en nuestro andar por el mundo, bajo la idea de "yo cuento mi vida" (Bruner, 1997), porque no narramos sólo lo "malo", apelamos a lo "bueno" como parte de nuestros pasos por esta tierra y en ello también existe la construcción de una identidad en la esfera social.

Un eco más sobre estas relaciones es el siguiente:

Nací un 7 de agosto de 1970 en la ciudad de México, fui la cuarta hija de un matrimonio con 5 hijas, mis padres Francisco de 27 años, originario de León Guanajuato y mi madre Raquel nacida en la Ciudad de México, de 21 años.

Mis padres vivían en la delegación Iztapalapa, en Culhuacán, al momento de mi nacimiento. Viví mis primeros seis años en una casa propiedad del abuelo de mi madre; sin embargo, el tercer año de preescolar lo cursé en un jardín de niños ubicado en la delegación Iztacalco, donde vivía mi abuela materna.

Mi madre me llevaba todos los lunes muy temprano a la escuela, donde mi abuela me recogía a la salida y con quien me quedaba de lunes a viernes, ya que mi madre trabaja todo el día y salía muy tarde y yo era la más pequeña y no había ningún adulto que se hiciera cargo de mí durante el día.

Son muy pocas cosas las que recuerdo del año vivido en casa de mi abuela, años después supe que la casa había sido utilizada algo así como delegación, donde había algunos presos, tal vez

será por eso que recuerdo haber tenido muchas pesadillas en una
de esas habitaciones donde dormíamos. *(Claudia)*

La primera parte del texto de Claudia nos brinda más elementos
sobre sus interacciones familiares; no sólo dónde nació, quiénes fueron
sus padres, dónde vivió en sus primeros años, sino la relación entre
mujeres:

Mi madre me llevaba todos los lunes a la escuela (...) mi abuela
me recogía a la salida y con quien me quedaba de lunes a viernes
(...) mi madre trabaja todo el día y salía tarde. *(Claudia)*;

Esta reciprocidad le lleva a omitir la figura paterna, lo que nos llama
la atención. Pero, la narración de Claudia sigue:

La casa se encontraba dentro de un predio muy grande, donde
con el tiempo se volvieron oficinas de un partido político, hasta
el fondo estaba la casa de mi abuela y la de otro vecino, a quienes
todos llamábamos "el mazo"; él tenía tres hijos, Fabiola, Araceli
y Toño.

Araceli era de mi edad e íbamos juntas a la escuela y eso era
padre porque nos veíamos en la escuela y luego teníamos tiempo
de jugar durante la tarde.

Cerca de la casa de mi abuela vivía mi tía Rosa, hermana
de mi mamá, con su esposo y mis 4 primos, vivir tan cerca nos
permitió convivir mucho y puedo decir que esa etapa de mi
infancia al lado de todos mis primos fue la más feliz.

La familia de mi mamá siempre se reunía en casa de mi
tía Rosa, y ahí vivimos las experiencias más maravillosas, cómo
olvidar las posadas que terminaban hasta muy entrada la noche,
los cumpleaños de todos nosotros, en donde la piñata no podía
faltar, los juegos en la calle como las escondidillas eran de mis
favoritas, fue una época en mi vida realmente maravillosa.

Cuando cumplí seis años y entré a la primaria, mi familia
decidió mudarse a la colonia A.M.S.A, en donde tendríamos por

fin nuestra propia casa. Cuando llegamos a vivir a esa colonia todos estábamos felices, era una colonia privada muy bonita, la escuela a la que iría se llamaba "Martín Torres Padilla" y se encontraba dentro de la colonia, ubicada en la delegación Tlalpan, al lado de donde ahora se localiza el Tecnológico de Monterrey.

Mis padres trabajaban todo el día y mis hermanas y yo estábamos solas toda la tarde al regresar de la escuela y siempre aprovechábamos esas horas para salir a jugar con nuestros vecinos, nos encantaba jugar bote, coleadas, cebollitas, listones, el juego del calentamiento y correr en el campo, así le llamábamos al área deportiva de la colonia, la cual contaba con una cancha de basquetbol, dos campos de fútbol y juegos para niños. *(Claudia)*

Hasta aquí, Claudia nos concede más elementos de su relación con el espacio familiar y social, que significan los porqués de "una época (...) maravillosa y feliz".

Hay un nosotros en su escrito que nos alerta en la lectura, nos hace pensar que en los relatos no existe sólo un "yo viví", también un reconocimiento del "yo conviví" o "yo coexistí" como parte del reconocimiento de los otros. Silencia las relaciones de violencia, y nos lleva a pensar que existen sujetos que no inician sus relatos con referencia a golpes o a gritos, o agresiones propias o ajenas. Quizás, cuando se es niño se pierde el sentido de la violencia, por nuestras ganas de encontrar espacios de felicidad.

Pero, ¿cómo se encuentran las relaciones de violencia en este texto?

Dentro de mi familia, mis hermanas y yo adorábamos a mi madre, debo decir que ni mis hermanas ni yo recibimos nunca un golpe de su parte y vaya que a veces alguna de nosotras sí se merecía, al menos una nalgada y lo único que recibíamos cuando hacíamos algo malo, era uno de sus consejos o un simple regaño.

Por otra parte la relación entre mi padre y todas mis hermanas no era tan buena, todas a excepción de mí le tenían miedo, era sumamente estricto y poco cariñoso, hoy puedo decir que poco tolerante y siempre reaccionaba con violencia. Mis hermanas más grandes fueron las que más sufrieron de su agresividad, cuando él se enojaba les pegaba muy feo, solía tomarlas de los cabellos y tirarlas al piso y patearlas, nunca les sacó sangre, porque creo que sabía dónde lastimarlas.

En otras ocasiones se quitaba el cinturón y las golpeaba con él, yo era muy pequeña y no lograba entender por qué reaccionaba así. Si en algún momento mis hermanas se peleaban entre ellas, él siempre les pegaba a las dos, sin darles ninguna explicación.

Mi padre era tan agresivo que sin importar el motivo se enojaba y golpeaba a mis hermanas, tal vez porque tiraron un tenedor, porque se les rompió un vaso, porque no lo escucharon cuando las llamó, porque se tardaron mucho cuando fueron a la tienda, porque confundieron el nombre de una herramienta, etc.

Cuando empezamos a crecer y mis hermanas a tener novio, todos le tenían miedo, recuerdo que mis hermanas salían a ver a su novio enfrente de mi casa y uno de sus amigos se quedaba en la esquina, y en cuanto veía que el coche de mi papá daba la vuelta, le chiflaban a sus amigos y mis hermanas se metían corriendo a la casa. De esta manera él no se daba cuenta de nada.

La agresividad de mi padre no sólo era hacia mis hermanas, sino también hacia mi madre. Hay una escena que no he podido olvidar; ese día eran como las nueve de la noche y todas nos encontrábamos ya acostadas, mi papá acababa de llegar, en el patio de la escuela primaria había un baile, ya que era la fiesta de la colonia "Santa Rosa de Lima" y mi papá le pidió a mi mamá que se levantara y que fueran al baile. Mi mamá le contestó que estaba muy cansada y la reacción de mi padre fue de tomarla de los cabellos, y tirarla de la cama y le exigió que fuera con él, mi mamá con tal de que nosotras no nos diéramos cuenta se levantó, se vistió y se fue con él, sin saber que yo había observado toda la escena y que me había quedado llorando debajo de las cobijas. *(Claudia)*

Nos atrapa el relato de Claudia, porque antes de escribir sobre su padre nos advierte que su madre no la golpeó; sin embargo, no sucede lo mismo con su padre, y eso nos enseña que la violencia desde el terreno patriarcal supuso un peso que le hizo vivir:

1. *el temor:* ("mis hermanas (...) le tenían miedo (...) hoy puedo decir que mi padre era poco tolerante y siempre reaccionaba con violencia");

2. *la agresión:* ("mis hermanas más grandes sufrieron de su agresividad, (...) él se enojaba les pegaba muy feo, solía tomarlas de los cabellos y tirarlas al piso y patearlas");

3. *los límites:* ("nunca les sacó sangre, porque creo que sabía dónde lastimarlas");

4. *el castigo y el orden:* ("si (...) mis hermanas se peleaban entre ellas, él siempre les pegaba a las dos, sin darles ninguna explicación");

5. *el miedo:* ("mis hermanas salían a ver a su novio (...) uno de sus amigos se quedaba en la esquina y en cuanto veía el coche de mi papá daba la vuelta le chiflaban a sus amigos"); y

6. *la violencia de pareja:* ("mi papá le pidió a mi mamá que se levantara y que fueran al baile, mi mamá le contestó que estaba muy cansada y la reacción de mi padre fue de tomarla de los cabellos, y tirarla de la cama y le exigió que fuera con él").

Como lo refiere Furlán (2012): "la violencia (...) hace mella en el aprendizaje de la convivencia" (p. 11).

Cada uno de los conceptos anteriores, que hemos encontrado en el discurso, dan fe de la interacción que se mueve en el seno familiar. Aprendimos que en el discurso sobre la relación de violencia se delimitan y enmarcan los actos humanos, con altas dosis de realidad, lo que nos hace pensar sobre lo que ocurre en otras latitudes.

En la última parte Claudia comparte:

> Mi madre jamás nos habló mal de mi padre, siempre lo justificó diciendo que no era mala persona, que había tenido una infancia muy difícil, que se había venido a la Ciudad de México con una tía y que nadie le había enseñado a amar y a ser cariñoso, es importante mencionar que cuando mi mamá se casó con mi papá tenía apenas 14 años y mi papá 20 y que tuvieron a mi hermana mayor un año después.
>
> Cuando mis padres cumplieron 30 años de casados mi mamá decidió divorciarse de él, como ella nos dijo, "aguanté mucho porque ustedes eran muy pequeñas y no conté con el apoyo de mis padres, sin embargo ahora que ya están más grandes ya no quiero seguir viviendo esta situación".
>
> El divorcio no fue fácil y mucho menos la disolución de bienes, todo esto se logró después de varios años de pleito con abogados y demandas.
>
> Después del divorcio mi papá se fue a vivir con una vecina y mi madre compró un departamento cerca de mi casa, en donde vive sola.
>
> Actualmente mi padre vive en León, Guanajuato, en el rancho donde nació y cerca de sus hermanos, ya que sus padres fallecieron.
>
> Hoy en día puedo decir que a pesar de haber sido la consentida de mi padre no tengo contacto con él, mi hermana mayor, quien más sufrió durante su infancia es quien más lo visita y me siento feliz por ella de saber que todas esas experiencia vividas durante su infancia no le dejaron una huella permanente y que ha sido capaz de perdonar los malos tratos y golpes que recibió.
>
> *(Claudia)*

De esta manera, en la narrativa de Claudia, al igual que en los casos de otras participantes, aparece la justificación ante el ejercicio de la violencia. Se vuelve un escrito más catártico y donde la evidencia de los actos de violencia no se queda sólo en un punto de la vida.

El escrito concluye con un dato alentador, los actos de nuestros padres en la niñez no son determinantes para que les hablemos en la adultez, pero sí se significan y nos acompañan, como Fontura (1995) lo dijera, a través de "escenas" (citado en Serrano, 2008, p. 126); una nueva idea al "vivir juntos" que nos amplía la imagen de que la violencia acompaña nuestro camino cotidiano.

Destacamos una mirada más sobre la violencia que quizás nos revele la complejidad en las relaciones humanas:

> Al día de hoy considero que tuve una infancia feliz, al lado de mis padres, rodeada de primos, tíos y en compañía de mi abuela Carmen y la hermana de ella mi tía Juanita, precisamente con ella comienzan los recuerdos de la infancia, entrar a su cocina, muy modesta ahora que lo pienso, era entrar a un lugar de paz, un lugar donde uno se sentía bienvenido.
>
> Nací, según cuenta mi madre, en un día cálidamente lluvioso, soy la del en medio de una familia conformada por tres hijos, padre y madre.
>
> Recuerdo que convivimos mucho con los primos, ellos iban a trabajar a la tiendita de la abuela y por la tarde todos subíamos a comer con mi tía Juanita, era una viejita que a pesar de nunca habernos dicho con palabras que nos quería, nosotros lo sabíamos, era tan obvio, siempre se interesó por todos sus sobrinos, nunca nos dio un regaño y siempre estaba disponible cuando la necesitábamos, claro está que en ese momento yo no lo valoré así, más bien recuerdo que yo me quejaba mucho de lo mala que era mi suerte. (*Teresa*)

El relato de Teresa nos muestra cómo los silencios forman parte del hilvanar la narración de una "vida colectiva" (Serrano, 2008). La primera parte del texto externaliza el valor que le da Teresa a su niñez y el espacio con quienes tiene sentido el estado de ánimo en la narración: *"Tuve una infancia feliz, al lado de mis padres, rodeada de primos, tíos y en compañía de mi abuela (...) y (...) mi tía Juanita"*; y el significado del compartir con otros: *"subíamos a comer con mi tía Juanita, era una viejita que (...) nunca nos dio un regaño y siempre estaba disponible (...) nos quería (...), era tan obvio (...), claro (...) yo no lo valoré así"*.

Nos llama la atención que en dos párrafos Teresa centre su mirada en los otros, pareciera que es una forma de preparar un terreno para la escritura; pensamos en la complejidad que existe al relatar sus relaciones de violencia. Nos comparte más:

> Mis padres tenían un negocio de comida y la mayor parte de los recuerdos que tengo de ellos es peleándose, claro que no lo hacían a gritos o golpes, pero se ignoraban, cosa que para mí ya no era rara ni causaba ninguna sensación de malestar, si llegábamos de la escuela y estaban las canciones de Lupita Dalessio ya sabíamos que los dos iban a estar muy amables con nosotros, pero entre ellos ni una mirada. *(Teresa)*

Cuando Teresa llega al pespunte de sus relaciones de violencia, nos permite mirar cómo en las relaciones familiares aparece el mutismo de los otros como parte de su interacción —en su caso en la comunicación de sus padres—. Nos llama la atención cómo en el discurso de la participante encontramos pistas de que la agresión de los otros es también la afectación a uno mismo (el que narra). Más adelante cuenta:

> Considero que mi casa siempre fue un campo de batalla, donde mi madre siempre resultaba vencedora, al fin de cuentas siempre era la que mandaba y se hacía sólo lo que ella consideraba que era lo correcto, nunca fue una madre muy preocupada por sus

hijos y claro que nos dejaba saber cuándo estaba molesta con nosotros, a veces nos pegaba, nos pellizcaba o nos jalaba los cabellos, nada que fuera extremo, pero creo que lo que más me dolía era cuando dejaba de hablarnos, como a mi padre, también nos ignoraba. *(Teresa)*

Incluso Teresa nos permite ver en su narración que su madre rompe con la idea socializada en la cultura de que "las mujeres deben mantener relaciones de sujeción a los hombre, en este caso, a los cónyuges" (Lagarde, 2014, p. 365).

Se articula en Teresa una forma de vivir en pareja bajo una idea individualista o compartida, donde la comunicación es abierta, al menos así lo intuimos cuando señala: "mi casa siempre fue un campo de batalla (...) mi madre siempre resultaba vencedora (...) era la que mandaba y se hacía sólo lo que ella consideraba que era lo correcto" *(Teresa)*.

Además, en su escritura ella externaliza la forma de castigo, agresión y dolor, que cala más en el alma que en los huesos:

(...) nunca fue una madre muy preocupada por sus hijos y claro que nos dejaba saber cuándo estaba molesta con nosotros, a veces nos pegaba, nos pellizcaba o nos jalaba los cabellos, nada que fuera extremo, pero creo que lo que más me dolía era cuando dejaba de hablarnos, como a mi padre, también nos ignoraba. *(Teresa)*

Pareciera en una primera lectura que sólo son sucesos en la vida del sujeto que pudieran normalizarse sin dificultad. Pero la participante del Diplomado narra algo más:

Recuerdo la ocasión en que mi madre recibió mi primer y único citatorio de la secundaria, en el que se podían leer sólo dos palabras, con letras mayúsculas y en color azul decía MAL COMPORTAMIENTO y no me habló por una semana.

Resulta que yo había defendido a una de mis compañeras del taller de corte y confección, de una niña que acababa de entrar a mi secundaria. Esa chica se burló de la tela que llevaba mi amiga, era una tela bastante simple en comparación a la de ella y le dijo, palabras más palabras menos, que su tela era una verga. Yo enfurecí y le dije que ella era una tarántula y el apodo corrió como pólvora por todos los terceros.

Con lo que yo no contaba era que esa niña nueva era la hija de la prefecta, y cuando acudió mi madre a platicar con ella, ésta se encargó de exagerar todo, pero claro que no le contó que esa niña era su hija y que había ofendido a una niña que, a mi parecer en ese entonces, era menos afortunada que ella.

Yo sentí que viví una injusticia, pero como cuando intentaba explicarle, me ignoraba, preferí dejarlo así y cumplir con mi sentencia silenciosa. Después de esa semana me tocó pedirle disculpas. Si no se las pedía, sabía que ella no me hablaría nunca. *(Teresa)*

Se presenta un relato de la vida en la escuela secundaria. Nos lleva a preguntarnos sobre la manera en que los estudiantes aprenden a dialogar a fin de mejorar sus formas de convivencia y cómo los adultos les ayudamos en el ejercicio de nuestra propia indagación del caso.

Este pasaje de la vida nos muestra dos aprendizajes: el referido a lo que consideramos injusto que nos lleva a responder una agresión con otra agresión; y el que se da por la vía de los adultos (padres, tíos o tutores) al asistir a la escuela a recibir la queja. En el caso de Teresa repercute en el silencio de su madre, pero nos lleva a alertar cómo los padres significan actos parecidos.

Como lo dijeran Furlán y Spitzer (2013) "la buena convivencia y un clima (...) ameno o agradable facilitan el aprendizaje y el bienestar de los sujetos (...) " (p. 24).

Para nosotros es claro que este tipo de incidentes de la vida cotidiana ayudan a reflexionar en cómo responder en situaciones de otra forma, implica un aprender en la experiencia.

Continuemos con el relato en pro de comprender y evidenciar más sobre las relaciones de violencia.

> Escribiendo ahora, recuerdo otra situación que nunca le conté a mis padres y que claramente debí hacerlo.
>
> Cursando el tercer año recuerdo que en la primaria uno de los profesores de sexto grado se divertía con las niñas que teníamos el cabello largo, amarrándonos al barandal que estaba justo frente a nuestro salón. Nosotras nos dejábamos, no decíamos nada, nuestra maestra tampoco decía nada y la directora tampoco decía nada, cuando terminaba el descanso nos soltaba y sólo podíamos ir al baño. No recuerdo si alguna de las compañeras le dijo a sus padres, pero al parecer no, ya que cuando terminé sexto el profesor seguía ahí.
>
> Anteriormente escribí que me quejaba de lo mala que era mi suerte, cuando niña no podía dejar de notar que mis primos tenían muchas cosas de las que yo padecía y que además sus padres se encargaban de darles todo cuanto pedían.
>
> Muchas de las peleas entre mis padres fueron por dinero, porque obviamente no sobraba en casa. Pero también por esa época me di cuenta que había gente que de verdad tenía problemas y que no podía preocuparme por tonterías cuando yo tenía tantas cosas que agradecer a la vida y a mis padres. *(Teresa)*

En el relato se puede observar que en el ejercicio de auto–biografiar Teresa logró recuperar de su memoria las imágenes sobre lo que aconteció en su último año de primaria. Ello nos permite identificar cómo la agresión, por medio de procesos socializadores, permea en las estructuras escolares como actos cotidianos que poco se registran.

Pensamos que el relato ayuda en el ejercicio de reconstrucción de recuerdos, como lo señalara Meyer (2010) el "lenguaje y la simbología obligan (...) a volver al pasado de manera común de la tal suerte que [se] comparten experiencias vividas" (p. 45). Veamos la parte final del relato de Teresa:

> A los 16 años conocí al que hoy es mi esposo, al principio me caía muy mal, pero un día nos hicimos novios.
>
> A los 18 entré a trabajar de cajera y recuerdo que ganaba 20 pesos al día, pero me encantaba mi trabajo, nunca falté y nunca tuve un retardo, ahí aprendí mucho, conocí a mucha gente, todas las cajeras y supervisoras eran un equipo.
>
> A los 19 años nos casamos y me salí de trabajar, mi esposo y yo pusimos un negocio de envolturas de regalo, pero muy pronto terminó y ahí se fueron todos nuestros ahorros, así que un día nos levantamos con 20 pesos en la bolsa.
>
> Todavía recuerdo su cara cuando me los dio, desencajada, no sé si por pena, por dolor o por incertidumbre. El viene de una familia donde el hombre es el proveedor, y lo único que recuerdo que le dije fue "no te preocupes seguro que algo encuentro para comer." En ese momento a mí me dolía su dolor, pero se lo dije muy optimista.
>
> Salí con mis 20 pesos al mercado y conseguí un kilo de papas y uno de tortillas, con esto comimos dos días, pero lo más importante no era ni lo que comíamos, sino que estábamos juntos y todo lo solucionábamos nosotros mismos, nunca pedimos ayuda económica a ninguna de nuestras familias y eso me hizo admirarlo.
>
> A los 23 años nació la primera de mis hijas y mi marido y yo conocimos lo que es comer una sola vez al día, todo con tal de que no le faltara nada a la bebita y aunque yo ya trabajaba desde hacía un rato, todo lo ahorrado se había terminado con la llegada de la nueva integrante de la familia y la renta de la casa.

A mis 24 años nace la segunda de mis hijas y dejé de trabajar de nuevo. Me dediqué a su cuidado, me gustaba enseñarles todo lo que podía, pasar todo el tiempo con ellas es algo que agradezco.

Un día buscándole escuela a la menor, recorrí muchas escuelas de la colonia, algunas me parecían hasta peligrosas y me dieron mucha tristeza los niños que ahí estaban. Para ese entonces mi esposo ya había terminado de estudiar y nuestra situación ya era más estable.

Hace un año regresé a estudiar, fue algo difícil, la mayor parte de las actividades que hacía con mis hijas las comenzó a hacer mi esposo, y me sentía muy agobiada y desplazada.

Las clases en la universidad me entusiasman, pero he vivido situaciones que no han sido muy gratas, de repente me siento confundida y puedo decir que hasta escéptica con todo lo que nos dicen que debemos ser.

Mi vida como la de todos ha tenido situaciones que han representado un reto y gracias a esas mismas situaciones hoy valoro el esfuerzo, el compromiso, la perseverancia y puede parecer que a veces soy poco sensible a las situaciones por las que atraviesan otras personas, pero creo que con algo de ingenio y voluntad todo puede mejorar. *(Teresa)*

En esta parte de la escritura de Teresa nos regala una evidencia más de que el registro de actos de violencia en la vida no determina los actos futuros.

No significa que por ser agredido uno se vuelve agresor: pensamos que pasa por un proceso de elección del sujeto que tiene dosis de resiliencia. Incluso en esta sección, el texto muestra las vicisitudes en pareja que no son signadas como un problema sino como un espacio para aprender y avanzar. No significa que no duelan las experiencias, —en este caso, no tener para comer o no dar las mejores condiciones de vida para sus hijas—; lo mejor es saber que pese a que uno transite con ellas por el mundo se logra salir adelante.

Incluso Teresa nos ilustra sobre su condición de mujer, alejada de lo que cuenta del actuar de su madre. Como indica Lagarde:

> *La maternidad dura toda la vida e implica los cuidados permanentes de reposición y reproducción cotidiana que prodigan las mujeres a los otros [hijos, maridos, o familiares].*
>
> *Lagarde, 2014, p. 372*

y que también nos revela los cimientos sobre los que se posa el actuar de la figura paterna:

> *(...) esta figura [que] recoge el conjunto de atributos y valores considerados como el máximo cultural, social y político que puede ser encargado por un personaje (el padre) y por los sujetos designados como tales.*
>
> *Lagarde, 2014, p. 375*

Así, pareciera que las actividades de maternidad son sólo responsabilidad de mamá y acrecentaría la idea de que al hacerlas el padre la desplaza; pero, al tiempo que señala sus sentires también logra esbozar una breve reflexión:

> *Mi vida como la de todos ha tenido situaciones que han representado un reto y gracias a esas mismas situaciones hoy valoro el esfuerzo, el compromiso, la perseverancia y puede parecer que a veces soy poco sensible a las situaciones por las que atraviesan otras personas, pero creo que con algo de ingenio y voluntad todo puede mejorar.*
>
> *(Teresa)*

Nos permite, con sus últimas palabras, recuperar que el ser humano de alguna u otra forma valora su vida y tiene la oportunidad de mirar que podría mejorar.

Con estas líneas quisiéramos cerrar este capítulo, en donde pudimos mostrar cómo algunas mujeres que participaban en el Diplomado configuraban las relaciones de violencia en su vida, qué significados asumían ante los actos violentos en entornos escolares, familiares y sociales y cómo vivían las relaciones de violencia desde sus discursos.

En suma, el capítulo logra engarzar lo que la literatura expone sobre violencia, a través de autobiografías y narrativas de vida. Funge como un ejercicio honesto que se crea con las aportaciones de las participantes, en este caso del Diplomado FECOSIVEE. Pensamos que se requieren más estudios que tomen en cuenta la multiplicidad de dimensiones que se movilizan en las relaciones de violencia, que se expresen desde la voz de quienes la viven o las vivencian en la familia, en la escuela y en la comunidad.

✳ **Referencias**

Anita. (2017). *Autobiografía*. Archivo del Diplomado de Formación en Estrategias para la Comprensión de las Situaciones de Violencia dentro de los Escenarios Escolares. Universidad Pedagógica Nacional, Unidad 097 Sur.

Benítez, A. (2017). *En búsqueda de la violencia*. Documento de trabajo del Diplomado FECOSIVEE. México: UPN.

Bruner, J. (1997). La construcción narrativa de la realidad. En J. Bruner, *La educación puerta a la cultura*. España: Visor, pp. 149–168.

Claudia. (2017). *Autobiografía*. Archivo del Diplomado de Formación en Estrategias para la Comprensión de las Situaciones de Violencia dentro de los Escenarios Escolares. Universidad Pedagógica Nacional, Unidad 097 Sur.

De Souza, E., Serrano, J. y Ramos, J. (2014). Autobiografía y educación. Tradiciones, diálogos y metodologías. En: *Revista Mexicana de Investigación Educativa*, Vol. 19, Núm. 62, pp. 683–694. Disponible en: http://www.comie.org.mx/documentos/rmie/v19/n062/pdf/62001.pdf

Delory, C. (2009). *Biografía y educación: figuras del individuo-proyecto*. Argentina: UBA.

Eli. (2017). *Autobiografía*. Archivo del Diplomado de Formación en Estrategias para la Comprensión de las Situaciones de Violencia dentro de los Escenarios Escolares. Universidad Pedagógica Nacional, Unidad 097 Sur.

Furlán, A. (2012). Introducción. En: A. Furlán (Coord.) *Reflexiones sobre la violencia en las escuelas*. México: Siglo XXI, pp. 7–30.

Furlán, A. y Spitzer. T. (2013). Introducción. En: A. Furlán y T. Spitzer (Coords.) *Convivencia, disciplina y violencia en las escuelas*. México: ANUIES/COMIE, pp. 21–38.

Galtung, J. (2016). La violencia cultural, estructural y directa. *Cuadernos de estrategia*, pp. 147–168.

Lagarde, M. (2014). *Los cautiverios de las mujeres: madresposas, monjas, putas, presas y locas*. México: Siglo XXI/UNAM.

Laura. (2017). *Autobiografía*. Archivo del Diplomado de Formación en Estrategias para la Comprensión de las Situaciones de Violencia dentro de los Escenarios Escolares. Universidad Pedagógica Nacional, Unidad 097 Sur.

Lechner, E. (2011). Del encantamiento al desencanto: recorriendo las esquinas de la investigación biográfica desde mi experiencia. En J. Serrano y J. Ramos (Coords.), *Trayectorias: biografías y prácticas* (pp. 21–42). México: UPN.

Manuel. (2017). *En búsqueda de la violencia*. Archivo del Diplomado de Formación en Estrategias para la Comprensión de las Situaciones de Violencia dentro de los Escenarios Escolares. Universidad Pedagógica Nacional, Unidad 097 Sur.

Meyer, E. (2010). La memoria de los otros. *Acta Sociológica*, (53), pp. 43–58.

Ruiz, D. (2001). *Cuéntame tu vida. Compendio de discursos autobiográficos*. México: UPN.

Serrano, J. (2008). "La construcción de itinerarios, trayectorias o travesías profesionales". En S. Fuentes y Ma. Valdivia (comps.), *Cuadernos de investigación. Política educativa, desarrollo institucional y actores* (pp. 124–131). México: UPN.

Teresa. (2017). *Autobiografía*. Archivo del Diplomado de Formación en Estrategias para la Comprensión de las Situaciones de Violencia dentro de los Escenarios Escolares. Universidad Pedagógica Nacional, Unidad 097 Sur.

Torres, R. (2008). La construcción de sentido en la escritura autobiográfica. En S. Fuentes y Ma. Valdivia (comps.), *Cuadernos de investigación. Política educativa, desarrollo institucional y actores* (pp. 114–123). México: UPN.

Vargas, M. (2014). Filosofía de la Finitud: Joan-Carles Mèlich. *Revista Graffylia*, (18), pp. 202–204.

Villanueva, F. (2012). *Las prácticas del gestor educativo: un enfoque narrativo* (tesis de licenciatura). Universidad Pedagógica Nacional, México.

CAPÍTULO 8

Con-vivencia, ética del semejante y legalidades

Experiencias de extensión universitaria en escuelas secundarias

Cristina Erausquin, Adamna Mazú,

Gustavo Corvera, Ailín Galiñanes Arias (Argentina)

La condición que nos ocupa, "vulnerabilizados", es el resultado histórico y (esperamos) reversible de procesos sociales que producen como efecto la situación de vulnerabilidad: los grupos no "son" vulnerables por alguna condición propia que los haga tales, sino que están colocados en situación de vulnerabilidad por efecto de procesos de concentración de la riqueza, de explotación económica, de segregación en la participación política y de desigualdad en el acceso a los bienes culturales.

Flavia Terigi, 2014, p. 217

Este trabajo recoge experiencias extensionistas desarrolladas por y entre estudiantes, docentes, orientadores, directivos escolares, y profesionales en formación y formadores de la Cátedra de Psicología Educacional de la Facultad de Psicología de la Universidad Nacional de La Plata[1], en el primer ciclo de una escuela secundaria —primero y segundo año— con poblaciones socialmente "vulnerabilizadas" (Terigi, 2014).

La apuesta fue ambiciosa: colaborar en el desarrollo de *interacciones vitales significativas* (Vygotsky, 1926–2012), o sea, contribuir a la construcción de lazo social, a la re–configuración del semejante y a la emergencia del sujeto ético, con la construcción de la co–responsabilidad en el sostenimiento de una Ley que sea legítima, o sea que habilite a todos a ser parte, a tener y a tomar su parte en la herencia cultural y material de una sociedad.

El recorrido hizo visible la necesidad urgente y el carácter estratégico del fortalecimiento, desarrollo y consolidación de tramas de trabajo colaborativo. A través de interacciones de implicación recíproca y una fuerte y sistemática inter–animación de voces diferentes de agentes educativos y actores sociales, cruzar fronteras entre diferentes escenarios y sistemas de actividad es condición para re–fundar al sujeto ético —entendido a la vez como individual y colectivo—.

Durante el año 2017 se desarrolló el proyecto de extensión universitaria "Convivencia, Lazo Social y Construcción de Legalidades: expandiendo trayectorias y aprendizajes significativos en escuelas secundarias" de la Universidad Nacional de La Plata (en adelante UNLP), en nueve centros educativos —todas escuelas públicas— de La Plata y las localidades aledañas de Berisso y Ensenada.

Este trabajo se refiere a las actividades, los saberes y las experiencias desarrolladas en las dos sedes de una de las mencionadas escuelas, ubicada en las afueras de la ciudad de La Plata, capital de la Provincia de Buenos Aires. Las sedes —la Sede Central y la Anexa— están separadas por varias cuadras de distancia y tienen una relativa autonomía de funcionamiento.

---

[1]La ciudad de La Plata es la capital de la Provincia de Buenos Aires, a su vez el distrito mayoritario en población y recursos de Argentina.

Se había realizado allí un trabajo previo, durante dos años, en el marco de las prácticas pre–profesionales supervisadas que desarrolla la Cátedra de Psicología Educacional de la Facultad de Psicología de la UNLP, con alumnos de la Carrera de Grado, formando psicólogos para el trabajo en escenarios educativos. Esas experiencias prepararon el terreno para el desarrollo del proyecto de extensión, con eje en la con–vivencia y la construcción de legalidades. La apuesta central fue colaborar en la construcción de modos de reconocimiento del semejante y de respeto por el otro (Bleichmar, 2008), en un contexto de creciente exclusión social y vulnerabilización, fermento de múltiples problemáticas psicosociales: drogadicción, alcoholismo y otras diversas formas de violencia.

Se trataba de construir una ética más allá del disciplinamiento de los cuerpos y la homogeneización de las mentes, más allá del "engaño pedagógico más profundo" de pretender lograr la armonía en la convivencia, en base al miedo al castigo y el miedo a la humillación, desde, al decir de Vygotsky (1926–2012) el dominio del "policía interno del alma".

Sostenía Lev Vygotsky, siguiendo a Spinoza (op.cit., 1926–2012, en Erausquin et al., 2018), que enseñar la moral a través del miedo al castigo y la humillación, a través de la hipocresía de declamarla los "unos" para que los "otros" hagan el bien, no sirve más que para generar obedientes sumisos o transgresores con más fortaleza o creatividad, pero destinados a ser marginados y excluidos.

Se trata, por el contrario, de ayudar a niños, niñas y jóvenes a elegir el bien, simplemente porque es más bello, de inspirarlos en ello y para ello habilitar la pasión. Y promover que lo descubran, además, con otros y entre todos, a través de interacciones sociales —vitales y significativas— en el aula y en la escuela, y en todas partes por supuesto, pero sobre todo en la escuela. Más allá de la obediencia al valor moral de una época y una cultura, más allá de la humillación y el miedo al castigo por lo que "no se debe hacer", sostenía Vygotsky.

Con la alegría, en cambio, por descubrir el auténtico valor de lo bello, de lo bueno, y hacer ese descubrimiento con los otros. Como el niño, cuando juega a un juego, y al jugar —sin darse cuenta, sin proponérselo y sin que nadie se lo proponga— "una regla se convierte en deseo". Y es así como esa construcción se entrelaza, se entrama, como potencia, en la pasión, el interés, el deseo.

✺ ¿Qué entendemos por Extensión Universitaria?

Hace tiempo que en nuestra Universidad nos preguntamos, y también en los encuentros que tenemos en distintas partes del país o en otros países del continente, *qué es y qué no es* la Extensión Universitaria, incluso más allá de lo que convoca a los estudiantes, como *psicólogos en formación* en nuestro caso, a recorrer el territorio, o sea, coloquialmente, la "calle", en definitiva.

En la UNLP, los que se sienten implicados a participar en un Proyecto de Extensión son muchos. No sólo hay psicólogos, sino también otros *profesionales en formación* que son convocados por esas experiencias, para participar en lo que está *extra muros* —fuera de los muros de la Universidad— y apropiarse de lo vivido allí.

Todos hemos aprendido que la Extensión Universitaria es uno de los pilares que sostienen a nuestra Universidad, la Universidad Pública de nuestro país, que es gratuita y de ingreso irrestricto, como en pocos lugares del mundo. La sostienen tres pilares: enseñanza–aprendizaje, investigación y extensión. Todos sabemos también que ello se remonta a la proclamación de la Reforma Universitaria, en Córdoba, el centro de nuestro país, hace 100 años.

En el capítulo 9 exponemos las reflexiones e intercambios realizados en las *VI Jornadas de Extensión del Mercosur (JEM)* en abril de 2018, en el marco de los encuentros de la Unión Latinoamericana de

Extensión Universitaria (ULEU) en la ciudad de Tandil, sede de la Universidad Nacional del Centro, en ocasión de cumplirse los 100 años de la Reforma Universitaria.

Allí confluimos muchos extensionistas del país y países limítrofes —especialmente Uruguay y Brasil—, docentes, graduados y estudiantes de todas las disciplinas científicas que se enseñan en las Universidades. Y fuimos convocados a *cruzar esas fronteras* (Engeström, 2001), a desatar esos nudos, a ir más allá de la fragmentación entre las disciplinas.

Muchos de nuestros interrogantes sobre las prácticas extensionistas fueron interpelados en esas implicaciones recíprocas, mediante des–naturalizaciones, problematizaciones, de–construcciones, para producir nuevos sentidos de lo vivido, reelaboraciones críticas de nuestras prácticas, y re–significaciones de lo leído, hablado y pensado.

Proyecto de Extensión en una escuela secundaria con dos sedes y población fuertemente "vulnerabilizada"

Con este horizonte epistémico, ético y político, se llevaron adelante actividades extensionistas en cinco etapas:

- Una primera etapa de inmersión y elaboración de acuerdos de trabajo. Incluyó reuniones del equipo extensionista y del subgrupo de estudiantes que realizan Prácticas Pre–profesionales Supervisadas que trabajó en esta escuela. Se realizaron entrevistas con el equipo directivo, docentes, auxiliares y preceptores, así como observaciones áulicas, para identificar el clima y la dinámica cotidiana del aprendizaje, y del espacio escolar.

- Una segunda etapa de diseño y desarrollo de talleres con los alumnos de la escuela, en la que extensión y enseñanza universitaria se imbricaron de una manera co–constructiva, no exenta de conflictos.

Para el diseño e implementación de los talleres en primero y segundo año, trabajaron conjuntamente el equipo extensionista (docentes, graduados y estudiantes) y los estudiantes que cursaban su práctica pre–profesional supervisada en Psicología Educacional (PPS). Esta etapa incluyó una entrevista de devolución e intercambio reflexivo del equipo de las PPS y los extensionistas con el equipo directivo y el Equipo de Orientación Escolar de la escuela. La misma fue elaborada por los estudiantes participantes con la supervisión de los tutores.

A través de recursos lúdicos, los talleres con los alumnos de primero y segundo año de la escuela se orientaron a abrir instancias de diálogo acerca de la transición escuela primaria–escuela secundaria, la calidad de los vínculos entre pares, y la de los estudiantes con docentes y otros agentes educativos, incluyendo problemáticas de violencia entre pares, violencia desde y hacia los docentes, y violencia de género.

- La tercera etapa incluyó el trabajo de reflexión sobre la práctica con docentes de primer año en ambas sedes, en forma de "jornadas docentes", en las que participaron, en la instancia de organización y coordinación, el equipo directivo, el equipo de orientación escolar y el equipo de extensión universitaria.

- La cuarta etapa consistió en la preparación y concreción de la participación de la escuela, a través de la directora, la orientadora educacional, un docente y el equipo extensionista, en una Jornada en la Facultad de Psicología (UNLP) denominada "Psicología y educación: construcción de tramas y actividades entre la Universidad y las escuelas", organizada por la Cátedra de Psicología Educacional.

Para esto se prepararon exposiciones y un poster referido a las acciones inter–agenciales desarrolladas hasta ese momento. Se realizaron reuniones con docentes, directivos, orientadores y el equipo de extensión, y se prepararon y supervisaron *crónicas* de todos los eventos, que constituyen, junto al póster, una memoria secundaria como elaboración inter–agencial. Esto, a modo de re–mediatización de la memoria colectiva construida entre dos sistemas de actividad —universidad y escuelas— (Engeström et alt., 1992), interrumpe el olvido social con el cual las instituciones hipotecan o renuncian al futuro y se reproducen a sí mismas inercialmente —tanto la universidad como las escuelas—. Sólo reconstruyendo la historia en su dinámica, atravesada por contradicciones y tensiones, contada a través de múltiples voces, podrá posicionarse un sujeto colectivo frente al porvenir, como agente de su re–creación.

• Por último, se realizaron reuniones y entrevistas de cierre y apertura de nuevas perspectivas de trabajo para el año siguiente (2018) en esta escuela.

La co–construcción, la inter–agencialidad y la labor conjunta de dos sistemas sociales y societales de actividad (Chaiklin, 2001) —la escuela y la universidad— son rasgos propios de estas instancias de trabajo. Esto se realiza en torno a objetos/objetivos complejos, móviles, huidizos, y mediante la función del agente psicoeducativo como factor de desarrollo de aprendizajes reflexivos de colectivos humanos. Se mencionará a continuación cómo estas perspectivas tomaron cuerpo en las actividades desarrolladas.

Hacia la co-construcción

Llego a la escuela a las 13 hs para realizar la primera observación áulica. Me recibe una auxiliar. Le explico el motivo de la visita y comienza a reírse. Me dice: ¿vos solo?, ¿estás seguro?

Becario extensionista

En procesos de co–construcción los agentes actúan desde diversas experiencias, trayectorias y posiciones. Esta pluralidad o polifonía, si bien es fuente de tensiones, no supone un obstáculo a la hora de abrir un campo de trabajo colaborativo, sino que, por el contrario, potencia la actividad ampliando los horizontes de acción y de producción de saberes. La *co–construcción* supone a su vez, como contrapartida, zonas de indeterminación, incertidumbre y toma de decisiones complejas.

El diseño flexible de los proyectos facilita estos procesos, brindando un marco que habilita búsquedas compartidas. Transitar estas zonas en entornos desafiantes —muy desafiantes— supone implicaciones y efectos singulares. El campo de la incertidumbre puede recorrerse en estos escenarios construyendo comunidades de trabajo, tejiendo tramas que potencien a los actores e impulsen cambios en las posiciones de enunciación, desde la de–subjetivación y la resistencia hacia la invención (Duschatzky y Corea, 2002).

Por el fortalecimiento de los colectivos aumenta —nuevamente, en palabras de Spinoza (1883)— la potencia de los agentes, se abren procesos de creación, se vuelven posibles afectos como la alegría, el entusiasmo. La co–construcción es solidaria con la producción de saberes situados. La figura del hiper–especialista, aplicador diligente, cede su lugar a la producción en contexto, donde los agentes, desde sus múltiples posiciones, experiencias y trayectorias ponen a circular sus herramientas y producen nuevas. Tanto los saberes —distribuidos— como la acción no pueden atribuirse a uno u otro agente, sino al mismo contexto del que forman parte, a la misma trama de voluntades singularmente situadas.

La co–construcción, como orientación de trabajo, implica tomar en serio la tarea de generar las condiciones que la hagan posible. Esto en oposición a una retórica que alivia un sentimiento de culpa "progre" o "bien ubica" en la parroquia académica, y que finalmente, cuando la co–construcción naufraga —porque naufraga muchas veces— sitúa la responsabilidad en los actores con quienes se suponía co–operar.

La co–construcción no es un *a priori* en la relación universidad-escuelas, por pensar en sólo uno de los "entre" enunciados. Las puertas abiertas de la universidad y de las escuelas no garantizan la co–construcción.

La intensidad, sistematicidad y el carácter estratégico de la participación y de la cooperación deben ser objeto de reflexión y un objetivo de trabajo en sí mismo. Para el caso, sucesivas reuniones de trabajo (encuentros donde fluye, se interrumpe, refluye la palabra, el pensamiento, construyendo sentidos para la acción y la acción misma), entrevistas con directivos, docentes, auxiliares (en distintas etapas), la presentación personal y la convocatoria permanente al encuentro, la múltiple mediación digital —verdadera palanca en los escasos tiempos de extensionistas sin renta—, fueron generando condiciones para alcanzar una co–construcción de mayor intensidad.

✵ Encapsulamiento o co-construcción de baja intensidad

> *A la salida del primer taller, los noto abatidos. Entre risas nerviosas, J.—uno de los talleristas— me dice: "quería matarlos".*
>
> *Estudiante universitario tallerista en Práctica Pre-Profesional Supervisada en Psicología Educacional*

> *En el mar de hechos que los de–subjetiviza se sumó una ola más.*
>
> *Becaria extensionista*

En la segunda etapa de trabajo, se desarrollaron talleres con alumnos de primero y segundo año en ambas sedes.

Desde los primeros contactos con la institución se decidió, en conjunto con el equipo directivo, enfocar la actividad en estos años. Allí se ubicaban las mayores dificultades en el área de convivencia. Ya en la primera entrevista, la directora comentó que la transición primaria–secundaria y las historias de vida de los estudiantes, —en sus palabras, "muy pesadas" y de "mucha vulnerabilidad"—, aumentan la conflictividad en esos cursos. Se fijó entonces poner la prioridad en los primeros años de la secundaria, comenzando, los extensionistas y los estudiantes de prácticas profesionales supervisadas, con entrevistas y observaciones.

Estas exploraciones confirmaron el diagnóstico inicial. En las aulas de primero y segundo año predominaba un clima de tensión con desarrollos de violencias (micro–violencias, violencia física, violencia simbólica) entre pares y entre estudiantes y docentes.

La respuesta docente–predominantemente reactiva y contenedora[2]– se caracterizaba por el agotamiento de los recursos habituales, con algunos destellos de creatividad que, sin embargo, resultaban insuficientes para afrontar las problemáticas.

Las licencias e inasistencias de docentes y otros agentes educativos eran habituales. La impotencia y el agotamiento favorecían esta dinámica, alimentando la espiral de violencia. Una de las extensionistas lo destaca así:

> *Cuando la profesora de biología se acercó a cumplir con su horario de trabajo, con el único fin de renunciar al final del día, me comenta la situación y me pide que los estudiantes no lo*

---

[2] "Contenedora" en el sentido de desplegar barreras ante desarrollos de violencia sin procurar medios de metabolización.

sepan. Ella decide no despedirse, no brindar razones e irse en
silencio. Lo más particular de ese día es que una alumna eligió
festejar su cumpleaños con todos los presentes (incluyendo a la
docente y a nosotras, las extensionistas).

También el curso trabajó en equipo, usaron fibrones de colores,
realizaron afiches y se cerró la jornada con un experimento. Los
alumnos dieron la explicación "científica" y la profesora (aunque
se lo habíamos pedido una semana antes) no aportó a esos
comentarios.

Igualmente hubo sonrisas, ayudas de los estudiantes con las
extensionistas, aunque después nadie les preguntó cómo se
sentían, qué pensaban frente a la renuncia de aquella profesora,
o de la inasistencia de otras/os y/o a su cantidad de horas libres.

¿No estamos hablando de abandonos, no es violencia ese silencio?,
¿no son estos actos formas de de–subjetivización?

Becaria extensionista

Como también, destaca la extensionista, en algunas ocasiones la misma respuesta del equipo directivo profundizaba el problema. Un ejemplo de estas intervenciones "conservadoras" es la suspensión de las horas de educación física como sanción grupal. El carácter estratégico del deporte, el juego, la educación física —como territorio de subjetivación— quedaban invisibilizados, privando al sistema de una de sus herramientas.

A su vez puede pensarse que quitar el gozo de esas horas —se quita lo que les gusta— más que una forma de prevenir futuras violencias, de recomponer la esperanza y profundizar vínculos saludables, es una forma de continuar la espiral de violencias, alimentando el malestar de los estudiantes.

En las entrevistas con docentes, surgió como correlato la soledad en el ejercicio de la función y la necesidad de un trabajo entramado con otros agentes de la institución.

En ocasiones se reprodujo, en instancias de taller, los mismos encapsulamientos o co–construcciones de baja intensidad, encontrando imposibilidades, impotencias, afectos —incluso la necesidad imperiosa de evadirse— similares a los que experimentan los/las docentes. Lo que sostuvo nuestra labor, posibilitando búsquedas, aperturas y giros creativos, fue reforzar las tramas al interior del sistema extensionista: a través del diálogo, la narración, la elaboración y socialización de crónicas como eslabón fundamental. Ello implicó la construcción de propuestas de trabajo, la circulación de experiencias y herramientas, el repensar y sumar cuerpos a la escena, y el escuchar e intentar *hacer–con* los docentes.

Narra otra de las extensionistas:

> *Si bien muchas veces llevábamos una planificación concreta para*
> *trabajar, teníamos que ir modificándola en el acto, "inventando"*
> *y descubriendo formas nuevas, para poder llevar adelante*
> *objetivos.*
>
> *La dificultad del trabajo en grupo, pero también la individual,*
> *hizo que tuviéramos que repensar y replantearnos*
> *constantemente ciertas formas de trabajo "ideal" para poder hacer*
> *algo más con eso que sucede día a día en los cursos. Por supuesto*
> *que siempre la posterior escritura de la crónica (luego de*
> *realizada la actividad) y el debate entre los extensionistas sobre*
> *lo sucedido, son herramientas para procesar todo lo vivido, que*
> *muchas veces genera tensión y ansiedad".*

Becaria extensionista

Lentamente fue imponiéndose también la conciencia de la importancia de construir espacios de encuentro con los más grandes, los denominados "adultos", los responsables de los cursos y de la escuela, con quienes se puede y se debe pensar estrategias de intervención, hacer "catarsis", pero también apuntar y trabajar lo proactivo.

Así se atravesó y se profundizó la función del equipo extensionista en esa institución.

Interrumpir la deriva, la fuga mortífera hacia la nada, ir de la violencia al acto: ¿un pasaje?

Otra vez comienzan a desorganizarse mucho, gritando, agrediéndose verbalmente: 'chupa verga', 'mogólico', 'puta' (...)

Epítetos a los cuales la docente no reaccionaba.

> Estudiante universitario, de una crónica
> de observación áulica en segundo año.

Comentó un profe: si les proponés algo que realmente los atrapa, muestran interés, se les transforma la cara, y un niño que estaba como opaco, triste o desolado, se le cambia el color, pasa a ser brillante (...) eso me dio la pauta de que están necesitando muchas actividades que les llenen el alma, que la tienen como vapuleada.

> Profesor de primer año

Había que encontrarse, convivir, hacer–con estudiantes de los primeros años de la secundaria, por momentos niños, en medio del famoso "pasaje al acto" que advierte Meirieu (2008).

¿Qué es eso, en realidad?

¿Es simplemente un primitivismo causado por la escasez de capital simbólico?

¿O es algo en realidad mucho más grave: un descreimiento profundo, casi un minuto antes de la desesperanza, poniendo toda la rabia y el desencanto en ese movimiento perpetuo hacia la nada?

La violencia podría pensarse como fracaso de lenguaje pero también como una forma de lenguaje que enfrenta al otro, lo interpela, con un llamado a que responda, se haga cargo, allí donde nadie viene haciéndose cargo. (Duschatzky, 1999).

¿Cómo desechar la primera hipótesis? No se desecha completamente, sólo que —por suerte— no alcanza. ¿De qué se trata en realidad?

Existieron instantes donde se interrumpió la fuga, el barullo, el movimiento, el roce, el golpe, el arma dañina que construyen con gomitas, momentos en los que los estudiantes pudieron maravillarse con el armado de un rompecabezas hecho entre todos o con un experimento de laboratorio que pudieron reproducir, o con los emoticones que les ayudaron a traducir lo que aparece como "lo que siento".

Se advertía la necesidad de lo grupal, grande y profunda, pero, su vez, nadie les enseñó a construirlo: "No sé esperar al otro, no aprendí a disfrutarlo, vivo al acecho". Esa fuga de uno mismo, que llamamos "pasaje al acto", ¿hacia dónde va? Al no futuro, al no presente, al no pasado.

¿Pero sólo en ellos hay "pasaje al acto"? ¿No va para allí también el constante contacto con un flujo permanente de información en los celulares, tablets, etc., en muchos otros niños, que puede durar noches enteras, sin dormir, ni comer, ni ver a nadie más que los de la pantalla? Ahí no se trata de estas infancias a las que les falta todo, sino de las llamadas *infancias hiper–realizadas* (Narodowski, 2013).

¿No va también para esa nada la renuncia permanente de los adultos a cuidar de ellos, a sostener su aprendizaje de la ley, a explicar por qué todos necesitan obedecerla, con esa tendencia al abandono y a la retirada? ¿Y el retorno a la represión, que regresa alimentada por el odio de la frustración de una profesión, la del enseñante, que ya no es un sacerdocio, que ya nadie respeta, que "hace agua", llevándose todo con ella, a pesar de las ganas que había de convertirla en algo? ¿Y todo eso, no es una fuga también hacia la nada?

En una Jornada de Docentes de Primer Año, a la que se convocó también a los extensionistas, una profesora de Matemática dijo: "Hay un alumno —de primero— a quien le hice demanda penal —el muchacho le había hecho un gesto con la mano como de amenazarla con un arma—. Estoy en juicio y no pararé hasta que obtenga su castigo; el de él y el de sus padres".

La coordinadora de extensionistas universitarios, se dirige a ella y le dice: "Qué difícil debe ser seguir enseñando a ese grupo de estudiantes de primer año, ¿no?". Como el niño que señala al emperador desnudo, esa extensionista hizo la pregunta "maldita", la que nadie formulaba y todos pensaban o sentían. La profesora estalló en un "¡Yo no voy a renunciar!, sacándose de las casillas."

¿No es eso también un viaje hacia la nada?

Recuerdo que, al cierre de la Jornada, la misma profesora, que se había quedado callada, en un reencuentro tal vez fugaz con una intencionalidad más proactiva, comentó que con los estudiantes iba a hacer "mandalas", ya que la simetría es importante en la matemática, y es algo que necesitan mucho esos estudiantes: el equilibrio, la relación armónica entre los opuestos.

Sin duda la necesitan los estudiantes. ¿Y los profesores? Indudablemente, también a esa profesora, hablar, quedarse en silencio, estallar inclusive, en medio de los otros, los colegas, los compañeros y los "extraños" —extensionistas— le fue necesario y también útil; movilizó algo, generó un corrimiento, se deslizó hacia una potencia equilibrante, tal vez, con sus "mandalas".

¿Cómo armar la orquesta? Nadie espera ni se detiene ni hace pausa ni hace forma. ¿Cómo recuperar la confianza en tener un lugar allí para cada uno? ¿Alojando la presencia del otro y a la vez brindándose, ofreciendo la propia presencia?

El ejemplo del rompecabezas, una de las actividades que produjeron más sinergia entre pares en el escenario áulico de primer año, para nosotros simbolizó una *totalidad colectiva que nunca está previamente dada*, que es siempre provisoria, potencial, a construir —difícil y gozosamente— entre todos, también con nuestra participación activa en el entre–lazamiento o "entramado" (Cazden, 2010).

Estos estudiantes parecían tener una enorme vocación y necesidad de participar, pero no creían que nadie los estuviera esperando, no parecen creer en que nada de lo que ellos hacen le importe ni un poquito a nadie, que nada de lo que ellos hacen cuente para nadie.

Y eso, nada más ni nada menos, había que remontar para la construcción de un *sujeto ético*, ésa y muchas otras fracturas. No sólo trabajando con ellos, sino trabajando también, y en profundidad, codo con codo, con los que se agotan, con los que ya no saben qué hacer, con los que se equivocan también sin que nadie se acerque a construir con ellos nuevas herramientas, nuevos lazos, nuevas potencias del ser, ésos que son llamados "adultos" —?—, en los que se encontraron la misma vocación y la misma desventura que en los estudiantes.

✳ Experiencias en la construcción del sujeto ético

✳
★ I - Figura de lo des-armado, del "caos", del
"pasaje al acto". Necesitamos silencio y
no tenemos poder para generarlo.
El borrador "colaborativo".

El texto que sigue fue extraído de un Instrumento de Reflexión que incluye la narrativa de un Estudiante Extensionista.

El problema a recortar de la experiencia es la dificultad de los chicos (y los docentes y extensionistas también) para llevar adelante una tarea en conjunto, en tanto priman entre los chicos las peleas, los gritos y los insultos.

La historia. En esta institución ya habían participado extensionistas y alumnos de la cátedra de Psicología Educacional haciendo sus prácticas profesionales, por lo que hemos contado con mucho material previo a la intervención. Todas las observaciones áulicas realizadas, si bien cada una desde un ángulo distinto, coincidían en algo: el caos, los chicos que no se quedan sentados en sus sillas, yendo de un lado a otro, pegándose, insultándose, gritándose y la imposibilidad de los docentes para dar clase.

La intervención. Si bien al ver "caras nuevas" se notaba un entusiasmo mayor por parte de los chicos, la posibilidad de trabajar en un clima ameno se dificultaba más y más. El objetivo era aplicar los cuestionarios propuestos desde el Proyecto sobre la diferencia entre la primaria y la secundaria, sus vivencias y los vínculos entre ellos, con los profesores, los preceptores, los directivos, para luego iniciar los talleres en base al material recaudado.

Al verse dificultada la aplicación del cuestionario tal como estaba prevista (que los chicos respondieran a una serie de preguntas escritas que nosotros les dábamos), los objetivos fueron modificándose, o adaptándose a las necesidades del momento, implementando así los cuestionarios mediante modalidades lúdicas. La intervención no sólo se centró en los chicos sino también en los docentes y directivos, quienes manifestaban cierta "impotencia" para trabajar con esos alumnos.

Intervención más significativa: primer encuentro. Luego de unos minutos de ingresar al aula realizamos una presentación. Tardamos en comenzar porque los chicos no querían ingresar, una vez allí estaban muy inquietos, se paraban, corrían, se peleaban y hablaban a los gritos. La preceptora intentó varias veces calmarlos para que nos escucharan. Entre ellos mismos también se pedían silencio, pero cada vez que uno hablaba para callar a los otros, volvían a gritarse y pelear: "cállense que nos hacen quedar mal"; "son unos inmaduros"; "dejen hablar a la profe".

Les contamos que veníamos de la Universidad, de la Facultad de Psicología, y que estábamos haciendo un proyecto para trabajar con ellos la convivencia en la escuela. Pedimos que se presentaran con su nombre y dijeran algo que les gustara hacer. Esta actividad también se hizo difícil porque se gritaban, se insultaban, se tiraban los útiles y cambiaban permanentemente de lugar. No obstante, todos pudieron presentarse y también entre ellos mismos, alentaban a aquellos compañeros que no querían hablar a que dijeran qué les gustaba hacer.

Les propusimos responder a una pregunta del cuestionario: ¿Cómo vivís el pasaje de la escuela primaria a la escuela secundaria? ¿Cuáles te parecen que son los cambios? ¿Con quién hablás sobre esto?

Una de las practicantes la escribió en el pizarrón y les pedimos que la respondieran en una hoja. Muchos se negaron porque "no les gustaba escribir", así que les propusimos entonces que podían contarnos y nosotros lo escribiríamos en una hoja. Esta actividad también llevó mucho tiempo, con varias intervenciones de la preceptora que nos ayudó para que los chicos participaran. Por momentos algunos lo decían en forma oral y cada vez que uno hablaba otro opinaba al mismo tiempo.

Al ver que pocos escribían comenzamos a pasar por los bancos y tener un contacto más directo con los chicos. En un momento uno le dice a la extensionista "no entiendo qué hay que hacer", ella empezó a explicarle la pregunta y recordarle por qué habíamos ido ahí, que queríamos trabajar con ellos y primero necesitábamos conocerlos. En esa comunicación privada, él se animó a confesar que no le gustaba la secundaria, que extrañaba a sus amigos de primaria y que a sus compañeros no los conocía. Se le propuso que escribiera eso que había contado y lo hizo, pero al rato lo borró porque "no le gustó lo que había escrito". Más tarde dijo que en realidad no había notado ningún cambio y escribió eso.

Los Resultados. Si hablamos de los objetivos planteados, pudo hacerse algo al respecto, se logró conseguir información rica para poder seguir pensando cómo trabajar. También el hecho de haber realizado una jornada con docentes, donde ellos se implicaron de una manera activa y participativa, plantea un buen piso para poder seguir trabajando y profundizando desde el equipo de extensión.

A qué atribuye ese resultado? El resultado creo que ha tenido que ver con el esfuerzo de todos para un fin común.

De los extensionistas, que todas las semanas nos hicimos presentes en la escuela, de nuestras planificaciones y reuniones, de los chicos que estuvieron ahí con sus participaciones e inquietudes, y sus no–participaciones que nos hicieron replantearnos muchas cuestiones, de los docentes que siempre nos brindaron el espacio y estuvieron dispuestos a participar con nosotros, del equipo directivo que nos abrió las puertas cada día, y por supuesto del respaldo del equipo de extensión para pensar y repensar todo lo que iba sucediendo.

Otra extensionista relata el "episodio del borrador".

El griterío no permitía explicar la tarea. Una de las alumnas de secundaria se acerca a la extensionista y la "asesora": *La única manera de hacerlos callar es con un ruido más fuerte.*

La extensionista responde: *Pero eso no es lo que yo quiero hacer, quiero que quieran escucharse unos a otros, para eso estoy aquí.* La estudiante secundaria insiste: *Pero no se puede, si no los hacés callar. Mirá, yo te muestro*, y golpeó fuerte con el borrador, en el pizarrón. El ruido generó, claramente, un silencio, y la extensionista, habiendo ya conformando un equipo con la chica, empezó a explicar la consigna.

Cuando la Orientadora Educacional, más adelante, les preguntó a los alumnos de primer año, "qué es lo que más querrían y necesitaban tener", respondieron: "silencio".

Cuando les preguntó: "¿qué es lo que no tienen?", respondieron: "silencio, y no sabemos cómo conseguirlo".

★ II - Figura de la confianza como red que sostiene la lucha compartida contra el dolor y el sufrimiento.

Texto extraído de un Instrumento de Reflexión que incluye la narrativa de una Tutora Extensionista.

El problema es cómo trabajar la con–vivencia, o sea, la construcción de lo común, no lo mismo, sino lo común, y la tarea de aprender todos a cuidarlo mientras lo construimos como común, no sólo cognitivamente, sino también experiencialmente, y en una experiencia plena de sentido que seamos capaces de armar entre todos —construir lazo, legalidad, y ética, en una sociedad fragmentada, y a veces desvastada, con un fuerte proceso de de–subjetivación, des–armado por épocas, en nuestras juventudes—.

Y cómo hacerlo con y entre los más chicos, niños y adolescentes y jóvenes, cuando se trata de poblaciones "vulnerabilizadas" —lo que alude a la violencia simbólica de la desigualdad y la injusticia perpetrada por varias generaciones en la disponibilidad y el acceso a los recursos y oportunidades—, y con esos chicos que hoy están dentro de las escuelas —lo que no quiere decir que estén verdaderamente incluidos en una esperanza de progreso o significatividad de su presencia para la sociedad—.

Otro problema es cuál es la contribución que podemos hacer desde nuestro trabajo en extensión universitaria, y cómo podemos construir acciones y conciencia en nuestro entramado —entrelazado— con los actores/agentes escolares adultos. Es decir, con los docentes, y en esta etapa también con directivos, orientadores escolares, preceptores, auxiliares, así como con los mismos chicos, niños, adolescentes, jóvenes, en este caso, en las escuelas secundarias del Gran La Plata y en el primer ciclo, primero y segundo año.

La escuela secundaria sigue siendo la parte más crítica del sistema educativo, y desde las leyes que imponen su obligatoriedad, la bisagra en la que se muestra la potencia de una generación. También se muestra la destrucción sistemática que ha tenido lugar en nuestro país, de la pasión y la confianza en el porvenir, en su propio valor y capacidad, en los jóvenes alumnos, docentes, y en todos nosotros.

La historia. La Cátedra había tenido relación bastante estrecha, aunque no exenta de frustraciones, con la directora de la escuela, cuando era Orientadora Social de una escuela vespertina de La Plata, con jóvenes adultos que trabajaban y habían perdido su primera oportunidad de completar la escolarización.

Allí nos conoció. Adquirió confianza en nosotros como Equipo de Extensión recién cuando nos vio permanecer y sostener nuestro apoyo, a pesar de la ausencia de directivos, docentes, y otros EOE de nuestras convocatorias. Fue la única agente educativa adulta que nos apuntaló en el trabajo de producción de un video con esos jóvenes, muy significativo para nuestra historia de extensionistas psico–educativos.

Ya entonces nos había parecido que era una mujer que se jugaba por su lugar en la escuela, que comprendía a los chicos que "vienen de abajo". Era disciplinante pero cálida. Alguien que no regala nada, pero reconoce genuinamente lo que uno hace, cuando piensa y siente que vale la pena.

En el año 2016 ya habíamos trabajado en la escuela en que era —y sigue siendo directora—. Allí trabajamos apuntalados por, y apuntalando a la vez la tarea de la vicedirectora, psicóloga egresada en la Universidad Nacional de La Plata, que nos había recibido muy bien, sobre todo a los estudiantes de Psicología que realizaban las Prácticas Profesionales Supervisadas (PPS).

Se hicieron entrevistas y observaciones en la sede central, y sobre todo, con una estudiante extensionista compartimos la elaboración del proyecto y la realización de lo que empezábamos a hacer en nuestra cátedra: la "devolución", con la escuela, que ya empezábamos a denominar —para descartar gradualmente el sesgo clínico de la palabra "devolución"— *"intercambio reflexivo de mutua implicación entre actores educativos escolares y académicos"*, al cierre de la experiencia de PPS.

Fue muy interesante la escucha, el intercambio, la sinceridad, la preocupación por los chicos.

Al año desarrollamos **la intervención** en las dos sedes —central y anexa— de la Escuela.

Es significativo lo de las dos sedes, por la diferencia, no sólo de población, más urbana una y más periférica otra, serían pobres unos y más que pobres otros, y además, porque en la central estaba la directora, y toda la estructura era más fuerte, y en la anexa, estaba la vicedirectora, y toda la estructura era más débil, por momentos deshilvanada.

Planificamos así, en las dos sedes, no sólo entrevistas y observaciones sino también talleres de convivencia y administración de cuestionarios para el seguimiento de trayectorias vitales de escolarización en alumnos de 1° y 2° año.

Realizamos, con mi presencia, la de la directora del Proyecto de Extensión y la participación de los estudiantes de las PPS que operaron en las dos sedes, dicha "devolución o intercambio reflexivo al cierre"; a mitad de año, poco antes de terminar el cuatrimestre de cursada, requisito obligatorio para aprobar la asignatura. Esa entrevista fue concertada y se realizó en esta oportunidad con la presencia de la directora y la vicedirectora de la escuela.

La intervención fue fundamentalmente llevada a cabo por el equipo extensionista, a partir de esa "devolución o intercambio reflexivo".

El objetivo de la "Jornada Docente de Primer Año" era pensar juntos cómo contribuir a la convivencia entre los alumnos de primero y segundo año, trabajando en la metabolización pedagógica de los conflictos —modelo de Meirieu (2008)— y cómo crear colectiva y mancomunadamente condiciones para construir entornos de aprendizaje. Con actividades significativas y relevantes, que los alumnos pudieran valorar, en las cuales quisieran participar y sostener la participación, comprometerse con ellas. Suspendiendo el ruido, el estorbar al otro, la pelea, la humillación de uno al otro, la violencia de género, el desprecio, la intolerancia, la falta de respeto, no sólo al docente, sino entre ellos, de todos contra todos y contra ellos mismos, a fin de crear algo que valga la pena enseñar y aprender, en el propio clima del aula.

Los resultados fueron muy impactantes, especialmente con los docentes y los alumnos de las dos sedes de la escuela.

El conocimiento y la confianza recíprocos. La recuperación de la auto–confianza y la reconstrucción de la relación con el otro como semejante, la toma de conciencia sobre las consecuencias de los propios actos sobre el sufrimiento ajeno y la búsqueda de evitarlos, porque el otro es parte de lo que hacemos juntos, y lo que le pasa me involucra, me afecta, —logrado a través de chispazos de empatía, cortos pero genuinos—. El desarrollo de la competencia para reclamar y vivenciar el silencio.

La experiencia de búsqueda de resolución de conflictos entre todos. Atribuyo esos efectos a las enormes ganas de sentirse escuchados y acompañados que tenían los docentes, a lo certero de nuestra participación en algo que había armado la dirección y vicedirección con el inspector, a nuestro trabajo con ellos, oportuno, reflexionado, re–significando, permanente, flexible, de visibilización de las fortalezas, en positivo, pero no ingenuo, consciente de los conflictos y las angustias, y también a todos los interrogantes que nuestra experiencia con los alumnos nos había dejado y que habíamos compartido para buscar soluciones.

He sido Tutora. La función es acompañar, discutir, interpelar muchas veces, sostener, confiar, formar teórica y experiencialmente, con y a través de la práctica, con y a través de "lo vivido". Utilizar lo más posible categorías conceptuales para ayudarnos a pensar lo que se vive. Ir más allá, re–visitar lo que se vive y siente, con los pensamientos de los grandes autores en la mano, en la mente y en el corazón.

★ III - Figura del qué hacer cuando se quiebra la confianza. El episodio del robo de los auriculares y la docente de biología que quiere "enseñar el átomo".

Se trata de una experiencia significativa recordada en la Jornada de Docentes por una profesora, que relata el sufrimiento de la niña y su llanto: le habían robado los auriculares recién obtenidos de regalo.

Surge en la Jornada de Docentes de la Anexa, el *episodio del robo* y lo que hizo la docente de biología —que quiere apasionadamente "enseñar lo que es el átomo"—.

El trabajo cuidadoso y pormenorizado de la docente de biología sobre todo el grupo de alumnos del curso comenzó señalando el sufrimiento de la niña:

> (...) si somos un grupo, todos y entre todos tenemos que hacer algo por ayudarla a no sufrir más y a que recupere la confianza en nosotros. Y entonces, así, en los hechos, los instó a buscar cada uno en su mochila, algo como para **reparar el dolor de la niña.** Ella misma le puso en el pupitre a la niña un lápiz de colores, y cada uno del curso puso algo en el escritorio de la joven niña, en esa especie de ceremonia colectiva. Pero la joven seguía llorando: seguía sufriendo por lo que le sacaron.

Entonces, la profesora siguió trabajando con el grupo, instándolo a hacer algo por atravesar el descreimiento de la niña, al no poder ser ni sentirse parte de un todo, porque el otro se aprovechaba de su debilidad para quitarle lo que le pertenecía.

Y el otro, por otra parte — el niño que "robó"— es aquel a quien le han quitado todo, menos la rabia, y la dirige a un semejante, a un par, porque algo tiene y de valor. La profesora insistió en que la tarea no estaba aun cumplida, y que era una tarea y responsabilidad colectiva, de todo el grupo. Que a ella no le interesaba saber quién se lo había sacado.

Pero el grupo tenía que encontrar el modo en que los auriculares fueran devueltos. Que ella se iba a ir, y **confiaba**, estaba segura de que los auriculares iban a aparecer. Y la niña iba a ser feliz, porque con los auriculares, iba a recuperar su confianza en el grupo, y su confianza en que ella formaba parte y era parte de ese grupo. Y en que eso valía. La lucha colectiva —docentes y alumnos— por sostener, o más bien re–construir, o más bien re–instituir la confianza de uno de ellos en el grupo, en el Otro, en los otros, en definitiva.

Fue así como, después del recreo, al volver, los auriculares aparecieron, la niña sonrió, y todos aplaudieron: "Profe, te amamos" se oyó decir.

Experiencias sin duda portadoras de interrogantes, problematizaciones, incertidumbres.

El trabajo entre docentes, directivos, preceptores, en el relato de experiencias como ésta, al compartir y alojar, con el acompañamiento, la mirada, la palabra de lo diferente, lo que los estudiantes extensionistas y sus tutores, habitantes cotidianos del mundo universitario, pueden escuchar, intentar entender, para trascender, atravesar, ir un poquito más allá. La necesidad, ahí también, ahí sobre todo, entre adultos des–hilvanados, pero con ganas de entender, de *armar trama, lazo,* trabajar contradicciones, conflictos, construir *encuentro en la diversidad*, descubrir juntos lo común mientras se lo construye, aprender a enseñar mientras armamos nuevas formas de aprender y enseñar.

Metabolización pedagógica de la violencia, desafíos y límites

La violencia en el contexto extra–escolar, ¿qué hacer con ella?

Las gomitas, las armas de los narcos en los dibujos, ¿qué más?

Más preguntas que respuestas, sin duda, porque ¿cuáles son los límites de la metabolización pedagógica de la violencia?

Entendemos por tal la posibilidad de reflexionar sobre lo ocurrido, y re–significarlo, conociendo y tornándonos sensibles a las razones del otro para comportarse de un modo, dándole a conocer nuestras propias razones, pensando y volviéndonos sobre nuestros impulsos y acciones (el "buzón de la pelea", en Meirieu, 2008).

¿Pero qué hacer, cuando en realidad la violencia impera en el contexto extra–escolar, y la escuela no hace sino sortearla o bien reproducirla o impugnarla, generando más resistencia? Hacen falta allí acciones inter–sectoriales, poder llegar a esos actores de más edad cronológica —¿más adultos?—, que son responsables —¿lo son?— de esos chicos, y ayudarlos a re–pensar su posible contribución —¿y su deseo?— a/de un futuro para esos seres que gestaron.

Las *gomitas* y su re–configuración, desde conformarse como "armas" con las que se lastiman permanentemente unos a otros, a través de un camino de gestión en relación a sus derechos vulnerados.

Ese fue un trabajo que nos enseñó una preceptora cuando, como en un juego, al requerirle los pibes que les devolviera las gomitas con las que se lastimaban todo el tiempo —y que eran de ellos, propias, así lo sentían, ¿casi como lo único propio?—, los instó a armar un petitorio, para entregar a las autoridades, reclamando por su derecho a tener esas "gomitas" y dando cuenta allí de los deberes y las responsabilidades que involucraba su uso.

Ese peculiar "acuerdo de convivencia" nos lleva, por asociación, a otras "armas", las que descubre una Profesora de Educación Plástica de Primer Año cuando, al proponerles que dibujen lo que quieran, un niño diseña un arma de gran potencia, indudablemente vista muy de cerca en el lugar en el que vive, fuertemente atravesado por el narcotráfico en las "villas miseria" o "asentamientos" periféricos de nuestro país, como de muchos otros países latinoamericanos.

La profesora, al mostrarle el niño un dibujo perfectamente claro, comienza a trabajar con él el concepto de "arma" como herramienta para lograr cosas, y un juego de sustituciones de herramientas para lograr cosas que se necesitan, o para valorizarse al ser respetado, que tal vez puedan ser menos destructivas y más bellas, también posibles de lograr y de obtener, si se lo propone, y comienza a hacérselas dibujar, en una tarea personal y colectiva, que se va difundiendo en el grupo.

¿Se trata sólo de recursos, para no naufragar en la impotencia y la desesperación? Probablemente en parte, pero también son movimientos, líneas de fuga del desamparo, por parte de docentes y alumnos, hacia ciertos destellos de creatividad y re–configuración.

La experiencia del fragmento

> *En tiempos de incertidumbre y desesperanza, es imprescindible gestar proyectos colectivos desde donde planificar la esperanza junto a otros.*
>
> *Pichon Riviere, E.*

> *No hay esperanza sin miedo, ni miedo sin esperanza (...) Nace de la esperanza la seguridad y del miedo la desesperación.*
>
> *Spinoza, B., 1883*

Durante el desarrollo del proyecto de extensión vivimos, hicimos, atravesamos la experiencia de la fragmentación educativa al "interior de una escuela".

¿Si hay fragmentación hay Una?

¿Si no hay Una hay interior–exterior?

Se trataba de hacer Una. De hacer–la. Lo descubriríamos luego, transitando la fragmentación.

Pero ¿quiénes? ¿qué? Las piezas, los fragmentos había que reunirlos. ¿Pero cuál es la imagen–meta que guía la ensambladura?

La experiencia de la fragmentación es aquella de la totalidad perdida. No hay fragmentación sin totalidad. Véase la definición (RAE) de *fragmento:* "parte pequeña de una cosa quebrada o dividida".

Es decir, que en la definición de fragmento se encuentra la cosa, UNA. La totalidad. La experiencia del fragmento es la de un imaginario astillado, la imagen o las imágenes de "La Escuela", pretérita o futura. La experiencia del fragmento es la constatación de la totalidad que no hay. Pero cómo podría constarse ello sino sobre el telón de fondo de una totalidad pasada, futura, vivida o simplemente imaginada. La experiencia del fragmento es, además, la de las inhibiciones y la de las pasiones tristes (Spinoza, 1883).

Al fragmento o pieza puede asociarse la idea de un rompecabezas o la de un objeto roto, por caso piénsese en un florero de cerámica. Una escuela rompecabezas nos introduce en el esfuerzo de ensamblar las piezas, cada una en un lugar fijado de antemano, cada pieza con sus bordes definidos, complementarios, recíprocos. Es un esfuerzo importante, aunque resulta tranquilizador saber que todo encaja y que finalmente la armonía, las buenas formas, se impondrán en la confusión. La imagen del jarrón roto nos introduce en la tarea de reunir, pegar, recrear un continente, la de generar una estructura que delimite un vacío.

Quizá la segunda de las imágenes nos ayude a pensar nuestra experiencia. La de un fragmento que exige un esfuerzo creador. Un movimiento que como en la canción de Bowie, *Let's dance*, se desliza, se agita hacia el vacío.[3]

> *Let's sway*
> *While color lights up your face*
> *Let's sway*
> *Sway through the crowd to an empty*
> *space.*
>
> *David Bowie, 1983*

Si "la cosa" marchara (las normativas, el curriculum, el organigrama), no haría falta más que reunir las piezas.

La experiencia es, sin embargo, la del agotamiento: el guión no es suficiente para responder a los múltiples desafíos y demandas en estas escuelas. Una profesora de inglés da clases con el libro de actas bajo un brazo y la planilla de calificaciones bajo el otro. Sigue así una contabilidad que intenta regular, que intenta limitar, "hacer borde" infructuosamente. Otro profesor, un profesor de música, apela a los "cuadernitos", canal de comunicación con el EOE. Pero la nota naufraga, es un mensaje en una botella tirada al mar. Los días pasan, la esperanza se diluye. Las partes no encajan.

La experiencia del fragmento es la de la obstinación, el reiterado encuentro con el agotamiento. También es la obstinación del esfuerzo fragmentario, incluso creativo. Hay destellos en la experiencia del fragmento. La experiencia del fragmento también puede ser la búsqueda del otro, el intento de construir tramas, de instituir colectivos que potencien la acción por la colaboración. Una co–laboración que potencie,

---

[3] Bailemos mientras el color ilumina tu cara. Bailemos a través de la multitud hacia un lugar vacío. (Traducción libre).

que habilite acciones, movimientos. Una colaboración que conlleve otras pasiones, las de la alegría.

Se trata de co–pensar "Una" escuela que no está dada de antemano, que sea en cambio el resultado de un esfuerzo de creación. Y de hacer–la con los fragmentos de "Una" escuela que ya no existe. De probar, de hacer experiencia, entre todos, también entre universidad y escuelas, de aprender y narrar. La escuela no es una totalidad sin fisuras ni vacíos. Por el contrario, la acción colectiva que ensayamos hace lazo en la diferencia, sostiene y construye totalidades que se descompletan.

❋ # Referencias

Bleichmar, S. (2008). "Sobre la puesta de límites y la construcción de legalidades" (12–22), "La construcción de legalidades como principio educativo" (23–69), "La recuperación de la justicia como base del pacto intersubjetivo" (71–86). En *Violencia social–Violencia escolar. De la puesta de límites a la construcción de legalidades*. Buenos Aires: Noveduc.

Cazden C. (2010). Las aulas como espacios híbridos para el encuentro de las mentes. Cap. 4. En N. Elichiry (comp.). *Aprendizaje y contexto: contribuciones para un debate*. (pp. 61–80). Buenos Aires: Manantial.

Chaiklin, S. (2001). Conclusión. En Chaiklin S. y Lave J. (2001) *Estudiar las Prácticas. Perspectivas sobre actividad y contexto*. Buenos Aires: Amorrortu Editores.

Duschatzky S. (1999). La escuela como frontera. Reflexiones sobre la experiencia escolar de jóvenes de sectores populares. Buenos Aires: Paidós.

Duschatzky, S. y Corea, C. (2002). *Chicos en banda. Los caminos de la subjetividad en el declive de las instituciones*. Buenos Aires: Paidós.

Engeström Y., Brown K., Engeström R. y Koistinen K. (1992). "Olvido organizacional: perspectiva de la teoría de la actividad", en Middleton D. y Edwards D. (comps.) *Memoria compartida. La naturaleza social del recuero y del olvido*. Buenos Aires: Paidós. (pp. 157–186).

Engeström, Y. (2001). "Expansive Learning at Work: toward an activity theoretical reconceptualization". University of California, San Diego, USA & Center for Activity Theory and Developmental Work Research, PO Box 47, 00014 University of Helsinki, Finland.

Erausquin, C., Denegri A., D´Arcangelo M., Iglesias I. (2018). Inclusión social y educativa: rol de la escuela en la construcción del sujeto ético. Implicación de agentes psico-educativos en vivencias configuradas entre Universidad y Escuelas. Ficha de Cátedra.

Meirieu, Ph. (2008). "Una pedagogía para prevenir la violencia en la enseñanza". *Cátedra abierta: Aportes para pensar la violencia en las escuelas. Observatorio Argentino de Violencia en las Escuelas* (pp. 93– 107). Buenos Aires: Ministerio de Educación.

Narodowski, M. (2013). Hacia un mundo sin adultos. Infancias hiper y desrealizadas en la era de los derechos del niño. *Actualidades Pedagógicas* (62), (pp. 15–36).

Spinoza, B. (1883). *Ethics.* http://www.gutenberg.org/files/3800/3800-h/3800-h.htm

Terigi, F. (2014). La inclusión como problema de las políticas educativas. En M. Feijoo & M. Poggi, *Educación y políticas sociales. Sinergias para la inclusión* (pp. 217–234). Ciudad Autónoma de Buenos Aires: Instituto Internacional de Planeamiento de la Educación IIPE–Unesco.

Vygotsky L. (1926–2012). *Conducta Ética. Naturaleza de la Ética desde el Punto de Vista Psicológico.* Traducción de Efraín Aguilar en http://vygotski--traducido.blogspot.com.ar/search/label/Conductaética

CAPÍTULO 9

Extensión crítica y dialógica en escenarios educativos

¿Qué nos sucedió en las Jornadas de Extensión del Mercosur?

Cristina Erausquin, Adamna Mazú,

Gustavo Corvera, Ailín Galiñanes Arias (Argentina)

Plantean Tommasino y Cano, en la Revista Masquedós (2016), que en el desarrollo histórico de la extensión universitaria en América Latina se pueden distinguir dos grandes modelos en cuanto a concepciones de la relación entre universidad y sociedad: el modelo que denominan "difusionista–transferencista" y el otro modelo que caracterizan como "extensión crítica".

Paulo Freire (1998) ya había puesto en evidencia que se desarrollaban en América Latina dos grandes concepciones de la extensión universitaria. Una está relacionada con la reproducción cultural de la sociedad de clases y sus relaciones de dominación, y la otra está orientada a lograr su transformación estructural. Por supuesto, las cosas no siempre aparecen de manera tan prístina y diferenciada, sino en procesos complejos y contradictorios que, como todos los procesos de conciencia, nunca son lineales ni unívocos.

Remarcan los autores antes mencionados que, dentro del primer modelo "transferencista—difusionista" —y a su juicio dominante—, se pueden ubicar tres variantes: el difusionismo cultural, la transferencia tecnológica, y las prácticas asistencialistas y tutoreadas. Todas tienen un sello de unidireccionalidad desde lo dominante hacia lo subalterno, es decir, teniendo como destinatario a quien parece destinado a recibir en forma inerte, como tabula rasa, la impronta de los ganadores en la distribución, la de los colonizadores en la conquista, de los civilizadores.

Aun el "aprendizaje en servicio", de fuerte cuño cristiano, con los "voluntariados" en el acercamiento al prójimo necesitado, no abandona esa unidireccionalidad, la que en este caso tiene la impronta de la caridad y la beneficencia.

Tampoco se despega del todo la emblemática "responsabilidad social universitaria", un modelo interesante, con más marketing contemporáneo, que acerca la universidad a las empresas, las que se sienten atravesadas por la necesidad de demostrar su vinculación con las necesidades de las comunidades a las que les venden productos, y son las que sostienen sus ganancias en un marco capitalista de desarrollo.

La "extensión crítica" no descarta *a priori* acciones de difusión o asistencia, todas las veces que se co—construya su necesidad y viabilidad entre los diferentes sistemas de actividad territoriales.

Al calor de los procesos emancipadores de América latina a mediados del siglo XX, esta perspectiva se vincula a las tradiciones de educación popular e investigación—acción—participación y a las propuestas de Fals Borda y Freire.

No es casual que la mayor parte de los presentadores en la VI Jornadas de Extensión del Mercosur (JEM, Tandil, 2018) lo hicieran sintiendo, pensando y diciendo que "militan" la extensión crítica. Y ello dicho sin significar militancia partidaria alguna: parece tratarse de una lucha social, política, compartida, para interrumpir, subvertir, interpelar la injusticia y la desigualdad en el territorio de nuestra sociedad.

La extensión crítica tiene —continúan Tommasino y Cano (2016)— dos objetivos centrales. El primero de ellos está vinculado con la formación de los universitarios y la posibilidad de establecer procesos integrales que rompan con la formación profesionalista encapsulada y alejada de un compromiso social, en el fragmentado disciplinar que las escinde, la "fábrica de profesionales". Creando en cambio, como alternativa, procesos formativos integrales y vivientes, situados y en contexto, con universitarios comprometidos con los procesos de transformación de la sociedad. El segundo objetivo es contribuir a los procesos de organización y autonomía de los sectores populares, tan frecuentemente visibilizados como "vulnerables" o como "víctimas" que requieren ser tutoreados y asistidos.

Recuperamos aquí el sentido del giro hacia la terminología de "vulnerabilizados" (Terigi, 2014), como en la cita del principio del capítulo 8, porque el participio en lugar del adjetivo, en la enunciación, por lo menos los aleja del destino inexorable, de la profecía, que ya se proyecta como un rasgo, como un sesgo o señal de déficit inevitable, y en cambio, destaca la necesidad de que la extensión se proyecte al desarrollo y al crecimiento del poder de toda la gente.

¿Qué es entonces la Extensión Universitaria?

Los dos objetivos mencionados —la formación de profesionales críticos y el empoderamiento de los sectores populares—, tienen una *vinculación estructural*: no es posible avanzar en uno sin avanzar en el otro.

Y en esa extensión universitaria integral se otorga al vínculo educativo un carácter fundamental en las relaciones de saber–poder. En la comunicación dialógica entre educador y educando, al estilo de Freire y también de Vygotsky, ambos resultan transformados por el proceso de la praxis.

El análisis de la extensión universitaria no puede sino ser político, y se lo tiende sin embargo a correr hacia "la pretendida neutralidad política de las ciencias". Como diría Vygotsky (1926–2012), y usando su figura, otro "engaño pedagógico profundo".

No es raro que la "extensión crítica" reciba duras críticas del pensamiento científico–profesional dominante: una universidad pública que intente, junto a los sectores populares, crear avances en los procesos de concientización popular, siempre será combatida por los sectores dominantes de una sociedad. La universidad latinoamericana, —según los autores antes citados—, y la extensión universitaria, en particular, afronta el desafío de orientarse a la formación de profesionales críticos y solidarios, ensayando una perspectiva de co–construcción de conocimientos y responsabilidad por lo común, junto a los movimientos sociales populares.

> *La integralidad es un esfuerzo por imaginar y construir la universidad como una institución que, a partir de la sociedad de la que forma parte y en diálogo con ella, produzca conocimientos que contribuyan a su transformación. En esos procesos, los universitarios aprenden investigando e interviniendo y se transforman también ellos y la institución (...)*
>
> *La triple integración de docencia, investigación y extensión (...) implica cambios culturales profundos, un cuestionamiento a lo instituido y a las lógicas dominantes de la institución universitaria. La integralidad puede contribuir a la recuperación del sentido del aprender, porque promueve situaciones en las que se aprende a partir de problemas concretos y complejos, con sentido para quienes los viven.*
>
> *Kaplún, 2012, en Loustaunau y Rivero, 2016*

✳ ¿Qué hicimos y qué hace falta hacer?

(...) Existen detrás agentes extensionistas que conforman un colectivo en pos de un objetivo: el de una academia que hace tiempo abrió sus puertas para un mano a mano con la sociedad, una integración que no se hace "desde" sino "con", en estrecha alianza con los saberes populares (...)

Del apartado: "Bienvenida", Programa
de VI Jornada de Extensión del
MERCOSUR, Tandil, 2018

Con estas primeras palabras, que nos sirvieron de guía, se nos dio la bienvenida a todas las personas que, a finales de abril, asumimos el desafío de habitar espacios de participación organizados por la Universidad Nacional del Centro de la Provincia de Buenos Aires (UNICEN) en conjunto con otros establecimientos, especialmente con la Red Nacional de Extensión Universitaria de Argentina y la Unión Latinoamericana de Extensión Universitaria.

Gracias a ese trabajo en red, durante tres días pudimos asistir a conferencias, paneles, talleres, pero principalmente, fuimos co–constructores de mesas de debates: compartimos con diferentes equipos de trabajo, presentadores de ponencia y asistentes, que interrogaban y disponían de otras miradas, intercambiamos maneras de ver y practicar la extensión universitaria.

Cuando tomamos la palabra se nos planteó: ¿qué hicimos y qué hace falta hacer?

Antes de responder a la pregunta es relevante repasar la idea de "situación", pensándola desde la definición que da Lewkowicz:

> *(...) al pensar una situación, habrá que pensar una situación que no es parte de un todo (...) no habrá situación cuando el sentido venga de afuera (...) la idea de situación no remite a lo inmediatamente próximo sino a lo materialmente conectado con ella (...)*
>
> *Ignacio Lewkowicz, 2003*

No existe una sola respuesta para nuestra incógnita, lo singular de ese encuentro hace que existan múltiples respuestas y aunque expresemos diferentes hechos particulares, siempre dejaremos algo por fuera.

Tengamos también en cuenta que las ponencias presentadas, aunque tenían el punto de unión en la temática de *educación y cultura*, fueron instrumentos para debatir sobre tres complejos ejes —conceptualizaciones en extensión, prácticas extensionistas y gestión de la función universitaria de la extensión—, donde cada integrante fue parte activa de una amplia discusión. Con esta imagen, podemos remontarnos a uno de los ejes principales del *constructivismo sociocultural*: todo aprendizaje se da mediante la interacción entre personas que se involucran en un discurso compartido (Lev Vigotsky, 1995). El lenguaje tiene, por lo tanto, un rol fundamental como mediador en la construcción del conocimiento. Y fuimos piezas fundamentales de un mecanismo social de construcción de ideas.

Para poder ilustrar la metodología aplicada, es preciso recuperar el concepto filosófico de "diálogo socrático" (Kahn, 2010). Un método en el que se elige un tópico que dé lugar a distintas opiniones, moderadores que tienen el objetivo de coordinar que los participantes dialoguen con cuidado, detenimiento, profundidad y con la posibilidad de valorar y confrontar diferentes intervenciones.

En nuestro caso, contábamos como coordinadoras del debate, con una profesora de artes plásticas y una ingeniera que, como pareja pedagógica, dinamizaban el diálogo. Nosotros como participantes íbamos aportando propias opiniones, recuperando y abriendo nuevos posibles con lo que los compañeros decían, experimentando lo que significa pensar detenidamente con otras personas sobre un problema que a todos nos conmueve, descubríamos cosas que nos sirvieron y siguen sirviendo para continuar *re–pensando nuestras prácticas*, en el marco de un proyecto humanista.

La posible solución a la pregunta no deja de ser un objetivo, pero no podemos equivocar el "diálogo socrático" con el hecho de encontrar la "respuesta adecuada". No hay nunca una respuesta definitiva al final de un debate de estas características. Cuando los participantes se comprometen en un dialogo así, la necesidad de defender sus propias opiniones es reemplazada lentamente por una actitud de duda constructiva e investigación constante enmarcada en la humildad.

> *(...) el conocimiento capaz de convertirse en acción no es el que adquiere una persona sola (...)*
> *Cuando hablamos de aprendizaje colectivo no estamos utilizando una metáfora; nos referimos a un desempeño competente en un contexto determinado, pensado y ejecutado por una o más comunidades o redes de práctica, que interactúan con intereses comunes a lo largo de una historia compartida (...)*
>
> *Vazquez, Massini y Gore, 2018*

El encuentro dialógico no fue solamente un evento de importancia académica: se trató de un proceso de *resonancia*. Considerando lo desarrollado por Guattari (2006), dejamos de ser un "grupo–objeto", es decir, un mero efector de finalidades ya establecidas y nos posicionamos como un "grupo–sujeto".

Pusimos al descubierto al estilo de sujeto reproductor del asistencialismo universitario y sumamos fuerza a la corriente creadora e instituyente de la "extensión crítica". De esta manera, no podemos dejar de apropiarnos de un concepto que el maestro de la pedagogía crítica, Paulo Freire (2002) nos enseña, y se trata de la definición de *concienciación*. Se trata de una mirada crítica de la realidad sociocultural, es praxis emancipadora y revolucionaria, es proceso de liberación. Se trata de participar en la transformación de la sociedad y de un importante compromiso político. Por eso seguimos sumando fuerza al impulso de una extensión universitaria, y aunque es un grano de arena no perdemos la esperanza.

> *Si el diálogo es el encuentro de los hombres para ser más, éste no puede realizarse en la desesperanza.*
>
> *Freire, 2002*

Así, la esperanza implica movilización, lucha y la espera de la erradicación de lo deshumanizado.

> *Los filósofos no han hecho más que interpretar de diversos modo el mundo, pero de lo que se trata es de transformarlo.*
>
> *Karl Marx, Tesis de Feuerbach nro. 11, 1845*

> *Son cosas chiquitas.*
> *No acaban con la pobreza,*
> *no nos sacan del subdesarrollo,*
> *no socializan los medios de producción*
> *y de cambio, no expropian las cuevas de Alí Babá.*
> *Pero quizá desencadenen la alegría de hacer,*
> *y la traduzcan en actos.*
> *Y al fin y al cabo, actuar sobre la realidad*
> *y cambiarla aunque sea un poquito,*
> *es la única manera de probar*
> *que la realidad es transformable*
>
> *'Son cosas chiquitas', poema de Eduardo Galeano.*

✳ ## ¿Cuál es la acción que no hicieron?

Y junto con la pregunta anterior también nos preguntaron: ¿Y que tendrían que hacer, si quieren conseguir lo que eligieron como lo más importante a lograr?

Esas preguntas fueron una clara invitación a pensar nuestras prácticas en contexto, y esto requiere ocupar el rol de *profesionales reflexivos* (Schön, 1998): reflexionar en la acción y desde la acción profesional, formándonos en aquellas competencias que se nos demandan desde el terreno de la realidad.

La relación entre la competencia en la práctica y el conocimiento profesional requiere que podamos aprender, a partir de un detenido examen del arte, a manejar las *zonas indeterminadas de la práctica*, para establecer líneas de abordaje desde un marco científico y de respeto a los derechos sociales y humanos. Schön propone el concepto de la "práctica reflexiva" como componente de la epistemología de la práctica, desde el arte de la vida cotidiana y desde esa perspectiva nos ubicamos para descubrir nuevos posibles. El autor destaca que, frente a las situaciones que nos inquietan, los profesionales podemos asumir una posición reflexiva que implica pensar sin dejar de actuar y reorganizar lo que estamos haciendo mientras sucede. Como dice Adorno (1998) "toda crítica implica una posibilidad de solución". Hay una realidad fundamental que es la reflexión, como acción emancipadora propia del conocimiento humano. Es allí donde ciencia y ética se integran.

Estábamos siendo partícipes de un proceso de co–construcción, porque la pluralidad y la polifonía potenciaron las perspectivas sobre el trabajo colaborativo y ampliaron los horizontes de acción y de producción de saberes. Lo que implica tomar en serio la tarea de generar ciertas condiciones que la hagan posible. Una de las extensionistas lo expresó de esta manera:

> *Una acción que espero que se pueda reforzar es el hecho*
> *de construir con docentes y/o con el equipo de orientación*
> *escolar estrategias de trabajo para profundizar el*
> *entendimiento sobre la convivencia escolar y para lograr*
> *impulsar el acceso a la educación de todas y todos los*
> *estudiantes.*

Estudiante extensionista

Cuando nos referimos a la inter–agencialidad nos referimos a cómo Engeström (2001) complejizó la teoría de la actividad histórico–cultural de Lev Vigotsky (2006). Se trata de un sistema de actividad que no es una unidad homogénea sino una multitud de elementos, voces y puntos de vista distintos, que tiene una dimensión histórica y política, un sistema que se convierte cada vez más en un medio social y esto significa que cada vez más podemos comenzar a trabajar sobre redes de interacción cada vez más complejas.

En nuestro caso, las actividades en el sistema educativo convocan a una agenda compartida entre diferentes instituciones para que, a partir de lograr la centralidad de la extensión y la vinculación con el territorio social, se desplieguen potencialidades y capacidades, y se desarrolle la utilidad social del conocimiento.

Tal y como plantea Rodríguez (1997) la interdisciplinariedad genera la búsqueda de conexiones y relaciones para atender a la solución de los problemas en un contexto amplio, con una visión integral y completa de la situación analizada. Pero para que el conocimiento no quede reducido a opiniones aisladas, para que las acciones estén enmarcadas en una realización sinfónica, para que se alcance plenitud de posibilidades, nos tenemos que mover en un campo dialectico. La pluralidad, la diversidad y el respeto a las manifestaciones públicas deja de ser una simple expresión de libertad, y co–responsabilidad se convierte en un modo de concretar objetivos y en un modo de empoderar a la comunidad.

> *La pedagogía del oprimido, deja de ser del oprimido y pasa a ser la pedagogía de los hombres en proceso de permanente liberación.*
>
> Paulo Freire, 2005

> *¿Qué pasaría si pusiésemos el cuerpo en vez de lamentarnos?*
>
> *¿Qué pasa si rompemos las fronteras y avanzamos, avanzamos, avanzamos y avanzamos?*
>
> *¿Qué pasaría si de pronto dejamos de ser patriotas para ser humanos?*
>
> *¿No sé (...) me pregunto yo, qué pasaría?*
>
> Mario Benedetti (1920-2009), poeta uruguayo.

¿Qué pasaría si no sólo tomamos la palabra y pensamos juntos cómo nos atraviesa la realidad social, sino que actuamos desde la universidad en articulación con los pueblos, las comunidades?

Son preguntas que nos despiertan entusiasmo para indagar sobre ¿cómo lo podemos hacer? Por un lado, los cuerpos se inundan de incertidumbre, de enojo, de desazón, desesperación, cuando sabemos que la inequidad y los actos deshumanizados siguen teniendo hegemonía, la impotencia prevalece cuando no son visibles o no cobran vigor los movimientos instituyentes. Por otro lado, también aprendimos colectivamente que este campo puede recorrerse y superarse construyendo *comunidades de trabajo y aprendizaje.*

¿Cuál es, en relación con todo esto, la utilidad de los estudios latinoamericanos en la construcción de una realidad distinta a la adversa que impera en nuestro continente?

¿Qué papel juegan los análisis y planteamientos críticos de la problemática social, económica y política latinoamericana en la formulación de propuestas alternativas de democracia?

¿Es a partir de nuestro hacer, pensar y sentir latinoamericano que tenemos que investigar?

¿Es azaroso que personas de Argentina, Méjico y Chile nos encontremos en este libro para escribir sobre la convivencia escolar?

Lo que sí sabemos es que *no existe un modo de pensar neutral*. El pensamiento de una comunidad de actores refleja un régimen de verdades sobre la realidad y su dinámica. Por lo tanto, un modo de pensar traduce una cierta forma de ser y de sentir y a la vez condiciona una cierta forma de hacer y hablar, porque articula símbolos, códigos y significados de los que han creado dicho pensamiento.

✳ ## Psicólogos en formación: sujetos de aprendizaje expansivo

La cultura ofrece, a través de diferentes lenguajes, *recursos textuales* para una narración sobre uno mismo y sobre cómo uno se percibe realizando una actividad. Una historia narrada es un instrumento cultural para re–crear una representación, entender el mundo y explicar lo desconocido de la acción e intencionalidad humana. A partir de las categorías de "polifonía" y "dialogicidad", Bakhtin M. (1982) planteó que en el "diálogo de voces" las personas se apropian de puntos de vista sobre el mundo, en un contexto histórico y cultural; se apropian de las perspectivas de los otros y la de él mismo, que al relatarla a otros se re–significa. La palabra es siempre en parte de algún otro y una voz se construye a partir de la apropiación de otras. Así las expresiones de otros se pueblan de las propias intenciones, entre tensiones y negociaciones. (Erausquin et al., 2018).

Al cierre de las experiencias relatadas en estos dos capítulos, y como lo ponen de manifiesto los relatos, los *profesionales en formación, formados y formadores* emergen para sí mismos como sujetos de aprendizaje, articulando vivencias y conceptos, vinculando lo que aprenden en espacios académicos con lo que experimentan en el territorio escolar–social.

Sienten el aprendizaje como una trama para adentrarse en las vivencias de los otros y construir un contexto mental compartido. Consideran a la escuela un sistema que tiene que aprender a ser de otro modo, con la contribución de todos, porque involucra a todos. El "Instrumento de Reflexión" —nombre asignado al Cuestionario justamente a través de su apropiación—, propicia la problematización, la des–naturalización de lo dado, que el enfoque histórico–cultural postula articulable con el protagonismo de los actores (Engeström, 2001).

El aprendizaje expansivo no se alcanza rápidamente: es necesario modelar patrones de actividad, concebir y re–significar entre todos los participantes la actividad inter–agencial —e incluso inter–sectorial, universidad–escuelas—, re–pensando para expandirlos, a los objetos y motivos de la actividad de un sistema, de una red de sistemas, de una comunidad. Por ejemplo: ¿para qué está la escuela?, ¿para qué la familia?, ¿para qué la universidad?

Para ser efectivo y duradero ese proceso requiere poner a prueba, consolidar. Es la externalización que, junto a la internalización, completa el ciclo de aprendizaje expansivo, dejando "marca" en el sistema social y en los sujetos.

Definimos "aprendizaje expansivo" (Engestrom, 2001), como "el aprender lo que aun no está y de lo que nos apropiamos mientras lo ponemos a prueba a través de la acción que realizamos". La investigación pretende contribuir a desarrollar estrategias que reconceptualicen los significados y encuentren nuevos sentidos de los problemas y de las intervenciones en los sistemas sociales y societales en los que trabajan psicólogos conjuntamente con otros agentes. Conocimiento situado, enmarcado en enfoques socio–histórico–culturales, a través de prácticas y experiencias convocadas por necesidades de cambios y por la implicación dialógica y crítica que emerge en sujetos colectivos al afrontar desafíos de inclusión y calidad como vectores inseparables de la intervención (Erausquin et al., 2018).

Engeström (2001) destaca las características del "aprendizaje expansivo" desde la co–configuración en el trabajo:

- Es un *aprendizaje transformador,* que amplía objetos compartidos del sistema del trabajo con herramientas, modelos y conceptos nuevos, que tienden a formar instrumentalidades o constelaciones integradas;

- Es un *aprendizaje por la experiencia,* que pone a participantes en situaciones que requieren compromiso personal en acciones con artefactos —incluyendo a otros— mientras un modelo de la actividad se va construyendo con su participación;

- Es un aprendizaje *horizontal y dialógico* que crea conocimiento y transforma la actividad, cruzando fronteras y atando nudos entre sistemas, agentes, voces;

- Es un *aprendizaje subterráneo* que desarrolla nuevos métodos, encarnados y vivientes, sin ser notados, en intersticios de estructuras de actividad institucional formal, que les brindan permanencia, sostén y viabilidad. Lo instituido tiene que servir de ancla para lo instituyente, pero lo instituyente siempre tendrá la potencia de rebalsar lo instituido hacia el futuro y la novedad.

¿Por que "extensión crítica y dialógica"?

Fuimos parte de un sistema inter–agencial colaborativo con escuelas secundarias de La Plata, Berisso y Ensenada, y luego, de la expansión co–constructiva de la reflexión con otros proyectos extensionistas de diversas disciplinas, profesiones, territorios y comunidades. Todo ello, en nuestro caso, en vistas a enriquecer el acceso a la educación de adolescentes y jóvenes, como sujetos de derecho, para la co–configuración de tramas de aprendizajes de convivencia, legalidades y metabolización pedagógica de conflictos. Nos propusimos armar ayudas estratégicas:

aumentar la participación de los jóvenes en prácticas culturales relevantes, su apropiación de sentidos en experiencias significativas, creando una "cultura colectiva de análisis y resolución de problemas" y dejando "huellas" en las subjetividades y en los sistemas sociales, incluyendo los nuestros.

No enseñar la moral sino construir la ética: ayudar a adolescentes y jóvenes a elegir el bien, porque es más bello, confiando en nuestra/su potencia de obrar, inspirarlos, habilitando la pasión, y trabajando para que la descubran con otros —pares y adultos— a través de interacciones vitales significativas (Vygotsky, 1926–2012, Erausquin et al., 2018).

¡Y algunos destellos hubo de esa potencia!

Que lo descubran también en la escuela porque en ella podrá agregarse a la vivencia de lo compartido la reflexión conjunta, la apropiación recíproca de pensamientos diferentes, la expansión de las mentes. La escuela puede ser *un lugar de recomposición subjetiva* de niños, niñas y jóvenes, pero para ello, también tiene que incluir a los adultos. Lo primero a recomponer es un proyecto educativo, un proyecto de país, y de futuro. Y a los adultos, al igual que los niños y los jóvenes, hay que convocarlos para ello.

Analizábamos a las denominadas "culturas juveniles", excluídas de la legitimación social y en interacción con la cultura escolar "oficial", como resistencia de las culturas emergentes a la cultura dominante (Erausquin, 2010). Lo hacíamos retomando el análisis de la "Paidología del Adolescente" de Vygotsky (1931):

> *Ello implica acompañar a jóvenes y adolescentes en su avance entre los intersticios del sistema, para recuperar ángulos de visibilidad, libertad y acción transformadora de sí mismo y del mundo.*
>
> *Y también implica contribuir a que los psicólogos que trabajan en escuelas, entre intervenciones y reflexiones sobre prácticas pedagógicas, participen en experiencias de*

reconstrucción crítica del legado vygotskyano,
interpelándolo desde la contemporaneidad situada,
actualizándolo en su análisis de la diversidad y
educabilidad de niños y adolescentes en las escuelas de
hoy.

Erausquin, 2010, p. 79

En la comunicación dialógica entre educador y educando, para Freire (2002), ambos resultan transformados por la praxis. La extensión crítica, si se pretende estratégica, necesita propiciar diálogos: entre investigación y extensión, entre enseñanza–aprendizaje y gestión; entre enfoques de la extensión y de prácticas profesionalizantes; en la heterogeneidad y complejidad de la realidad, atravesada por contradicciones y conflictos entre voces, perspectivas, posicionamientos diferentes.

Y necesita transformar dichas contradicciones en motores de nuevas transformaciones, sin volver a escindir el todo, ni crear "grietas", fracturas, paralelismos, vacíos. Pero, si en nuestro país se vivencian y profundizan fracturas, que nos colocan a la defensiva, y vemos en el otro una amenaza, o alguien a quien humillar antes que me humille, ¿por qué entre la universidad y las escuelas, o entre las escuelas y las familias, o entre la educación y la salud, deberíamos esperar algo distinto?

Enfocamos el desafío de la co–implicación de diferentes voces y acciones en el tejido de la inclusión social y educativa, y en el fortalecimiento de los derechos de niños/as y adolescentes a la salud, a la educación y al desarrollo vital. Afrontando a la vez la necesidad y la dificultad de generar acciones inter–sectoriales entre diferentes sistemas sociales de actividad, sin las cuales actualmente la inclusión educativa y social es declamativa pero no auténtica.

Una escisión importante que emerge en el camino es la siguiente: transfórmase en incompatible, antinómica, muchas veces, una ética de implicación con la inclusión con una ética dialógica genuina de escucha y comprensión de las diferentes perspectivas y posicionamientos de actores–agentes educativos, de negociación y orquestación con lo que se presenta incluso como opuesto (Erausquin et al., 2017). Ello se presentaba, por ejemplo, en el compromiso de los psicólogos y profesores en formación con la inclusión de jóvenes des–escolarizados, co–configurando nuevos trayectos vitales para que hallaran una oportunidad para terminar su secundaria.

Nuestra investigación encontró que la intervención de los profesionales se realizaba "en los límites" de la transgresión o la sobre–implicación, sobre todo del psicólogo o profesor de psicología en formación. Era como un modo casi marginal de "arañar" una inclusión de "baja calidad", de "reparar", de "asistir", o lograr una acreditación del nivel escolar por parte del joven alumno, sin genuino logro de desarrollo cognitivo personal, supuestamente reparando así a los despojados, pero cortando por otra parte el diálogo con otros/as agentes educativos, con las instituciones educativas y con sus directivos.

Se cerraba el círculo en un "contrato pedagógico" implícito, supuestamente simétrico y horizontal, con los "vulnerabilizados", tratados en realidad como "víctimas" y no como sujetos potenciales de re–apropiación de derechos. Lo que terminaba aislando y acotando el proceso, aunque alojara y contuviera, en un compromiso individual o interpersonal aislado, ya que el actor implicado, profesional de la educación, se desprendía de lo "instituído", auto–expulsándose de allí, sin haber fortalecido lo "instituyente" con lazos de co–responsabilidad, reflexión compartida, pero también libertad y pluralidad entre un conjunto de actores experimentados.

En síntesis: ¡qué difícil —pero estimulante a la vez— resulta comprometerse con la necesidad de los cambios y a la vez, dialogar con voces y perspectivas, especialmente cuando en principio parecen oponerse a las nuestras! Y como si esto fuera poco, lograr un equilibrio para que todo ello valga la pena para quienes participan, dejando huellas que involucren crecimiento en la conciencia, la ética, la confianza, y también —¿por qué no?—, lazo, gozo, placer, satisfacción.

Es lo que Spinoza(1883) denomina "pasiones alegres", cuando nos habla de la libertad, que es conciencia de lo que me determina, me involucra, me implica, lo ineludible que me ata a todo lo demás. Y que igualmente me proyecta a expandir la potencia para obrar, para ir más allá de lo que es y se es, esa potencia que todos tenemos y que tenemos que descubrir, con los otros, con las cosas, con el mundo. Y que es ni más ni menos que un trascender, desde la misma inmanencia de la acción en situación (Spinoza, 2002, Benasayag et al., 2010).

✳   Referencias

Adorno, Theodor W. (1998). *Educación para la emancipación. Conferencias y conversaciones con Hellmut Becker* (1959–1969). Edición de Gerd Kadelbach. Traducción de Jacobo Muñoz. Colección PEDAGOGÍA, Raíces de la memoria. Buenos Aires: Ediciones Morata.

Bakhtin, M. (1982). Estética de la creación verbal. México: Siglo XXI.

Benasayag, M. & Schmit, G. (2010). Cap. 1. La crisis dentro de la crisis. Cap. 2. Crisis de autoridad y Cap. 6. "Ética y etiqueta". En *Las pasiones tristes. Sufrimiento psíquico y crisis social.* Buenos Aires: Siglo XXI.

Engeström, Y. (2001). "Expansive Learning at Work: toward an activity theoretical reconceptualization". University of California, San Diego, USA & Center for Activity Theory and Developmental Work Research, PO Box 47, 00014 University of Helsinki, Finland.

Erausquin, C. (2010). Adolescencia y escuelas. Interpelando a Vygotsky en el siglo XXI: unidades de análisis que entrelazan tramas y recorridos, encuentros y desencuentros. *Revista de Psicología Segunda Época (11)*, 59–81. La Plata: EDULP.

Erausquin C., Iglesias I., Szychowski A. (2017). "¿Etica de implicación y/o Etica Dialógica? ¿Dilema, desafío o/y potencialidad? Experiencias y narrativas en trayectos formativos de prácticas de enseñanza del Profesorado de Psicología". *Memorias del IX Congreso Internacional de Investigación y Práctica Profesional en Psicología "Psicología, cultura y nuevas perspectivas".* Universidad de Buenos Aires, Facultad de Psicología, 2017. http://jimemorias.psi.uba.ar/index.aspx?anio=2017

Erausquin C., Corvera G., Mazú A., Galiñanes Arias A. (2018). "La construcción de tramas como condición de fundación del sujeto ético". En *VI Jornadas de Extensión del Mercosur (JEM)* 25 al 27 de abril de 2018. Organizadas por la Secretaría de Extensión de UNICEN y ULEU. En: http://www.extension.unicen.edu.ar

Freire, P. (1998). *¿Extensión o comunicación? La concientización en el medio rural*. Buenos Aires: Siglo XXI.

Freire, P. (2002). *Concientización: Teoría y práctica de una educación liberadora*. Buenos Aires: Galerna.

Freire, P. (2005). *Pedagogía de la liberación* 2ª ed. México: Siglo XXI. Editores S.A. de C.V. Traducción de: Jorge Mellado.

Guattari, F. (2006). "Glosario de esquizoanálisis" en*: Plan sobre el planeta. Capitalismo mundial integrado y revoluciones moleculares*. Madrid: Ediciones Traficantes de sueños.

Kahn, C. (2010). *Platón y el Diálogo Socrático. El uso filosófico de una forma literaria*. Madrid: Escolar y Mayo.

Lewkowicz, I, (2003). "Suceso, situación, acontecimiento". Inédito Ficha bibliográfica. Recuperado en https://studylib.es/doc/6126355/situacion-suceso-acontecimiento

Loustaunau, G. y Rivero A.(2016). Desafíos de la curricularización de la extensión universitaria. En *Revista Masquedós*, N° 1, Año 1, pp. 37-45. Secretaría de Extensión UNICEN, Tandil, Argentina.

Rodríguez N., T (1997). "Interdisciplinaridad: Aspectos Básicos". *Aula Abierta*, No. 69, Instituto de Ciencias de la Educación de la Universidad de Oviedo.

Schön, D. (1998). *El profesional reflexivo*. Buenos Aires: Paidós.

Galeano, E. "Son cosas chiquitas" poema de Eduardo Galeano, incluido en *Cuaderno 17 de Poesía Social (2013)*. Biblioteca OMEGALFA. Recuperado el 01-02-19 de https://omegalfa.es/downloadfile.php?file=libros/cuaderno-de-poesia-critica-n-018-eduardo-galeano.pdf

Spinoza, B. (1883). *Ethics.* En http://www.gutenberg.org/files/3800/3800-h/3800-h.htm

Spinoza, B. (2002). Complete works. Indianapolis: Hackett Publishing.

Terigi, F. (2014). La inclusión como problema de las políticas educativas. En M. Feijoo & M. Poggi, *Educación y políticas sociales. Sinergias para la inclusión* (pp. 217–234). Ciudad Autónoma de Buenos Aires: Instituto Internacional de Planeamiento de la Educación IIPE–Unesco.

Tommasino, H. y Cano A. (2016). "Avances y retrocesos de la extensión crítica en la Universidad de la República de Uruguay". En *Revista Masquedós,* N°1, Año 1, pp. 9–23. Secretaría de Extensión UNICEN, Tandil, Argentina.

Vygotsky, L. (1926–2012). Conducta Ética. Naturaleza de la Ética desde el Punto de Vista Psicológico. Traducción de Efraín Aguilar en http://vygotski-traducido.blogspot.com.ar/search/label/Conductaética

Vygotsky, L. (1931). Paidologia del adolescente. En Vygotsky L. Obras Escogidas, Tomo IV. Moscu: 1984, Madrid: Visor, 1996

CAPÍTULO 10

Las autoras y los autores

Trayectorias y comentarios personales

Mg. Jonathan Israel Andrades-Moya

Es Profesor de Biología y Ciencias Naturales, Profesor Especialista en Currículum y Evaluación, y Profesor Especialista en Evaluación de Procesos Educativos. Recientemente obtuvo su título de Magíster en Educación, trabajo que recibió el reconocimiento al "Mejor rendimiento académico del Magíster en Educación, mención currículum y administración, Graduación 2019".

Actualmente está realizando su Doctorado en Educación en la Universidad Católica del Maule (Chile), donde realizó investigaciones sobre "Sanciones con carácter formativo y su eficacia sobre la autorregulación conductual".

En el VI Encuentro Latinoamericano de Metodología de las Ciencias Sociales (ELMeCS) presentó el trabajo "Convivencia escolar en Latinoamérica: Un estudio del estado del arte".

La violencia escolar es un tema que actualmente gobierna las aulas de los países latinoamericanos. Esto junto a otros puntos, deteriora la sana convivencia y el óptimo desarrollo de cada uno de los niños y niñas. Por lo tanto, contribuir a subsanar tales niveles de quebranto social, es la labor fundamental que me planteo como educador, en primera instancia, y como futuro investigador.

Contacto: jandradesmoya@gmail.com

Lic. Gustavo Ezequiel Corvera

Es Licenciado y Profesor en Psicología de la Facultad de Psicología de la Universidad Nacional de La Plata (Argentina) y Especialista en Nuevas Infancias y Juventudes (FAHCE, UNLP). Se desempeña como Profesor en instituciones terciarias de formación docente y del nivel medio en la ciudad de La Plata y gran La Plata (Provincia de Bs As, Argentina).

Dentro de la temática de la violencia en los ámbitos educativos es autor del capítulo "Violencias en contexto, pensar el quehacer educativo" del libro compilado por Cristina Erausquin *Interpelando entramados de experiencias, cruce de fronteras e implicación psico–educativa entre universidad y escuelas* (2017) Edulp: La Plata.

Participó en actividades de extensión universitaria de la Facultad de Psicología, entre las que se encuentran:

- Convivencia, lazo social y construcción de legalidades. Expandiendo trayectorias y aprendizajes significativos en escuelas secundarias (2017-2018);

- Las inundaciones y sus efectos. Entre lo colectivo y lo singular. Construcción de tramas sociales y educativas en una experiencia de trabajo interinstitucional (2014);

- Aprendizaje y Convivencia: co–construcción de estrategias de intervención entre Universidad y Escuelas (2014);

- Prácticas innovadoras para generar experiencias educativas con adolescentes (2013); y

- Prácticas innovadoras y trayectorias escolares enriquecidas de aprendizaje–convivencia (2013).

En el periodo 2007–2018 promovió desde el tercer sector proyectos educativos en un barrio popular del Gran La Plata y en la actualidad ofrece un taller anual sobre "Violencias y convivencia en instituciones educativas para docentes en formación en la Ciudad de La Plata" en un Instituto terciario de formación docente.

Asimismo integra los proyectos de investigación en la misma facultad:

- Aprendizaje Expansivo y Construcción de Sentidos de Con–vivencia en Entramados de Extensión Universitaria en Escuelas (2018–2019); y

- Construcción y apropiación de psicólogos y trabajadores en formación para el desarrollo de prácticas inclusivas en escenarios educativos (2014–2015).

Contacto: gustavocorvera@gmail.com

Lic. Carolina Dome

Es Licenciada en Psicología y también Profesora de Enseñanza Media y Superior en Psicología, ambas de Universidad de Buenos Aires (UBA, Argentina). Recientemente obtuvo el título de Magíster en Psicología Educacional (UBA).

Es Investigadora categorizada en UBA y docente Ayudante de trabajos prácticos en la materias "Psicología General" y "Psicología", ambas en la Facultad de Psicología.

Integra proyectos de Investigación UBACyT desde 2010 hasta la actualidad y también es Referente de Capacitación en la Dirección de Fortalecimiento Educativo Territorial, en el Ministerio de Educación, Cultura, Ciencia y Tecnología de la Nación, Argentina.

Ha sido co–autora de los capítulos "Violencias en la escuela: Interrogando los problemas y las prácticas desde la perspectiva de los actores" en *Psicólogos en contextos educativos: diez años de Investigación*, compilado por Cristina Erausquin y Ricardo Bur (2012), Buenos Aires y "Vivencias estudiantiles e intervenciones educativas en escuelas secundarias: posicionamientos docentes frente a la violencia en las aulas" publicado en *Del Pathos al Ethos: Líneas y Perspectivas en Convivencia Escolar*, libro editado por Salas, G., Cornejo, C., Morales, P. y Saavedra, E. (2016) y publicado por Universidad Católica del Maule (Chile).

Profundizó el tema de *la violencia en escuelas* en su tesis de Maestría: "Perspectivas de agentes educativos ante situaciones y problemas de violencia en contextos de práctica profesional". Durante su desarrollo programó y dirigió varios talleres sobre ese tema, con docentes de escuelas medias en el área metropolitana de Buenos Aires.

En su trayectoria como investigadora expuso sobre la temática de la violencia escolar en numerosos congresos y simposios, nacionales e internacionales, desde el año 2010, a la vez que realizó publicaciones en revistas científicas, en memorias de congresos y también en artículos de divulgación para el diario *Página 12* (Argentina). Actualmente está desarrollando un trabajo de investigación sobre "Desigualdad de género y violencia en contextos educativos."

Los problemas de violencia en las escuelas históricamente generaron gran preocupación y actualmente urgen respuestas ante las nuevas formas en las que la violencia se presenta, formas más frecuentes y a veces más feroces, debido a la fragmentación de los lazos sociales, a las crisis sistémicas y al agotamiento de cierta función escolar vinculada más a la homogeneización que a la inclusión.

Mi interés reside en explorar los límites y desafíos de los dispositivos pedagógicos para gestar acciones contra la violencia, a través de las voces de sus protagonistas: trabajadores, docentes, directivos y estudiantes.

Contacto: carolinabdome@gmail.com

Mg. Cristina Erausquin

Es Licenciada en Psicología, Universidad de Buenos Aires y Magister en Procesos Cognitivos y Aprendizaje, FLACSO- Universidad Autónoma de Madrid, Regional Buenos Aires. Como Especialista es egresada de los Cursos Regulares para Graduados, Escuela Argentina de Psicoterapia para Graduados, CABA.

Actualmente es Profesora Adjunta Regular, a cargo, de Psicología Educacional, y de la Práctica de Investigación para la Licenciatura y Profesorado en Facultad Psicología de la Universidad de Buenos Aires (UBA). También es Profesora Titular Regular de Psicología Educacional, de Facultad de Psicología de la Universidad Nacional de La Plata (UNLP).

Desarrolla la docencia de Posgrado como Profesora Responsable de "Contribuciones de Teorías del Desarrollo" y de "Interacción y Comunicación Educativa", ambas en la Maestría en Psicología Educacional (UBA), y como Profesora Responsable de Curso para Doctorado: "Inclusión, equidad y calidad educativa" de la Facultad Psicología (UNLP).

Es miembro de la Sociedad Interamericana de Psicología (SIP) desde 1996, de la International Association of Applied Psychology (IAAP) desde enero 2007, y de la Red del Observatorio Nacional de Violencia en las Escuelas del Ministerio de Educación de la Nación.

En los últimos tres Congresos Interamericanos de Psicología (CIP), auspiciados por SIP —Brasilia (2013), Lima (2015), y Mérida (2017)— coordinó Simposios sobre la temática "Violencia y Convivencia en Escuelas". En estos Simposios participaron los autores principales de este libro.

Edito y compiló varios libros, entre ellos *Psicólogos en contextos educativos: diez años de investigación desde una perspectiva sociocultural*, Ciudad de Buenos Aires (2017); *De aquí y de allá. Experiencias en escenarios educativos interpeladas desde la la perspectiva sociocultural,* Ciudad de Buenos Aires (2017); y *Entramados de escuelas, alumnos y aprendizajes que nos interpelan e implican. Problemas, categorías de análisis y experiencias de la práctica situada en Psicología Educacional,* La Plata: Edulp (2016).

Tiene numerosos artículos publicados en revistas científicas de la especialidad en relación a *Violencia y Convivencia en Escuelas* así como en congresos internacionales de la SIP y la IAAP.

Actualmente es Directora del Proyecto de Investigación "Apropiación participativa y construcción de sentidos en prácticas de intervención para la inclusión, la calidad y el lazo social" en la Universidad de Buenos Aires. En la Facultad de Psicología UNLP es Directora de Proyecto de Investigación "Aprendizaje Expansivo y Construcción de Sentidos de Con-vivencia en Entramados de Extensión Universitaria en Escuelas". Este último cuenta con la participación de docentes, investigadores, colaboradores estudiantes y adscriptos de dos Unidades Académicas de la Universidad.

Realizó actividades de Extensión Universitaria como Directora y Codirectora de Proyectos de Extensión de la Universidad Nacional de La Plata entre 2011 y 2014, relacionados con los "Aprendizajes y Convivencias en Escuelas de Nivel Primario, Nivel Secundario, Nivel Inicial".

He desarrollado mi profesionalización académica, y contribuido a formar profesionales, durante diez años, en el abordaje crítico del tema de Violencias y Con—vivencias en Escuelas y otros Escenarios Educativos. Lo he articulado y complejizado a través de la investigación y la extensión universitaria, en dos unidades académicas de la región metropolitana, UBA y UNLP, en forma sistemática, aunque también, en períodos más breves, en otras universidades públicas y privadas y en organizaciones profesionales.

Mi perspectiva ha sido la deconstrucción y problematización de miradas sobre las violencias y convivencias en escuelas que estigmatizaron, individualizaron, apartaron del proceso cognitivo racional del aprendizaje de los alumnos, el tema de su con−vivencia, como apartaron la dimensión emocional del pensamiento racional, y contribuyeron al mito del individuo aislado, universal, aislado de su contexto. Se generaron así represión, disciplinamiento, humillación, miedo, marginación y exclusión, y creándose nuevas violencias o reproduciéndose las que caracterizaron a la sociedad en la modernidad.

Mi desarrollo en esta área se nutrió con el aporte de categorías conceptuales y unidades de análisis de los enfoques vygotskianos y post−vygotskianos: la construcción de la conducta ética en la escuela (Vygotsky, 1926), el concepto de vivencia como unidad de análisis póstuma, o pereshivanie (Vygotsky, 1934), la teoría histórico−cultural de la actividad (Engeström, 1987−2011) con su trabajo con las contradicciones, el conflicto, la historización, el aprendizaje expansivo y la memoria colectiva. Esto permitió enfocar el cambio promovido por sujetos colectivos co−responsables de re−pensar guiones de trabajo y aprendizaje en las organizaciones societales, construyendo tramas inter-agenciales de comunicación reflexiva.

Para aprender, mientras se lo construye, algo que no está ahí pero que se necesita y hace falta. En el cruce entre la Psicología Educacional Crítica y la Pedagogía Emancipatoria (Freire, Martín Baró, Fals Borda), para contribuir a potenciar las "pasiones alegres" de Spinoza en las aulas heterogéneas de la "modernidad líquida" de Bauman.

Contacto: erausquinc@gmail.com

Lic. Ailín Galiñanes Arias

Es Licenciada en Psicología de la Universidad Nacional de La Plata (Argentina).

Actualmente es Residente de Psicología en el Hospital Zonal General de Agudos Manuel Belgrano, Provincia de Buenos Aires y participa como extensionista en Proyecto de Extensión Universitaria "Convivencia, lazo social y construcción de legalidades", de la Facultad de Psicología, Universidad Nacional de La Plata (2017).

Inicié mis primeras experiencias en el trabajo en las escuelas cursando las últimas materias de la carrera, motivada un poco por la curiosidad del quehacer del psicólogo ahí y otro poco por la necesidad de empezar a poner el cuerpo en prácticas concretas, más allá de la teoría. Con algo de miedo e incertidumbre encontré allí un campo más que interesante para formarme y aprender. Los adolescentes que concurren al colegio secundario, en contextos sumamente vulnerables, nos confrontan en cada encuentro con nuestros saberes, ideas, propuestas; construimos con ellos y nos dejamos afectar, así como intentamos producir algo en ellos. Y ése es precisamente el motor para seguir estando ahí una y otra vez.

Contacto: ailin.vdm@gmail.com

Mg. Silvana S. Hernández-Ortiz

Es Licenciada en Psicología, titulada de la Universidad del Desarrollo. Concepción, Chile. Es también Magíster en Desarrollo Organizacional y Recursos Humanos, Universidad del Desarrollo y Diplomado en Clínica en Neuropsiquiatría de la Universidad de Chile, Santiago de Chile.

Actualmente está realizando su Doctorado en Psicología en la Universidad Católica del Maule, Talca, Chile.

Es miembro de la American Psychological Association y la Sociedad Interamericana de Psicología.

Participó en el libro *Archivo Analítico de Psicología y Educación. (1860-1946). Tomo II*, Salas, G., Hernández, S., Ramos, J. y Concha, G. (2018). La Serena: Nueva Mirada Editores.

Recientemente participó en la Escuela de Verano del programa doctoral en psicología de la Universidad Alberto Hurtado titulada "Theorizing subjectivity and childhood and the crafting of critical psychology" donde expuso la ponencia "Análisis crítico del discurso de los comentarios en prensa de la nueva ley de repitencia en Chile".

Participó en los Proyecto Fondecyt "Antecedentes, escenarios e itinerarios de la psicología educacional en Chile en el período pre-profesional" y en "Estudio de las formas de agenciamiento (assambleges) que enmarcan las relaciones de las madres de estudiantes tipificados como "malos alumnos" con la escuela".

> *La construcción de la subjetividad, desde una mirada foucaultiana, de los escolares en contextos de alta vulnerabilidad social y económica se correlaciona en la mayoría de los casos con contextos de violencia tanto física como emocional. Poder contribuir a su estudio y a su posible prevención, es la principal motivación que tengo.*
>
> *Contacto: ss.hernandez.o@gmail.com*

Lic. Julio César Lira González

Es Licenciado en Planeación Territorial egresado de la Universidad Autónoma de México–Xochimilco (UAM-X) y actualmente Doctorante en Ciencias y Artes para el Diseño, en área de Investigación y gestión territorial de la UAM–X.

Se desempeña como Académico de la Universidad Pedagógica Nacional Unidad 097 CDMX y es colaborador en el Cuerpo Académico "Prácticas educativas y procesos culturales en educación" (UPN-CA-101).

Recientemente publicó "El diario de aprendizaje como instrumento narrativo para la reflexión y el fortalecimiento de la formación docente en estudiantes del posgrado de la UPN" en la Revista Electrónica Científica de Investigación Educativa (2018).

En el Congreso Iberoamericano de Docencia Universitaria Ciudad de Porto, Alegre Brasil (2018) expuso el trabajo "Construcciones híbridas de docentes en formación profesional: ser docente a los 30 y diez."

Actualmente participa en los proyectos "Comunidades de aprendizaje para hijos de maestras estudiantes de la Unidad 097 Sur"; "Procesos de formación en investigación de estudiantes de la 8va generación de la MEB"y "Percepción docente y procesos de formación estudiantes de la LEP"

La violencia como proceso histórico cultural me interesa por expresar una problemática que se encuentra atravesada por factores estructurales constituidos y a la vez constituyentes de realidades situadas, y por subjetividades que se escapan a toda lógica que tienda a construcciones universales del fenómeno.

Comencé a sumergirme en la temática a partir del 2011 cuando participé en el proyecto "Percepciones sociales de la violencia en actores socio–educativos del nivel básico en cuatro comunidades del país: Acapulco, Uruapan, León y Ciudad de México."

Contacto: *ildiscipulo@gmail.com*

Lic. Adamna Yain Mazú

Es Licenciada y también Profesora en Psicología (Facultad de Psicología, Universidad Nacional de La Plata (Argentina).

Se despeña como Profesora en el Plan FINES, La Plata, y se encuentra completando su Maestria en Psicologia Educacional en la Facultad de Psicología de la Universidad Nacional de Buenos Aires.

Recientemente publicó el trabajo *La fundación del sujeto ético: trabajo educativo, impasses y potenciación*, en las Memorias X Congreso Internacional de Investigación y Práctica Profesional en Psicología, XXV

Jornadas de Investigación y Decimocuarto Encuentro de Investigadores en Psicología del MERCOSUR (2018).

Participó y participa en varias actividades de extensión universitaria de la Facultad de Psicología y la Facultad de Humanidades (UNLP):

- "Convivencia, lazo social y construcción de legalidades. Expandiendo trayectorias y aprendizajes significativos en escuelas secundarias", (2017-2018);

- "Trayectorias educativas en diálogo: tejiendo redes entre la universidad y la escuela secundaria" (2018-2019); y

- "Violencias de Género y Noviazgos Adolescentes. Prevención desde la Escuela y Comunidad Educativa" (2016).

También integra el proyecto de investigación "Aprendizaje Expansivo y Construcción de Sentidos de Con-vivencia en Entramados de Extensión Universitaria en Escuelas" (2018–2019) en la Facultad de Psicología (UNLP).

Asimismo es Trabajadora de la Educación Organizada en el Movimiento por la Educación Nacional, coordinado por el Encuentro Nacional y Popular Latinoamericano.

El proyecto neoliberal, patriarcal y meritocrático impactó en la educación latinoamericana volviéndola mercancía y fragmentando el sistema educativo. Sin embargo, el pueblo no deja de empujar un modelo que entiende la educación como derecho social, inclusivo e integral, una educación que tiene que ser de calidad, emancipadora y humanitaria.

Es a partir de este momento histórico que nos toca atravesar, que no podemos quedarnos fuera y que tenemos el deber de aportar a la lucha de ideas y para ello es importante construir espacios de intercambio, discusión y producción. Por eso, este libro se tenía que escribir, como un llamado a pensar críticamente nuestras escuelas, nuestras aulas, los procesos de enseñanza y aprendizaje, las relaciones con la comunidad.

Contacto: mazuadamna@gmail.com

✳ ## Mg. Juan Pablo Quiñones Peña

Es Licenciado en Sociología por la Universidad Autónoma Metropolitana de la Ciudad de México y Maestro en Estudios Regionales por el Instituto de Investigación Dr. José María Luis Mora, de la Ciudad de México.

Se desempeña como Académico Investigador de la Universidad Pedagógica Nacional (UPN), Unidad 097 Sur de la Ciudad de México y como Académico de asignatura en los cursos de Metodología y Responsabilidad Social en la Universidad Anáhuac México Norte, de la Ciudad de México.

Fué Coordinador de la Licenciatura en Educación Preescolar (Plan 2008) de la Unidad 097 Sur de la Ciudad de México (2016–2018) y Responsable del proyecto "Un acercamiento a la construcción de identidades en las estudiantes de la Licenciatura en Educación Preescolar (Plan 2008) de la Unidad 097 SUR CDMX a partir de la obligatoriedad del nivel Preescolar en México (2002)".

Participa también del Cuerpo Académico "Prácticas Educativas y Procesos Culturales en Educación (PEPCE)" y es Facilitador en el Diplomado "Formación en Estrategias para la Comprensión de las Situaciones de Violencia dentro de los Escenarios Escolares".

Desde hace siete años me vinculé a instituciones de educación superior preocupadas por formar a través de diversas disciplinas (ciencias de la familia, psicología educativa y educación preescolar) sobre las relaciones humanas y el encuentro con estudiantes en contextos vulnerables o en situación de vulnerabilidad; esto me permitió indagar desde diferentes espacios sobre nociones de convivencia, disciplina y violencia.

Desde este lugar, las producciones que aún se encuentran en proceso de elaboración o en prensa, me permitirán contribuir a la formación de futuros profesionales en el ámbito educativo y social.

Contacto: pablolink77@gmail.com

Dra. Ingrid Quintana Avello

Es Psicóloga, Máster en Planificación e Innovación Educativa y Doctora en Educación, Diplomada en Psicodiagnóstico Infantil y Adolescente y en Gestión Estratégica en Salud.

Actualmente es Académica adscrita al Departamento de Ciencias Sociales (Escuela de Psicología) de la Universidad del Bío-Bío (Chile), donde ya había sido Directora de la Escuela de Psicología de esa casa de estudios superiores.

Tiene a su haber 21 años de experiencia laboral dedicados a contribuir a la educación y a sus desafíos; cuestión desarrollada desde diversos puestos de trabajo relacionados con la intervención psicosocial y la prevención de violencias tanto en escuelas urbanas y rurales; así como en educación especial, proyectos de integración educativa, liceos de secundaria, equipos de supervisión ministerial y finalmente en el contexto académico universitario, al cual se incorpora en el año 2010.

Con especial interés por la realidad educativa de Latinoamérica, ha participado como ponente en diversos congresos de la disciplina tanto en Chile como en Perú, Bolivia, Colombia, Uruguay y México; oportunidades en las que ha podido compartir y aprender de la realidad educativa de estos contextos, generando al mismo tiempo lazos de trabajo.

Actualmente es integrante del Grupo de Investigación en Desarrollo Emocional y Cognitivo para el Aprendizaje (GIDECAP-UBB), desde el cual ha participado recientemente en algunas publicaciones en co-autoría.

Su área de especialidad docente y de interés investigativo está vinculada a la Psicología Educacional, aprendizajes, violencias e inequidades en educación.

Contacto: iquintana@ubiobio.cl

Dr. Gonzalo Salas

Es Licenciado en Psicología y Psicólogo, Universidad de La Serena, Chile, Doctor en Educación, Universidad de La Salle, Costa Rica y realizó estudios de Postdoctorado CEA en la Universidad Nacional de Córdoba, Argentina.

Actualmente es Académico Departamento de Psicología, Facultad de Ciencias de la Salud, Universidad Católica del Maule y coordinador del Grupo de Trabajo en Historia de la Psicología, Sociedad Interamericana de Psicología.

Es miembro de la American Psychological Association, la Sociedad Chilena de Historia de la Psicología, del Colegio de Psicólogos de Chile, de la Sociedad Científica de Psicología de Chile y de la Sociedad Interameriana de Psicología.

Entre sus últimas publicaciones se encuentran

Salas, G., Hernández, S., Ramos, J. y Concha, G. (2018). Archivo Analítico de Psicología y Educación. (1860-1946). Tomo II. La Serena: Nueva Mirada Editores.

Salas, G. y Norambuena, Y. (2017). Archivo Analítico de Psicología y Educación. (1860-1946). Tomo I. La Serena: Nueva Mirada Editores. ISBN: 978-956-9812-12-5

Cornejo, C. y Salas, G. (2016). Desde el aula. Ensayos sobre psicología y educación. La Serena: Nueva Mirada Editores. ISBN: 978-956-9812-08-8

Salas, G., Cornejo, C., Morales, P. y Saavedra, E. (Eds.). (2016). *Del pathos al ethos: Líneas y perspectivas en convivencia escolar*. Talca: Universidad Católica del Maule. ISBN: 978-956-368-071-3

Fue Director de la Tesis de Magíster de Marcela Mellado (2016) *Percepción del clima social escolar en estudiantes de enseñanza media de una comunidad educativa en la ciudad de Curicó* Magíster en Salud Mental Infanto Juvenil, Departamento de Psicología, Universidad Católica del Maule.

En 2018 recibió el Premio Nacional de Psicología otorgado por el Colegio de Psicólogos de Chile: *Premio a la reconstrucción de la Memoria Histórica y Profesional de la Psicología.*

Soy un interesado en el análisis crítico del fenómeno educativo. La historia de la escuela y su construcción la he abordado a través de trabajos de Archivo. La temática de convivencia escolar es fundamental para el desarrollo de mejores prácticas en los establecimientos educativos.

Contacto: gonzalosalasc@gmail.com

Dr. Juan Manuel Sánchez

Es Doctor en Psicología Educativa y del Desarrollo de la Facultad de Psicología de la UNAM.

Actualmente es Profesor de Tiempo Completo en la Universidad Pedagógica Nacional, Unidad 097 CDMX Sur, Profesor de asignatura en la Facultad de Psicología de la UNAM. y Responsable del Cuerpo Académico: "Prácticas educativas y procesos culturales en educación (UPN-CA- 101)".

Cuenta con perfil PROMEP. Es miembro del Consejo Mexicano de Investigación Educativa A.C., del Sistema Mexicano de Investigación en Psicología (SMIP) y de la Asociación Iberoamericana de Didáctica Universitaria (AIDU).

Durante su trayectoria académica ha publicado diversos artículos para la revista Perfiles Educativos, y COMIE, así como numerosas publicaciones de artículos vinculados a las prácticas socioculturales de los actores escolares en educación básica.

Entre enero de 2017 y abril 2018 se desempeñó como Director de la Unidad Universidad Pedagógica Nacional 097 Sur.

Lic. Hernán Scholten

Es Licenciado en Psicología egresado de la Universidad de Buenos Aires, Argentina, en donde participa en la cátedra "Historia de la Psicología".

Es Miembro del Comité Asesor del Centro Argentino de Historia del Psicoanálisis, la Psicología y la Psiquiatría, Biblioteca Nacional de la República Argentina (2017–2019) y Miembro de la Red Iberoamericana de Pesquisadores em História da Psicologia (2012–2019).

En el año 2018 publicó el libro *Los freudismos de Gregorio Bermann. Un recorrido sinuoso (1920–1962)* en coauturía con Ferrari, F. J.; Córdoba, Argentina: Alethéia Clío.

Fué Profesor a cargo de varios seminarios de grado:

"La infancia y la educación desde una perspectiva histórica",

"Poder y educación: perspectivas sobre el rol de la escuela", y

"Abordajes histórico-políticos de la escuela: Foucault, Althusser, Elias"

todos ellos en la Facultad de Ciencias de la Educación, Universidad Nacional del Comahue (2015–2017).

Fue Profesor interino a cargo del Taller de "Abordaje de las problemáticas psicosociales juveniles en la actualidad" en el Profesorado de Psicología, Instituto de Enseñanza Superior N° 1, Gobierno de la Ciudad de Buenos Aires (2008-2018). Como Docente Invitado en 2015 participó del curso "Diseño, Implementación y Evaluación de Programas

Educativos" a cargo de la Ps. Katherine Morgado Gallardo, en el Departamento de Psicología de la Universidad Católica del Maule (Chile).

Comencé a interesarme en la temática de la violencia a partir del trabajo con fuentes como el sociólogo Norbert Elias y el filósofo Michel Foucault. Más allá de sus diferencias, ambos autores plantean formas diversas de pensar la relación entre poder y violencia que se alejan de los posturas propios del sentido común o las opiniones aceptadas. Por ello, me parecen herramientas que permiten contextuar históricamente y entender con mayor precisión el fenómeno de la violencia en el mundo actual, lo cual es un insumo fundamental para pensar intervenciones realmente novedosas y transformadoras.

Contacto: hsescholten@gmail.com

Lic. Alejandro Villamar Bañuelos

Es Licenciado en Sociología por la Universidad Autónoma Metropolitana; Maestro en Docencia y Educación por la Universidad ISEC y actualmente Doctorante en Educación por la Universidad ISEC.

Es Profesor Investigador de Tiempo Completo en la Universidad Pedagógica Nacional, Unidad 097 CDMX SUR México, Coordinador de Investigación en la Universidad Pedagógica Nacional, Unidad 097 CDMX SUR (2016-2018) y miembro del Cuerpo Académico "Prácticas educativas y procesos culturales en educación" (UPN-CA-101).

Es miembro del Sistema Mexicano de Investigación en Psicología, Asociación Iberoamericana de Didáctica Universitaria.

Entre sus últimas publicaciones está el capítulo de libro *Voces de los Actores en el Marco de la Reforma Educativa*, Memoria del V Simposio de Docencia Universitaria (2017), Castellanos Editores.

En XCIDU, Brasil (2018) presentó la ponencia: "Construcciones hibridas de docentes en formación profesional: Ser docente a los 30 y diez".

Actualmente participa en varios proyectos avalados por La Comisión de Evaluación y Seguimiento de Proyectos de Investigación e Intervención de la Universidad Pedagógica Nacional (CESPII UPN):

- "Comunidades de aprendizaje para hijos de maestras estudiantes de la Unidad 097 Sur",

- "Procesos de formación en investigación de estudiantes de la 8va generación de la MEB", y

- "Percepción docente y procesos de formación estudiantes de la LEP."

Contacto: difusion097@gmail.com

✳ ### Lic. Francisco Javier Villanueva Badillo

Es Licenciado en Administración Educativa por la Universidad Pedagógica Nacional y actualmente es Maestrante en Investigación y Desarrollo de la Educación por la Universidad Iberoamericana de la Ciudad de México.

Se desempeña como Académico de la Universidad Pedagógica Nacional (UPN) de la Unidad 097 Sur en la Ciudad de México y es Profesor invitado de la UPN–Ajusco en la Ciudad de México.

Fue Coordinador de la Licenciatura en Educación Preescolar (2015) y Coordinador de la Comisión de titulación (2016–2017).

Es colaborador de la "Red Sujetos y Prácticas Educativas en Contextos Escolarizados (Red SPECE)", la "Red de estudiantes de posgrados en educación" y el cuerpo "Prácticas Institucionales y Constitución del Sujeto en la Educación (PICSE)".

Ha sido coautor de tres capítulos de libro: "La formación profesional del administrador educativo: tensiones en el diseño e implementación del curriculum: el caso de la UPN-México", en *Docencia na Eduçâo Básica*, Brasil: UEB; "Fundamentación Línea Política Educativa" en *Comisión de Rediseño. Metodología para la construcción de espacios curriculares de la Licenciatura en Administración Educativa. Plan de estudios 2009*, México: Universidad Pedagógica Nacional (2009) y "Diagnóstico del PAEIIES de la Benemérita Universidad Autónoma de Puebla" en *Diagnóstico de la Atención Tutorial en las Instituciones de Educación Superior inscritas en el PAEIIES*, México (2010).

También ha presentado ponencias en las reuniones del "Congreso Nacional de Investigación Educativa" que se realiza periódicamente en México.

Desde 2009 participa en los proyectos de investigación, entre ellos:

- "Diagnóstico de la Atención Tutorial en las Instituciones de Educación Superior inscritas en el PAEIIES",
- "Sistema de Evaluación y Seguimiento del Plan de Estudios de la Licenciatura en Administración Educativa",
- "La innovación en la formación cívica y ética. Dilemas, tensiones y paradojas del cambio curricular en la escuela primaria",
- "Interculturalidad y nación de la enseñanza contemporánea de la historia", y
- "Ordalías en los sujetos de la educación, construcción de identidad en las prácticas institucionales".

Actualmente es Responsable del proyecto de investigación "Diseño curricular de la Licenciatura en Administración Educativa, la voz del docente", CAC PICSE y Colaborador del proyecto "Acompañamiento en el proceso de alfabetización del Diplomado DAAAES: voces y miradas de participantes" (2017-2019), CAC PICSE.

Desde el 2009 me incorporé a diferentes proyectos de investigación que emplean el enfoque narrativo en la generación del conocimiento. Además, mi afiliación a los estudios sobre violencia se dió en 2017 cuando comencé a participar, como docente–acompañante, en el diplomado "Formación en Estrategias para la Comprensión de las Situaciones de Violencia dentro de los Escenarios Escolares".

A partir de aquel momento mi práctica como formador se vio trastocada por el tema de la violencia. Aquel ejercicio docente me llevó a indagar y construir —junto a otros profesores— espacios de reflexión, aprendizaje y comunidad de práctica que nos ayudaron a visibilizar las relaciones de violencia desde entornos escolares y su asociación con esferas familiares y comunitarias.

Contacto: fbadillo@upn.mx

Cuestionario de Situación-Problema
Violencias en escuelas en contextos de intervención profesional

Este Cuestionario fue utilizado en el trabajo desarrollado en el capítulo 3, página 33.

Datos solicitados

- Profesión y materia en la que se desempeña.
- Antigüedad en la profesión.
- Antigüedad en esta escuela.

Cuestionario

La situación–problema:

1. Relate una *situación–problema de violencia* de su experiencia como profesional, como docente o agente educativo, en cuyo análisis y resolución Ud. haya intervenido.

2. Describa la situación en el contexto en el que se produjo.

3. Explique los elementos significativos.

4. Mencione la historia del problema, o sea, los antecedentes de la situación.

La intervención:

1. Relate cada una de las acciones realizadas por Ud.; —y por quienes puedan haber colaborado con Ud.—, para revertir en el problema, detallando los momentos o pasos de esa intervención.

2. ¿Quién decidió esa intervención?

3. ¿Qué objetivos tenía Ud. en la intervención?

4. ¿Sobre qué o quién/es intervino y porque?

Herramientas:

1. ¿Qué herramientas utilizó al intervenir —haya sido como docente o como agente educativo— en un escenario escolar?

Resultados:

1. ¿Qué resultados tuvo esa intervención?

2. ¿A qué atribuye Ud. esos resultados?

Cuestionario

Instrumento de Reflexión sobre las situaciones de violencias en los escenarios educativos (CDMX)

Le presentamos un Instrumento de Reflexión sobre las situaciones de violencias en los escenarios educativos, que hemos construido a partir de actividades con agentes psico y socio-educativos, directivos y docentes de diferentes escuelas del nivel secundaria de la Ciudad de México.

La información que le solicitamos es de carácter confidencial. Las respuestas que va a dar son personales y le rogamos que no las consulte con otras personas, pues la información dejaría de ser valiosa para este estudio. Le garantizamos que en ningún caso se publicarán ni comunicarán los resultados personales.

Es importante que no deje de dar su respuesta a cada una de las cuestiones que le formulamos; léalas detenidamente y no pase a la siguiente sin haber contestado las anteriores.

LE AGRADECEMOS SU VALIOSA COLABORACIÓN
Dr. Juan Manuel Sánchez

Datos de contacto

- Apellido y nombre.
- Edad.
- Teléfono.
- email.

Cuestionario

Situación

1. Relate con detalle una situación–problema de violencia en algún escenario educativo formal o informal, en donde usted haya participado, observado o intervenido como profesional.

2. Describa el contexto en donde se desarrolló la situación-problema de violencia.

3. Indique el género, número y la edad aproximada de los y las involucrados

4. Si son los niños(as) de la escuela quienes participaron en la situación–problema, podría decir si han sido considerado(as) por las autoridades, maestros y compañeros como niños(as) problema.

5. Indique lo más relevante de la situación–problema.

6. Conoce los antecedentes de la situación–problema. Si la respuesta es afirmativa, coméntelos.

7. ¿Por qué cree que se generó la situación de violencia?

8. Describa cuáles fueron las causas y las posibles consecuencias del problema.

Intervención

9. Menciona quiénes intervinieron, por qué crees que lo hicieron y cómo fue la intervención (es importante especificar si fueron mujeres u hombres o ambos).

10. Indique quién o quiénes controlaron la situación-problema (es importante especificar si fueron mujeres u hombres o ambos).

11. Explique los objetivos que tenía la intervención.

Herramientas

12. ¿Qué herramientas se utilizaron en la intervención?

Resultados

13. ¿Qué resultados tuvo esa intervención?

14. ¿A qué atribuye esos resultados?

Reflexión

15. A partir de la reflexión sobre la experiencia: ¿qué elementos de la situación-problema considera se pudieron modificar? ¿cuáles? ¿por qué?.

16. ¿Qué es lo más significativo que puede destacar de esa experiencia en la que participó, haya sido como observador o como profesional?

17. ¿Qué aprendió de la intervención?

18. Desde esta u otra experiencia, ¿cómo describiría la participación de mujeres y hombres en actos violentos o de conflictos escolar?

19. ¿Existe algún procedimiento institucional para tratar las situaciones de violencia? Descríbalo y mencione si lo considera pertinente para la resolución de conflictos escolares.

20. Desea agregar algún otro aspecto relacionado con el cuestionario.

Cuestionario

Instrumento de Reflexión sobre la práctica extensionista para Estudiantes, Graduados y Tutores Extensionistas (UNLP)

En el marco de la Actividad de Extensión que realizamos conjuntamente con Uds., les presentamos el *Instrumento de Reflexión sobre la Práctica Extensionista* que hemos construido.

Para convertirlo en una estrategia útil para pensar y resolver problemas, tanto en la enseñanza y el aprendizaje, como en la convivencia y construcción de sentidos de la experiencia, necesitamos la contribución de Uds.

Les pedimos que respondan al cuestionario, desde su experiencia, eligiendo una situación-problema en la que cada uno de Uds. esté participando/interviniendo, o haya participado, y en la que ha realizado algún/algunos modos de intervenir para contribuir a resolverla.

La información recogida es de carácter confidencial y no tiene carácter evaluativo. Las respuestas son personales y le pedimos que no las consulte con otras personas. En la próxima reunión del Equipo de Actividades UNLP, seleccionaré dos de estas narrativas sobre situaciones-problema, para que sean re–pensadas colectivamente como *emergentes* de temas–problemas de la *formación como extensionista* en la profesionalización psico-socio-educativa, interpelada hoy por las comunidades educativas.

Ese trabajo se hará con nuestra coordinación, solicitando previamente el consentimiento de los autores de las narrativas. Les garantizamos que no se publicarán ni se comunicarán resultados personales, excepto con su expresa autorización, y ofrecemos ampliar el trabajo de dicha reunión de Extensión con devoluciones o nuevas reflexiones con cada uno, por vía digital o en encuentros personales, con los que lo deseen.

Es importante que no deje de dar su respuesta a cada una de las cuestiones. Léalas detenidamente y no pase a la siguiente sin haber intentado contestar las anteriores.

Si tiene alguna duda respecto a la misma, solicítenos aclaración.

Mg. Cristina Erausquin, Asesora del Proyecto de Extensión y Directora Proyecto Investigación (I+D) 2016/2017

Cuestionario

1. **Piense** en una **situación problema** en la que Ud. haya participado, o esté participando, como *Estudiante/Graduado/Tutor Extensionista,* de acuerdo a sus funciones, en el Proyecto de Extensión: Convivencia, Lazo Social y Construcción de Legalidades

   a) **Describa** el problema mencionando los elementos que le resulten más significativos de esa situación.

   b) **Indique** en qué nivel educativo y en qué tipo de institución (pública o privado) sitúa este problema y cuál es/ha sido/será su participación, en cuanto a rol o función.

   c) **Explique** los elementos referidos a la *historia* de la situación-problema (anterior a la intervención) y al *contexto* en el momento en que se realizó la intervención.

2. Acerca de la **intervención** en la situación-problema, en la que Ud. ha participado/ o que ha observado/ o imaginado desde su rol como Extensionista:

   a) **¿Quién o quiénes** decidió/ron la intervención?

   b) **¿Cuáles** fueron los objetivos que se tenía en la intervención que se realizó?

   c) **¿Sobre qué o quién/es** se intervino y por qué?

   d) **Relate cada una de las acciones** de la intervención sobre la situación-problema, detallando los momentos y pasos de esa intervención.

3. **¿Qué herramientas** utilizó Ud. y/o utilizaron otros en la intervención? ¿Por qué?

4. **Resultados:**

   a) **¿Qué resultado/s** se obtuvo?

   b) **¿A qué atribuye** Ud. ese/esos resultado/s?

5. **Reflexión:**

   a) ¿Qué es lo más **significativo** que Ud. destaca de esa experiencia en la que participó?

   b) ¿Qué es lo que Ud. **sintió** al participar en ella?

   c) ¿Qué piensa que ha **aprendido**?

   d) ¿Qué piensa que pueden haber **aprendido otros** participantes?

6. A partir de la **experiencia,**

   a) ¿considera Ud. que sería oportuno **modificar** algún aspecto de la intervención que relató, o de su participación en ella?

   b) ¿Cuál?

   c) ¿Por qué?

7. ¿Cuál/es es/son la/s **función/es de un Estudiante/Graduado/-Tutor Extensionista**, en un Proyecto de Extensión Universitaria como éste?

Muchas gracias por su colaboración
Prof. Cristina Erausquin

Para toda consulta, el e-mail es cristinaerausquin@yahoo.com.ar

En un nuevo encuentro, podremos intercambiar nuestras reflexiones en relación a lo que elaboraron en este Instrumento de Reflexión, articulándolo a lo recogido de la experiencia de docentes, psicólogos y otros agentes escolares desde el año 2000. Si Ud. quiere escribir a continuación su e-mail, podremos, si le interesa, realizar, además, una devolución de nuestra comprensión en forma individual.

Me interesa: Sí No

Nombre y apellido:...

E-mail: .... Teléfono: ....

Matriz de Análisis Complejo

Intervención del docente sobre problemas situados en contexto educativo

Dimensiones, Ejes e Indicadores

La Matriz de Análisis Complejo fue desarrollada para analizar la intervención del docente sobre problemas situados en contexto educativo. Abarca cuatro Dimensiones, donde cada Dimensión posee entre dos y ocho Ejes, según el caso.

A su vez, en cada uno de los Ejes de estas Dimensiones de la unidad de análisis se distinguen cinco *indicadores*, que implican diferencias cualitativas de los "modelos mentales", ordenadas en dirección a un enriquecimiento y mejora de la profesionalización de los docentes. En algunos casos, y para lograr más precisión en el análisis, los Indicadores se expandieron en dos subindicadores: (a) y (b).

La nomenclatura utilizada es similar la utilizada en los trabajos producidos en el marco de los Proyectos de Investigación UBACYT desarrollados entre 2000 y 2009, citados a lo largo de este libro.

Las Dimensiones se identifican con números romanos: I, II, III, ...;
los Ejes y los Indicadores con números arábigos 1,2,3, ...; y en el caso
que el Indicador se encuentre bifurcado, con las letras: a) y b).

Durante el análisis de un Eje de una determinada muestra, a cada
Indicador se le asignará como valor el número de casos que se encuentran identificados por ese Indicador o, alternativamente, el porcentaje
de los casos respecto del total de la muestra. En el primer caso la suma
de los valores de los Indicadores del Eje debe coincidir con el tamaño
total de la muestra. Si se usan porcentajes, estos deben sumar 100%.

El esquema general de la Matriz de análisis complejo (tabla IV.1)
desplegada en este Anexo y que fue utilizada en los trabajos presentados
en los capítulos de este libro es el siguiente:

Tabla IV.1 *Estructura general de la Matriz de Análisis Complejo de intervención del docente sobre problemas en contexto educativo.*

Dimensión	Eje	Indicadores
I	1	1.a, 1.b, 2., 3., 4., 5.
	2	1., 2.a, 2.b, 3., 4. ,5.
	3	1. — 5.
	4	1. — 5.
	5	1. — 5.
	6	1. — 5.
	7	1.a, 1.b, 2.a, 2.b, 3., 4., 5.
II	1	1.a, 1.b, 2., 3., 4., 5.
	2	1. — 5.
	3	1. — 5.
	4	1. — 5.
	5	1. — 5.
	6	1., 2., 3.a, 3.b, 4., 5.
	7	1. — 5.
	8	1. — 5.
III	1	1., 2., 3a., 3b., 4., 5.
	2	1. — 5.
IV	1	1., 2a., 2b., 3., 4., 5.
	2	1., 2a., 2b., 3a., 3b., 4., 5.

Dimensión I: situación-problema

EJES		Indicadores
		1.a No hay ningún problema.
		1.b Hay superposición de problemas con confusión.
		2. Hay un problema simple, unidimensional.
		3. Hay un problema complejo, multidimensional.
EJE 1:	De lo simple a lo complejo	4. Hay un problema complejo con interrelación entre factores, actores o dimensiones en el escenario educativo.
		5. El problema complejo incluye tramas relacionales intersubjetivas y psicosociales entre actores, factores y dimensiones en el escenario educativo y trascendiendo al plano social.

sigue en la página siguiente ...

... *viene de la página anterior.*

EJES (Dimensión I)

		Indicadores
	1.	No describe ni explica el problema.
	2.a	Describe el problema sin explicarlo.
EJE 2: De la descripción a la explicación del problema	2.b	Enuncia un esquema abstracto de problema sin describirlo.
	3.	Menciona alguna inferencia más allá de los datos.
	4.	Da una hipótesis sobre causas, factores o razones.
	5.	Da una hipótesis compleja con diversas combinaciones de factores en interrelación.

sigue en la página siguiente ...

... viene de la página anterior:

EJES (Dimensión I)		Indicadores
	1.	Inespecificidad del enfoque del problema con relación a la intervención de un docente.
	2.	Especificidad del problema con relación a la intervención de un docente.
EJE 3: De la inespecificidad a la especificidad de la Enseñanza y su articulación con otras disciplinas en el planteo del problema	3.	Especificidad del enfoque problema con relación a la intervención de un docente en un determinado campo de conocimientos y actuación profesional de la Enseñanza.
	4.	Especificidad del enfoque del problema con relación a la intervención de un docente en un determinado campo de actuación profesional y conocimientos de la Enseñanza, con apertura a la intervención de otras disciplinas.
	5.	Especificidad del enfoque del problema con relación a la intervención de un docente en un determinado campo de actuación profesional y conocimientos de la Enseñanza, articulada con la intervención de otras disciplinas, como por ejemplo la Didáctica o la Pedagogía, o la Psicología o la Ética.

sigue en la página siguiente ...

... *viene de la página anterior.*

EJES (Dimensión I)		Indicadores
EJE 4:	Historización y mención de antecedentes históricos	1. Ninguna enunciación de antecedentes históricos del problema.
		2. Mención de un antecedente del problema.
		3. Mención de diversos antecedentes del problema, sin interrelacionarlos.
		4. Diversos antecedentes históricos del problema relacionados entre sí.
		5. Diversos antecedentes históricos relacionados significativamente, ponderados con jerarquía diferencial.
EJE 5:	Relaciones de causalidad	1. No menciona ninguna relación causa efecto.
		2. Unidireccionalidad en la relación causa efecto.
		3. Multidireccionalidad en la relación de factores causales y efecto(s).
		4. Relaciones causales multidireccionales en cadena.
		5. Relaciones causales multidireccionales en cadena con realimentación retroactiva.

sigue en la página siguiente ...

... viene de la página anterior.

EJES (Dimensión I)		Indicadores
		1. No hay análisis del problema.
		2. Da una sola perspectiva del problema, como si fuera la "realidad".
EJE 6:	Del realismo al perspectivismo en la Enseñanza de una Disciplina	3. La creencia o la duda de la única perspectiva se basa en un conocimiento científico de la disciplina, más allá del "sentido común".
		4. Se denota perspectivismo en la descentración de una única perspectiva.
		5. Análisis evaluativo de distintas perspectivas para plantear y resolver el problema.

sigue en la página siguiente ...

... viene de la página anterior.

EJES (Dimensión I)		Indicadores
	1.a	El problema está situado en un sujeto individual descontextualizado.
	1.b	El problema está situado en el campo social o institucional, sin vincularlo con la subjetividad de los actores.
	2.a	Hay tendencia a la personalización del problema, más allá de factores estructurales.
EJE 7: Del individuo sin contexto a la trama interpersonal de la subjetividad	2.b	Hay tendencia a la "definición social" del problema, más allá de factores que den cuenta de intenciones, deseos o creencias subjetivas.
	3.	Se combinan factores subjetivos singulares e idiosincrásicos, con factores estructurales, que dan cuenta de regularidades y diversidades.
	4.	Se combinan factores subjetivos e interpersonales con planteos de conflictos intra e intersistémicos.
	5.	Se combinan factores subjetivos e interpersonales con planteos de conflictos intra e intersistémicos, con dilemas éticos.

Dimensión II: intervención profesional del docente

EJES		Indicadores
	1.a	No se indica quién(es) decide(n) la intervención.
	1.b	Se indica de manera confusa quién(es) decide(n) la intervención.
	2.	La decisión sobre la intervención está situada fuera del agente docente.
EJE 1: Quién/quiénes deciden la intervención	3.	La decisión sobre la intervención está situada unilateralmente en el agente docente.
	4.	La decisión sobre la intervención está situada en el agente docente, teniendo en cuenta la opinión de otros agentes.
	5.	La decisión sobre la intervención es construida y tomada por el agente docente conjuntamente con otros agentes.

sigue en la página siguiente ...

... viene de la página anterior.

EJES (Dimensión II)		Indicadores
EJE 2:	De lo simple a lo complejo en las acciones	1. No se indican acciones.
		2. Se indica una sola acción.
		3. Se indican acciones puntuales sin articulación entre sí.
		4. Se indican acciones articuladas, que contemplan dimensiones diferentes de la intervención.
		5. Se indican acciones multidimensionales articuladas en un proceso de intervención.
EJE 3:	Un agente o varios en la intervención	1. No da cuenta de agentes en la intervención.
		2. Actuación de un solo agente con exclusión del docente.
		3. Actuación de un solo agente: el docente.
		4. Actuación del docente y de otros agentes sin construcción conjunta del problema ni de la intervención.
		5. Actuación del docente y otros agentes, con construcción conjunta del problema y de la intervención.

sigue en la página siguiente ...

... viene de la página anterior.

EJES (Dimensión II)

Indicadores

EJE 4: Objetivos de la intervención

1. No se enuncian objetivos.

2. Se enuncian objetivos pero confusamente.

3. Las acciones están dirigidas a un objetivo único.

4. Hay diferentes objetivos articulados antes de la intervención.

5. Hay diferentes objetivos articulados y ponderados antes, durante y después de la intervención.

sigue en la página siguiente ...

... viene de la página anterior:

EJES (Dimensión II)		Indicadores
	1.	No se mencionan sujetos, tramas o dispositivos sobre los que se actúa.
	2.	Hay acciones sobre sujetos individuales, o tramas vinculares, o dispositivos institucionales, exclusivamente.
EJE 5: Acciones sobre sujetos, tramas vinculares y/o dispositivos institucionales	3.	Hay acciones sobre sujetos individuales, y/o tramas vinculares, y/o dispositivos institucionales sucesivamente considerados, no articulados en simultáneo.
	4.	Hay acciones sobre sujetos individuales, y/o tramas vinculares, y/o dispositivos institucionales simultáneamente considerados y articulados.
	5.	Hay acciones sobre sujetos individuales, y/o tramas vinculares, y/o dispositivos institucionales simultáneamente considerados y articulados, ponderados en función del contexto.

sigue en la página siguiente ...

... viene de la página anterior.

EJES (Dimensión II)		Indicadores
	1.	No se enuncia ni acción indagatoria ni de ayuda a los actores en la resolución de los problemas.
	2.	Se enuncia acción indagatoria / ayuda para resolver problemas, con indiferenciación entre ambas.
	3.a	Se enuncia acción indagatoria sin ayuda a los actores para resolver problemas.
EJE 6: Acción indagatoria y de ayuda a los actores en la resolución de los problemas	3.b	Se enuncia acción de ayuda a los actores para resolver problemas sin plantear indagación ni antes, durante ni después de la intervención.
	4.	Se enuncian acción indagatoria y acción de ayuda a los actores para resolver problemas, con una sucesión en el tiempo entre ambas.
	5.	Se enuncian acción indagatoria y acción de ayuda a los actores para resolver problemas, con articulación en simultáneo y en sucesión temporal, según la ponderación relativa al contexto.

sigue en la página siguiente ...

... *viene de la página anterior:*

EJES (Dimensión II)		Indicadores
	1.	No hay pertinencia de la intervención con respecto al problema ni especificidad del rol docente en la intervención.
	2.	La intervención es pertinente con respecto al problema, sin especificidad del rol docente en la intervención.
	3.	La intervención es pertinente con respecto al problema y se realiza desde la especificidad del rol docente.
EJE 7: Pertinencia de la intervención con respecto al problema y especificidad del rol profesional	4.	La intervención es pertinente con respecto al problema y se enmarca en la especificidad del rol de docente de una disciplina, con alguna referencia al marco teórico o/y a modelos de trabajo en el campo o área de actuación de la Enseñanza de la disciplina.
	5.	La perspectiva del docente en la intervención sobre el problema es contrastada y articulada con la de otros agentes profesionales de disciplinas diferentes para la gestión de su resolución.

sigue en la página siguiente ...

... *viene de la página anterior:*

EJES (Dimensión II)		Indicadores
	1.	No aparece valoración ni implicación del relator con respecto a la actuación del agente, sea o no él mismo.
	2.	Hay valoraciones polarizadas con respecto a la actuación profesional: agentes demonizados, peyorizados, idealizados, y/o destinatarios victimizados, impotentes, pasivos o dañados.
	3.a	Desimplicación del relator con respecto a la actuación del docente,aunque sea él/ella mismo/a.
EJE 8: Valoración y distancia del relator con el agente y la intervención	3.b	Sobreimplicación, sobreidentificación o confusión del relator con respecto a la actuación profesional del docente, sea o no él/ella mismo/a.
	4.	Implicación del relator con respecto a la actuación del docente, con distancia y objetividad en la apreciación.
	5.	Implicación y distancia óptima, con pensamiento crítico, contextualización de la actuación del agente docente y apertura a posibles alternativas.

Dimensión III: herramientas

EJES	Indicadores
	1. No se menciona ninguna herramienta.
	2. Se menciona una herramienta vinculada a una sola dimensión del problema.
	3.a Se mencionan varias herramientas vinculadas a una sola dimensión del problema.
EJE 1: Unicidad o multiplicidad de herramientas	3.b Se menciona una herramienta vinculada a diferentes dimensiones del problema.
	4. Se mencionan varias herramientas vinculadas a diferentes dimensiones del problema.
	5. Se mencionan múltiples herramientas vinculadas a diferentes dimensiones del problema, con articulación entre sí y ponderación relativa al contexto.

sigue en la página siguiente ...

... viene de la página anterior:

EJES (Dimensión III)

	Indicadores
1.	Se mencionan herramienta(s) sin especificidad con relación al rol del docente.
2.	Se mencionan herramienta/s específicas del rol del docente, pero sin especificidad con relación a los modelos de trabajo del área o campo de Enseñanza de la Disciplina.
3.	Las herramientas son específicas del rol del docente y se vinculan a los modelos de trabajo del área o campo de Enseñanza de la Disciplina.
4.	Las herramientas se vinculan al rol del docente y al área o campo de Enseñanza de la Disciplina, con alguna referencia o fundamentación teórica de su uso.
5.	Las herramientas, específicas del rol de docente y del campo de Enseñanza de la Disciplina, son consistentes con el marco teórico, modelos de trabajo y competencias específicas del docente de esa Disciplina en el Nivel Académico correspondiente.

EJE 2: Carácter genérico o específico de las herramientas

Dimensión IV: resultados y atribución de causas de éxito o fracaso

EJES		Indicadores	
		1.	No se mencionan resultados ni atribución.
		2.a	Se mencionan resultado(s) sin atribución.
		2.b	Se menciona atribución sin aclarar cuál es el resultado.
EJE 1:	Resultados y atribución unívoca o múltiple	3.	Se mencionan resultado(s) con atribución unívoca del mismo a: a) una competencia o incompetencia del agente, b) una condición del contexto, c) la dimensión interpersonal, d) la dimensión intrapersonal del sujeto destinatario de la intervención.
		4.	Se mencionan resultados con atribución a por lo menos dos condiciones de las mencionadas.
		5.	Se mencionan resultado(s) con atribución múltiple, ponderada y articulada en función del contexto, a diferentes condiciones de producción de resultados.

sigue en la página siguiente ...

... *viene de la página anterior.*

EJES (Dimensión IV)		Indicadores
	1.	El o los resultado(s) no tiene(n) consistencia con el problema ni con la intervención.
	2.a	Se menciona(n) resultado(s) y su atribución no tiene consistencia con el problema ni con la intervención.
	2.b	No se menciona atribución, pero el resultado es consistente con el problema y con la intervención.
EJE 2: Consistencia de los resultados y de la atribución con el problema y la intervención	3.a	Se mencionan resultado(s) y atribución, y ambos son consistentes con el problema y con la intervención.
	3.b	Se mencionan resultado(s) pero no atribución, y los resultados son ponderados con sentido de realidad con relación al problema y la intervención.
	4.	Se mencionan resultado(s) y atribución, y ambos son consistentes con el problema y con la intervención y ponderados con sentido de realidad.
	5.	Se analizan resultados y atribución, ponderándolos consistentemente con relación al tiempo, al contexto y a los actores en interrelación.

Matriz de Análisis Complejo

Aprendizaje Expansivo de agentes educativos

Para realizar el análisis de los Cuestionarios de Situación–Problema y de los Instrumentos de Reflexión, ambos aplicados a la experiencia en el cruce de fronteras entre Psicología y Educación, se utilizó como instrumento la *Matriz de Análisis Complejo de Aprendizaje Expansivo de Agentes Educativos,* desarrollada por Sandra Marder y Cristina Erausquin (2016).

En particular, el Instrumento de Reflexión sobre el Aprendizaje Expansivo fue elaborado para a ser utilizado por Profesionales en Formación, Formados o Formadores, operen estos en escenarios educativos formales o informales.

Está constituido por las preguntas finales del (a) Cuestionario de Situación–Problema de la Práctica Profesional o Pre–Profesional Psico–socio–educativa, y del (b) Instrumento de Reflexión sobre la Práctica en Contexto Educativo, elaborados para el Análisis de la Práctica de un Agente Psico–socio–educativo, un Docente, un Preceptor o un Directivo Escolar, o quien ejerza un rol profesional como Agente Formativo en espacios no formales de educación.

Las preguntas incluidas en el Instrumento de Reflexión sobre el Aprendizaje Expansivo están referidas a:

1. Lo que el profesional percibe sobre su aprendizaje a través de la experiencia, a partir de la intervención en la que participó y lo que percibe sobre el aprendizaje de quienes participaron con él.

   Si no participó directamente, sino como observador, alumno, relator, lo que él percibe como aprendizaje del profesional psico–socio–educativo, docente o directivo escolar, que realizó la intervención que él relata.

   En cualquiera de los dos casos, lo que aprendió a través de la experiencia de participar en, o realizar la intervención. Esto generalmente incluye lo que pensó y lo que sintió al participar en la intervención y atravesar esa experiencia o vivencia.

2. Los cambios que introduciría en la intervención que ha relatado —haya o no participado en ella directamente—, si tuviera oportunidad de hacerlo en un segundo tiempo, y a partir de la presente reflexión.

El Instrumento de Reflexión se construyó utilizando como base el Cuestionario de Situación–Problema pero fue adaptado y expandido a temas–problemas, especialmente aquellos en los cuales se demanda una intervención al agente profesional desde diferentes roles y funciones —tanto en el dispositivo escolar como en el educativo informal—, para resolver un problema o evitar la consecuencia del mismo. Por ejemplo: en violencia escolar, en integración de alumnos con alumnos con necesidades educativas especiales (NEE), en alfabetización y en aprendizaje de lecto–escritura, en la derivación o no de un alumno a Educación Especial.

Incluye preguntas que permiten explorar dimensiones de aprendizaje expansivo y estratégico, y de innovación o cambio, a través de la experiencia y de reflexión sobre la práctica que desarrollan, no sólo

V Anexo: Matriz de Análisis Complejo. Aprendizaje
Expansivo de agentes educativos

303

los agentes profesionales psico–socio–educativos en ejercicio, —como
son los psicólogos, los psicopedagogos, los pedagogos y los trabajadores sociales de los equipos de orientación escolar—, sino también los
demás agentes profesionales de gestión educativa que trabajan en escuelas: directivos, docentes, preceptores, bibliotecarios, maestros de apoyo
psicológico, maestros psicólogos orientadores, acompañantes externos,
acompañantes terapéuticos, maestros integradores, maestros de apoyo a
la inclusión, entre otros.

Se aplicó en los escenarios educativos de Ciudad de Buenos Aires,
conurbano bonaerense, Ciudad de la Plata y Gran La Plata —Ensenada
y Berisso—, Moreno, Morón, Avellaneda y Luján, entre otros de Argentina y de países latinoamericanos.

En la actividad participaron tanto graduados como estudiantes
—psicólogos en formación para la profesionalización psicoeducativa—,
en una experiencia sistemática, desarrollada en comunidades de aprendizaje de la Práctica de Investigación "Psicología y Educación: los psicólogos y su participación en comunidades de práctica de aprendizaje
situado", Facultad de Psicología UBA, y en los Proyectos de Extensión
Universitaria acreditados y subsidiados por la Universidad Nacional de
La Plata, con base en Facultad de Psicología.

También formaron parte de la misma trabajadores sociales y cientis-
tas de la educación, en formación, formados o formadores para el trabajo
en escenarios educativos formales e informales.

La mencionada "Matriz de Análisis Complejo de Aprendizaje Expansivo de Agentes Educativos" está basada en la Tercera Generación
de la Teoría Histórico-Cultural de la Actividad y sigue los lineamientos
conceptuales que ese autor definió para su Matriz de Análisis Complejo
(Engeström, 2001).

Para construir esa matriz, Engeström (2001)y enunció los cinco
principios del Aprendizaje Expansivo:

1. la existencia de dos sistemas de actividad como unidad mínima de análisis,

2. la multiplicidad de voces en la organización del trabajo,

3. la historicidad de los acontecimientos,

4. las contradicciones en el uso de instrumentos, y

5. los ciclos de cambio con transformación expansiva.

e hizo las cuatro preguntas, las que llama "centrales":

- ¿quiénes están aprendiendo?,

- ¿por qué aprenden?,

- ¿qué aprenden?,

- ¿cómo aprenden?

La Matriz de Análisis Complejo de Aprendizaje Expansivo de Agentes Educativos elaborada por Marder y Erausquin (2016) constituye una extensión importante así como una sistematización de la idea propuesta por Engeström.

✳ Dimensiones, Ejes e Indicadores

La Matriz de Análisis Complejo de Aprendizaje Expansivo de Agentes Educativos abarca seis *Dimensiones,* donde, según el caso, cada Dimensión posee uno o más *Ejes.*

Para cada uno de estos Ejes se definen cinco *Indicadores,* cuya progresión señala diferencias cualitativas de los "modelos mentales situacionales", ordenados en dirección a un enriquecimiento y mejora del aprendizaje expansivo en la profesionalización de psicólogos educacionales y educadores. En algunos casos, y para lograr más precisión en el análisis, los Indicadores se expandieron en dos subindicadores: (a) y (b).

V Anexo: Matriz de Análisis Complejo. Aprendizaje Expansivo de agentes educativos

305

La nomenclatura utilizada es similar a la ya utilizada en los trabajos producidos en el marco de los Proyectos de Investigación UBACYT desarrollados entre 2000 y 2018.

Las Dimensiones se identifican con números romanos: V, VI, VII, VIII, IX y X; los Ejes y los Indicadores con números arábigos: 1, 2, 3, 4 y 5.

Nota: Se le asignó el número V a la primera Dimensión de esta matriz para evitar confusiones con la Matriz de Análisis Complejo: Intervención del docente sobre problemas situados en contexto educativo, que utiliza las Dimensiones I a IV.

Durante el análisis de un Eje de una determinada muestra, a cada Indicador se le asignará como valor el número de casos que se encuentran identificados por ese Indicador o, alternativamente, el porcentaje de los casos respecto del total de la muestra. En el primer caso la suma de los valores de los Indicadores del Eje debe coincidir con el tamaño total de la muestra. Si se usan porcentajes, estos deben sumar 100%.

El esquema completo de la Matriz de Análisis Complejo de Aprendizaje Expansivo de Agentes Educativos (tabla V.1) desplegada en este Anexo, y que fue utilizada (Dimensiones V y VI) en el trabajo presentado en el capítulo 3 de este libro, es el siguiente:

Tabla V.1 *Estructura general de la Matriz de Análisis Complejo de Aprendizaje Expansivo de Agentes Educativos.*

	Dimensión	Eje	Indicador
V	Aprendizaje de la experiencia	1	1. — 5.
		2	1. — 5.
		3	1.a, 1.b, 2. — 5.
VI	Cambios de la intervención	1	1. — 5.
		2	1. — 5.
		3	1. — 5.
		4	1. — 5.
		5	1. — 5.
		6	1. — 5.
VII	Funciones en el área psicoeducativa	1	1. — 5.
		2	1. — 5.
VIII	Historización	1	1. — 5.
IX	Multivocalidad y perspectivismo	1	1. — 5.
X	Las contradicciones en relación al cambio	1	1. — 5.

V Anexo: Matriz de Análisis Complejo. Aprendizaje
Expansivo de agentes educativos

307

Referencias

Engeström, Y. (2001). Expansive learning at work: toward an activity theoretical reconceptualization. In *Journal of Education and Work*, 14 (1), 133–156.

Erausquin, C. y Zabaleta, V. (2014). Articulación entre investigación y extensión universitarias: aprendizajes en la diversidad y cruce de fronteras. *Revista EXT*. ISSN 2050– 7272. Universidad Nacional de Córdoba. 1–36.

Marder, S. y Erausquin, C. (2016). El uso de un instrumento de indagación multidimensional para analizar el aprendizaje expansivo. Reflexión de psicólogos participantes en un proyecto de extensión. En *V Jornadas de Investigación 2016, Facultad de Psicología (UNLP)* p. 276 ISBN: 978-950-34-1498-9

Dimensión V: Aprendizaje de la experiencia

EJES	Indicadores	
	1.	No responde.
	2.	Dice no haber aprendido.
EJE 1: Tipo de aprendizaje. ¿En qué aspecto/s —emocional, relacional y/o cognitivo— se focaliza la experiencia de aprender?	3.	Con foco en uno de los tres aspectos —emocional, relacional o cognitivo—, pero sin alusión explícita a ninguno de los otros dos.
	4.	Con foco en dos de los tres aspectos —emocional y/o relacional y/o cognitiva—, sin alusión explícita al tercero.
	5.	Con foco en los tres aspectos, articulándolos significativamente.

sigue en la página siguiente ...

V Anexo: Matriz de Análisis Complejo. Aprendizaje Expansivo de agentes educativos

309

... viene de la página anterior.

EJES (Dimensión V)		Indicadores
		1. Menciona contenidos relativos al contexto en donde se interviene, sin vinculación a contenidos conceptuales y/o académicos.
		2. Menciona contenidos académicos y/o conceptuales, sin vinculación al contexto en donde se interviene.
EJE 2:	Contenidos de los aprendizajes. ¿Qué es lo que aprende?	3. Menciona contenidos académicos y/o conceptuales, articulados a la experiencia en el contexto en el que trabaja.
		4. Menciona contenidos académicos y/o conceptuales, contenidos vinculados a la experiencia en el contexto en el que se interviene, y contenidos relativos a organizaciones sociales o comunitarias extra–escolares relevantes.
		5. Menciona contenidos académicos y/o conceptuales, contenidos vinculados a la experiencia en el contexto en el que se interviene, y contenidos relativos a organizaciones comunitarias extra–escolares, articulándolos significativamente.

sigue en la página siguiente ...

... viene de la página anterior:

EJES (Dimensión V)		Indicadores
	1.a	a) No responde, o b) El agente responde que no aprendió nada.
	1.b	Referencia a la propia persona del psicólogo o hace referencia a la propia persona como profesional en formación.
EJE 3: Sujetos/agentes del aprendizaje. ¿Quiénes aprenden? ¿Con quiénes lo hacen?	2.	Referencia al propio equipo de trabajo.
	3.	Referencia a actores individuales o sectoriales de la institución con la que se trabajó.
	4.	Referencia a equipo/s de la institución con la que se trabajó.
	5.	Referencia a la propia persona, al equipo de trabajo y a los equipos de la institución con la que se trabajó, articulándolos significativamente.

V Anexo: Matriz de Análisis Complejo. Aprendizaje
Expansivo de agentes educativos

311

Dimensión VI: Cambios de la intervención

EJES		Indicadores
		1. No es necesario cambiar nada.
		2. No da cuenta de cambios porque no los imagina, no se le ocurren, o razones similares.
EJE 1:	Propuesta de cambio. ¿Cuánto cambio? ¿Cuál es el alcance del cambio propuesto?	3. Es necesario cambiar algún aspecto.
		4. Es necesario cambiar varios aspectos.
		5. Es necesario cambiar diferentes aspectos articulándolos significativamente.

sigue en la página siguiente ...

... viene de la página anterior.

EJES (Dimensión VI)	Indicadores
EJE 2: Cambio o no en los destinatarios: ¿A quiénes dirigirse como destinatario o con quiénes trabajar?	1. a) Repetir los mismos destinatarios y/o b) trabajar las intervenciones con ellos.
	2. a) Repensar los destinatarios y/o b) repensar el trabajo de las intervenciones con ellos.
	3. a) Sustituir los destinatarios por otros y/o b) trabajar las intervenciones con ellos.
	4. a) Llegar a los destinatarios trabajando con mediadores indirectos y/o b) llegar a los destinatarios en forma directa y a través de mediadores indirectos.
	5. Repensar y/o agregar destinatarios, trabajar articuladamente con mediadores indirectos y llegar a los destinatarios de manera directa e indirecta, articuladamente.

sigue en la página siguiente ...

V Anexo: Matriz de Análisis Complejo. Aprendizaje
Expansivo de agentes educativos

313

... *viene de la página anterior.*

EJES (Dimensión VI)		Indicadores
EJE 3:	Cambio en los objetivos. ¿Cuáles? ¿Para qué?	1. Insistir sin cambios en objetivos.
		2. Repensar algún objetivo que se menciona en función de análisis de resultados y procesos.
		3. Cambiar priorizando algún objetivo más que otro en función de análisis de resultados y procesos.
		4. Cambiar diferentes objetivos en función de análisis de resultados y procesos.
		5. Repensar, priorizar, sustituir y/o cambiar articuladamente objetivos, en base al análisis de procesos y resultados realizado con los actores, destinatarios y otros.

sigue en la página siguiente ...

... viene de la página anterior:

EJES (Dimensión VI)		Indicadores
		1. Repetir el diseño metodológico tal como está.
		2. Repensar los modelos e instrumentos.
Cambio en el diseño e instrumentos.		3. Repensar los plazos y el desarrollo temporal de actividades estratégicamente.
EJE 4:	¿Qué cambiar? ¿Cómo implementar la intervención?	4. Repensar la metodología articulando significativamente sus componentes.
		5. Repensar el diseño, los instrumentos, la temporalidad, lo estratégico y toda la metodología, articulando significativamente sus componentes.

sigue en la página siguiente ...

V Anexo: Matriz de Análisis Complejo. Aprendizaje Expansivo de agentes educativos

315

... viene de la página anterior.

EJES (Dimensión VI)		Indicadores
		1. No es necesario modificar las condiciones.
		2. Es necesaria mayor capacitación propia y/o del equipo del que se forma parte y/o de los agentes educativos.
EJE 5:	Cambio en las condiciones para la implementación. ¿Qué se necesita para implementar el cambio en la intervención?	3. Es necesario mayor compromiso del propio equipo o de los agentes educativos de la institución co-gestora.
		4. Es necesario gestionar condiciones más justas y enriquecidas por parte de las políticas públicas
		5. Mayor capacitación y mayor compromiso por parte del equipo de extensión, la coordinación entre ambos, y los agentes educativos de la institución co-gestora, y mayor participación de ambas en la gestión de mejores condiciones por parte de políticas públicas.

sigue en la página siguiente ...

... viene de la página anterior.

EJES (Dimensión VI)		Indicadores
		1. No propone cambios.
		2. Propone rever algunas funciones.
		3. Rever los niveles de participación requeridos y ofrecidos.
		4. Revisar la distribución de las funciones de los equipos.
EJE 6:	Cambio en las Funciones. ¿Es necesario cambiar la división del trabajo?	5. Revisar la participación de los agentes, sus acciones y decisiones y la distribución de las funciones: a) desde la coordinación, b) desde la coordinación y con los agentes, c) desde la coordinación, los agentes y los destinatarios.

V Anexo: Matriz de Análisis Complejo. Aprendizaje Expansivo de agentes educativos

317

Dimensión VII: Funciones en el área psicoeducativa

EJES		Indicadores	
		1.	Inespecificidad o vaguedad en las funciones del rol.
		2.	Delimitación de tareas y/u objetivos, no de funciones específicas del rol.
EJE 1:	Especificidad / inespecificidad de las funciones en los diferentes roles	3.	Se aclaran funciones y/u objetivos del rol.
		4.	Se aclaran funciones, objetivos y tareas de los integrantes.
		5.	Se aclaran funciones, objetivos y tareas propios del rol, articulados significativamente.

sigue en la página siguiente ...

... *viene de la página anterior.*

EJES (Dimensión VII)	**Indicadores**
	1. Se habla de la propia función.
	2. Se habla de la propia función en relación a algún destinatario —por ej. alumno de la escuela—.
Interrelación con otras funciones.	3. Se establece al menos la interrelación con la función de otro integrante del equipo de trabajo —por ej. tutor con estudiante extensionista—.
EJE 2: ¿Funciones aisladas o interrelacionadas?	4. Se establece la interrelación de la propia función con la de todos los integrantes del propio equipo.
	5. Se establece la interrelación de la propia función con la de todos los integrantes del equipo y con los destinatarios y los diferentes roles en la institución con la que se coordina el trabajo.

V Anexo: Matriz de Análisis Complejo. Aprendizaje
Expansivo de agentes educativos

319

Dimensión VIII: Historización

(Preguntas sobre Aprendizaje, Significatividad de la Experiencia y Cambio)

EJES		Indicadores
	1.	No se historiza para pensar estratégicamente continuidad o cambio.
	2.	Se historiza acerca del Proyecto de Extensión para pensar estratégicamente continuidad o cambio.
	3.	Se re–significa la historización acerca de los antecedentes en el contexto en el que se realiza la intervención o acerca de los antecedentes del trabajo del equipo del Proyecto de Extensión.
EJE 1: Historización con perspectiva estratégica	4.	Se re–significa la historización acerca de los antecedentes en el contexto en el que se realiza la intervención y acerca de los antecedentes del trabajo del equipo del Proyecto de Extensión articuladamente y en función de iluminar alternativas futuras.

sigue en la página siguiente ...

... viene de la página anterior:

EJES (Dimensión VIII)	Indicadores
EJE 1: (cont.)	5. Se re–significa la historización acerca de los antecedentes en el contexto en el que se realiza la intervención y acerca de los antecedentes del trabajo del equipo del Proyecto de Extensión articuladamente, y se lo enmarca en el recorrido histórico y el contexto actual del campo educativo, en función de iluminar alternativas futuras.

V   Anexo: Matriz de Análisis Complejo. Aprendizaje
Expansivo de agentes educativos

321

Dimensión IX: Multivocalidad y perspectivismo
(Preguntas sobre Aprendizaje, Significatividad de la Experiencia y Cambio)

EJES		Indicadores
	1.	No se identifican diferentes perspectivas en relación a temas vinculados al Proyecto.
	2.	Se identifican diferencias de perspectivas entre sectores dentro de la institución en la que se interviene, como obstáculo para el trabajo presente o futuro.
EJE 1: De la multivocalidad como obstáculo al perspectivismo con potencial enriquecimiento recíproco.	3.	Se identifican diferencias de perspectivas entre la institución en la que se interviene y el equipo del Proyecto como obstáculo para el trabajo presente o futuro.
	4.	Se identifican diferencias de perspectivas como punto de partida de modificaciones en los tiempos y estrategias destinados a los Proyectos de Extensión en contextos y condiciones similares.

sigue en la página siguiente ...

... *viene de la página anterior:*

EJES (Dimensión IX)	Indicadores
EJE 1: (cont.)	5. Se re–significa la historización acerca de los antecedentes en el contexto en el que se realiza la intervención y acerca de los antecedentes del trabajo del equipo del Proyecto de Extensión articuladamente, y se lo enmarca en el recorrido histórico y el contexto Se identifican diferencias de perspectivas como producto de la habilitación de diferentes voces y potencialmente generadoras de intercambios y re–significaciones recíprocas.

V | Anexo: Matriz de Análisis Complejo. Aprendizaje
Expansivo de agentes educativos

323

Dimensión X: Las contradicciones en relación al cambio

(Preguntas sobre Aprendizaje, Significatividad de la Experiencia y Cambio)

EJES		Indicadores
	1.	No se identifican contradicciones o conflictos.
	2.	Se identifican contradicciones entre los componentes de los sistemas o conflictos entre sectores de la institución en la que se interviene, como obstáculo para el trabajo en el Proyecto presente o en Proyectos futuros.
EJE 1: De las contradicciones o conflictos como obstáculo a las contradicciones o los conflictos como motores de cambio.	3.	Se identifican contradicciones o conflictos entre la institución en la que se interviene y el equipo del Proyecto, como resistencia de la institución o un sector de ella, y como obstáculo para el trabajo en el Proyecto presente o en Proyectos futuros.

sigue en la página siguiente ...

... viene de la página anterior.

EJES (Dimensión X)	Indicadores
4.	Se identifican contradicciones o conflictos entre la institución en la que se interviene y el equipo del Proyecto, y/o entre distintos sectores de la institución en la que se interviene, como punto de partida de modificaciones de tiempos, intensidades y estrategias, en Proyectos de Extensión futuros en contextos o condiciones similares.
EJE 1: (cont.) 5.	Se identifican contradicciones o conflictos entre la institución en la que se interviene y el equipo del Proyecto, y/o entre distintos sectores de la institución en la que se interviene, como producto de la visibilización que genera el trabajo inter-agencial, y como potencialmente generadores de intercambios y re-significaciones recíprocas.

N.del E. La noticia siguiente, apropiada para el título del libro, apareció sobre el cierre de la edición del mismo en el diario argentino *Página 12,* con el título: *En Tigre, los chicos resuelven conflictos sin violencia.*
(8 de mayo de 2019, se transcribe textualmente)

Una escuela de chicos mediadores

Unos mil alumnos de la escuela pública 18 de Tigre resuelven los conflictos que surgen entre ellos a través de un proceso de mediación para evitar que los enojos y las diferencias deriven en episodios de violencia, una iniciativa que se buscará llevar a otros colegios del distrito.

La novedad de la propuesta que se lleva a cabo desde 2014 es que son los propios alumnos quienes ofician de mediadores en las aulas, lo que "redujo significativamente los problemas en clase", indicaron autoridades de la escuela de Tigre.

Lorena Zandillu, Orientadora de Aprendizaje, explicó que "los chicos eligen dos mediadores por grado: a principio de año se postulan, hacen una campaña y luego sus compañeros votan".

"Cuando son electos los capacitamos, les explicamos las reglas y los pasos de la mediación: las partes tienen que saludarse al principio y al final del proceso, no se puede interrumpir, el mediador debe ser neutral y escuchar a todos, deben tratar de llegar a acuerdos, hablar sobre emociones y ponerse en el lugar del otro", indicó.

La docente contó que la mediación se lleva a cabo "para prevenir situaciones de conflicto a través del diálogo" y apuntó que sólo se realiza si los participantes están de acuerdo.

"Como es confidencial, los chicos lo hacen a solas en la biblioteca o en una mesa en el pasillo", relató Zandillu, quien añadió que "una vez que se llega a un acuerdo, se hace un acta".

La orientadora precisó que la iniciativa "da muy buenos resultados" ya que los alumnos logran desarticular el conflicto. "El porcentaje de situaciones conflictivas bajó mucho. El método evita la violencia y el bullying mediante la reflexión", reflexionó.

---

https://www.pagina12.com.ar/192302-una-escuela-de-chicos-mediadores

www.ingramcontent.com/pod-product-compliance
Lightning Source LLC
Chambersburg PA
CBHW022102280326
41933CB00007B/221